Eine Darstellung

der Forschungsarbeit, die zu einer ungewöhnlichen Heilungsme-
thode führte, zur Linderung körperlicher, geistiger und spiritueller Schwierigkeiten im Zusammenhang

mit dem Menstruationszyklus

unter Anwendung von

Psychokinese

DER MACHT DES GEISTES
um Veränderungen im Körper zu bewirken.

In Hawaiischer Mundart
würde dies genauer mit
mündlicher Überlieferung bezeichnet.

INHALT

Teil I

Der Prozeß

1. Kapitel

ENTWICKLUNG EINER
UNGEWÖHNLICHEN HEILUNGSMETHODOLOGIE

Wenn Ihr auf dem Rücken einer blaugeflügelten Libelle fliegen, eine eigene persönliche Zufluchtsstätte haben — inmitten einer kühlen und grünen Bergschlucht, in der ein verborgener Teich schimmert — ein Licht Wesen finden, das Euch persönlich führte und im Verlauf dieser Entwicklung alle Eure Menstruationsschwierigkeiten heilen könntet, wärt Ihr bereit mitzumachen? Acht Frauen willigten ein. Dies ist der Bericht über eine wissenschaftliche Forschungsarbeit, die zu einer ungewöhnlichen und äußerst erfolgreichen Heilungsmethodologie führte.

Die acht Frauen hatten ganz unterschiedliche Lebensumstände. Ihre Menstruationsschwierigkeiten waren, mit Ausnahme einer Frau, hochgradig und hatten sie seit Jahren begleitet; so kurz wie sechs Jahre vergehen, so lange wie dreiundzwanzig Jahre dauern. Sechs der Frauen erlangten bemerkenswerte Ergebnisse. Sie linderten vollkommen alle körperlichen und gefühlsmäßigen Beeinträchtigungen, die sie immer während der Menstruation erfahren hatten. Eine Frau wurde gebeten auszuscheiden. Eine andere war, aufgrund verschiedener Umstände, zu wenig beteiligt, um aus dem Heilverfahren, das sich über sechs Monate hin entwickelte, vollen Gewinn zu ziehen.

Es schälte sich ein Verfahren heraus, das auf natürlicher Heilweise beruhte und Konzepte aus der Physiologie, Psychokinese, Anthropologie und Parapsychologie anwandte. Eine Grundvoraussetzung war, daß die Vorgehensweise auf einer Verflechtung dieser Konzepte fußen würde. Das Ziel war, diese zu einer Ganzheit zusammenzufügen, ohne daß einem Konzept mehr an Bedeutung für die Gesundheit und das Leben Einzelner zukam als einem anderen.

Die Untersuchung begann mit dem Studium von Physiologie, Anthropologie und Psychologie und ihrer Beziehung zu Gesundheitsproblemen von Frauen. Im Laufe der Entwicklung wurde ein Frauengesundheitszentrum gegründet. Ein Versuch, die Konzepte zu einem praktikablen Therapieplan zusammenzufügen und dabei mit den Frauen des Gesundheitszentrums zu arbeiten, wurde aufgegeben, als wir einsahen, daß die Konzepte eines wissenschaftlichen Bereiches die Konzepte eines anderen aufheben. Die Methodologie, die sich schließlich herausbildete, entstand aus weiteren Studien von Glaubenssystemen, Psychokinese, Hypnose und Parapsychologie. Erscheinungen von farbigen Lichtern und Licht Wesen waren spontane Ereignisse, die sich durch glückliche Zufälle und auf wunderbare Weise entwickelten. Anhand dieser Ereignisse offenbarte sich, wie wichtig Spiritualität für einen Heilvorgang ist. Sie wurde einbezogen und wuchs als wesentlicher Bestandteil in das Projekt hinein. Die weitere Entwicklung der Methodologie entstand größtenteils aus intuitivem Wissen heraus, wobei Intuition als jenes Wissen definiert wurde, welches unmittelbar der Universellen Intelligenz entspringt und aus dem Inneren Selbst zur Wahrnehmung gelangt.

Die vielen wissenschaftlichen Konzepte, die die Grundlage der Methodologie formten, wurden als eine Gruppe von Prinzipien betrachtet und den Frauen als Teil des Untersuchungsprozesses dargestellt. Abgeleitet waren die Prinzipien aus theoretischen Untersuchungen und aus früherer klinischer Arbeit, die sich über eine Spanne von zehn Jahren erstreckt hatte. Nach drei Monaten oder in der Mitte des Projekts wurde die Methodologie in Beziehung zu diesen Prinzipien ausgewertet und noch einmal am Schluß. Zum Zeitpunkt der Drei-Monats-Auswertung wurde eine Frau gebeten, aus dem Projekt auszuscheiden, da ihre Beteiligung und ihre Lebensweise im Gegensatz zu den angewandten Prinzipien und folglich zur Linderung ihrer menstruellen Beschwerden standen. Während der abschließenden Auswertung bestimmten wir gewisse Bestandteile des Vorgehens als unentbehrlich für die Heilweise.

Die Frauen, ihr Lebenshintergrund, ihre Schwierigkeiten in Bezug auf Menstruation, die Forschungsarbeit und ihr Ergebnis, die Prinzipien, die Methodologie und ihre wesentlichen Bestandteile, wie auch deren Entstehung, werden im Einzelnen noch umfassend beschrieben werden.

Hin zu Eurem eigenen Selbst

Ralph Waldo Emerson gab der Überzeugung Ausdruck, eigene Gedanken seien ebenso gültig und wissenswert, wie diejenigen, die von andern schriftlich festgehalten werden. Seine Meinung beschreibt die Voraussetzung des Wissens, das in diesem Schriftstück enthalten und die Art, wie es aufgeschrieben worden ist. Es ist in erster Linie meine eigene Arbeit. Die Heilungsmethodologie beruht fast vollständig auf Intuition und der Erinnerung an Wissen, das ich einst hatte und an das ich, als ich die Informationen sammelte, erneut erinnert wurde. Daß sie von mir stammen, bedeutet nicht, daß viele der Einfälle und Vorstellungen nicht auch anderswo gefunden werden können. Die Anwendung bestimmter Prinzipien zur Heilung menstrueller Schmerzen ist, wie ich glaube, heutzutage einmalig. Obwohl sie besonders auf menstruelle Schwierigkeiten abgestimmt sind, können sie bei anderen Störungen, die körperliche, gefühlsmäßige und geistige Seiten umfassen, Verwendung finden, was auch bereits geschehen ist.

„Den eigenen Gedanken zu vertrauen, zu glauben, was für einen zutiefst wahr ist, sei wahr für alle Menschen — das ist schöpferisch. Äußere deine verborgenen Überzeugungen, und sie werden einen universalen Sinn haben. (...) Vertraut, wie die innere Stimme allen ist, bleibt doch das höchste Verdienst, das wir Moses, Plato und Milton zuschreiben, daß sie Bücher und Überlieferungen verwarfen und verkündeten, woran *sie*, nicht, woran die Leute glaubten. Die Menschen sollten lernen, den Lichtschimmer, der in ihrem Inneren aufblitzt, freizulegen und genau zu betrachten — mehr als den Glanz am Firmament von Dichtern und Weisen. Doch achtlos verbannen sie ihre Gedanken, weil es ihre sind. In jeder Arbeit eines Genies erkennen wir unsere eigenen verworfenen Gedanken wieder, sie kommen mit einer gewissen entfremdeten Erhabenheit zu uns zurück. Sie lehren uns, meist dann an unserem unmittelbaren Eindruck mit gutgelaunter Unbeweglichkeit festzuhalten, wenn der Aufschrei aller Stimmen auf der anderen Seite ist. Überdies kann morgen ein Fremder mit meisterhaft gutem Gespür genau das sagen, was wir die ganze Zeit gedacht und gefühlt haben, und wir werden gezwungen, beschämt unsere eigene Meinung von einer andern Person zu übernehmen.'' (Ralph Waldo Emerson, 1803-1882).

REISE INS UNBEKANNTE

Da die Untersuchung von ihrem Entwurf bis zum Abschluß ein Prozess war, der sich mit Frauen und ihren Belangen befaßte, mit Ideen, mit Literatur und mit Unbekanntem, scheint es angebracht, daß die Berichterstattung mit der betreffenden Entwicklung beginnt.

Ich möchte, daß Ihr sie als eine Überfahrt ins Unbekannte begreift, als eine Reise ohne Sextanten oder Kompaß, geführt von meinen eigenen intuitiven Gedanken und dem Wissen, daß ein Anderes Wesen verstand, was ich tat und dem zustimmte. Sie belohnte mich mit einem Rasen, bedeckt mit weißen Pilzen, einem Feenkreis und aufblitzenden Regenbogenteilen, wenn ich eine besonders fruchtbare Forschungsstunde hatte. Sie heißt Margaret. Sie ist ein Licht Wesen. Die Inder würden sie als eine Deva bezeichnen, Carlos Castaneda als Verbündete, Jean Porter, Mike Samuels und Hal Bennett als spirituelle Beraterin. Sie ist bei mir, während ich arbeite und schreibe. Sie belohnt meine großen Augenblicke, nimmt die vielen geringen nicht zur Kenntnis. Sie war Vorläuferin der spirituellen Beraterinnen einer jeden Frau, die am Forschungsprojekt beteiligt war.

Ich wurde ihrer gewahr, als ich Menstruation zum Forschungsthema wählte. Vielleicht ist sie immer bei mir gewesen. Falls das zutrifft, war ich zu unachtsam, zu beschäftigt mit meinem eigenen Dasein, um ihres zu erkennen. Wahrnehmung anderer Menschen und Wesen war ein wichtiger Teil der Forschungsarbeit.

Über die Untersuchung zu berichten bedeutet, eine persönliche Erklärung abzugeben, denn das Entstehen der Heilweise war persönlich und intim — für mich und die beteiligten Frauen. Es ist auch ein Tatsachenbericht über die wesentlichen Bestandteile, die die Methodologie ausmachten und den Prozess, der ihrer Entwicklung vorausging.

Wenn Ihr die alten Zivilisationen erforschen könntet

Bevor irgendeine Reise in Gang gesetzt wird, findet eine Zeit der Vorbereitung statt, der Ideen, Literatur von Anderen, der Gedanken, dem Zusammenstellen von Entwürfen — einiges wird angenommen, vieles verworfen — der fehlgeschlagenen Ergebnisse anfänglicher Suche, die beim ersten Anlauf fruchtbar schienen und in der Abschlußanalyse zu Verwirrung und Verlangsamung von schöpferischen Bestrebungen führten. Das Ziel blieb immer gleich. Es galt, eine wirkungsvolle Heilweise oder Arzneien zu finden, die die zahlreichen Probleme, die mit dem menstruellen Zyklus zusammenhingen, milderten. Auch die Mittel, mit denen die Vorgehensweise oder die Arzneien herausgefunden wurden, blieben den größten Teil der Arbeit über gleich. Sie sollten unmittelbar von Frauen stammen oder aus Hinweisen von Frauenkulturen die längst erloschen sind, wie beispielsweise die Amazonengesellschaften oder die frühen matriarchalen Kulturen, abgeleitet werden. Ich ging davon aus, daß menstruelle Beschwerden überall vorgekommen sind, in allen Kulturen und zu allen Zeiten, und daß es immer Frauen gab, die Kenntnisse über wirkungsvolle, schmerzlindernde Mittel besaßen. Mein Ziel war es, dieses Wissen auf zwei verschiedenen Wegen freizulegen:

1) Aus Überresten solcher Kenntnisse, die möglicherweise noch in Archiven existierten oder auf antiker Keramik, in Hieroglyphen, sowie in Grab- und Höhlenmalereien;

2) Aus dem, was Frauen im Zusammenhang mit Menstruation immer noch glauben und anwenden.

Wir erwarteten, daß eine wirksame Heilweise aus einer Verbindung von Informationen, die unmittelbar von Frauen und solchen, die aus alten Kulturen stammten und von Kenntnissen aus Physiologie und Psychologie hervorgehen konnte.

SUCHE NACH ALTEN HEILKÜNSTEN

Die archäologischen Geheimnisse aufspüren

Meine Suche nach alten Heilkünsten begann mit archäologischen Fundberichten. Scheinbar boten sie die Möglichkeit, alte Geheimnisse der Heilkunst zu lüften, Geheimnisse, die sich eindeutig auf Frauen, insbesondere auf den Umgang mit Menstruation bezogen.

Archäologen haben in der Türkei, wie auch in Ägypten, Thailand und China alte Zivilisationen entdeckt, die für Frauen von besonderer Bedeutung sind. In Catal Hüyük, Türkei, wurden Überreste einer anscheinend rein matriarchalen Gesellschaft, 10 000

Jahre v.d.Z., gefunden. Archäologen haben in der Türkei ebenfalls die antike Stadt der schönen Helena, Troja, entdeckt und Aphrodisia, die Stadt aus Marmor, Mittelpunkt der Verehrung, Heim Aphrodites, der Göttin des Lebens, der Fruchtbarkeit, der Liebe und der Schönheit. Auch Mark Antonius' Geschenk für Kleopatra, die berühmte Bibliothek von Bergama, Sammelstätte alten Wissens, befindet sich in der Türkei; ein ungewöhnliches Geschenk für eine ungewöhnliche Frau. In Tarsus war es, wo Kleopatra, die als Venus, als wiederverkörperte Aphrodite beschrieben wird, zuerst dem gewöhnlichen und sterblichen Antonius begegnete, zum Wohle Asiens. Später vermachte er ihr die gesamte Papyrusbibliothek von Bergama, als die Ägypter befürchteten, sie überträfe ihre eigene. Es scheint ein stummes Zeugnis zu sein für den Wert, den sie dem Lernen beimaß. Heißt das, daß sie Kenntnisse über alte ägyptische Heilgeheimnisse besaß? In der ganzen Welt gibt es Überreste alter Zivilisationen, die anscheinend über Kenntnisse, Fähigkeiten, Künste und Wissenschaften verfügten, die wir noch nachvollziehen müssen. In der Maya-Kultur kommen alte Königsgräber den Pyramiden gleich und verdoppeln sie in seltsamer Nachahmung, wie es auch die unglaublichen Städte der Inkas tun. Von Indien bis zu den Osterinseln ähneln sich Strukturen auf eine merkwürdige Art, rufen Gedanken an die weißen Göttinnen und Götter wach, die, so wird behauptet, eines Tages wiederkommen werden, ein ungewöhnlich hochstehendes Volk, das viele Länder rund um die Welt aufsuchte und Vermächtnisse hinterließ, die immer noch Teil der legendären Vergangenheit sind. Die Inkas sprechen von ihnen als von Söhnen der Sonne, Ägypter von Söhnen Gottes, Südseeinsulaner von rothaarigen Göttinnen und Amazonasindianer von Töchtern der Sonne. Hinterließen sie vielleicht Vermächtnisse der Heilkunst ebenso wie großartige Gräber, unglaublichen Reichtum und wundervolle Städte?

Die alten Heilkräuter

Auf Wandmalereien der Pyramiden bietet Königin Nofretete ihrem leidenden Gatten Kräuter an, 14 Jahrhunderte v.d.Z. Frühe Zivilisationen besaßen reichhaltige Kenntnisse über medizinische Pflanzen. Eine der bekanntesten Quellen wurde vom chinesischen Herrscher Shen Nung vor 4 000 Jahren im Pen-ts'ao, das eine Art erstes amtliches Arzneibuch gewesen sein muß, mit Beispielen versehen und illustriert. Auch auf einer 4 000 Jahre alten sumerischen Tontafel wurden eingeritzte alte Heilmittel gefunden. Kräuterverordnungen enthalten Mutterkorn (Secale cornatum), den gewöhnlichen Pilz, der auf Roggen wächst und von Hebammen in der ganzen Welt seit Jahrtausenden angewandt worden ist, um Blutungen nach der Entbindung einzustellen und auch, um Migräne zu behandeln. Ephedra (Ephedra sinica) wurde gegen Husten und Asthma genommen. Auszüge von beiden werden heute noch zu gleichen Zwecken angewandt. Ginseng (Panax quinquefolium) war und ist immer noch als Anregungs- und Stärkungsmittel bei geistiger Erschöpfung in Gebrauch. Helmkraut (Scutellaria laterifolia) wird als krampflösendes und zusammenziehendes Mittel benutzt; Kräuterkenner behaupten, es sei das edelste nervenstärkende Mittel überhaupt. Es wurde verschrieben, wann immer Störungen im Nervensystem auftraten. Kamille (Anthemis nobilis) wurde bei Störungen im weiblichen Unterleib und bei nervösen Schmerzen verschrieben, ebenso Kampfer (Cinnamomum camphora). Chinarinde (Viburnum opulus), zur Gruppe der Geißblattfamilie gehörig, war ein spezifisches Mittel für Menstruationsstörungen. Die Rinde des kleinen Baumes, auch Squawbusch oder hohe Preiselbeere genannt, ist in den nördlichen Staaten der USA und in Kanada heimisch. Sie wird wegen ihrer krampflösenden Eigenschaften verwendet. Spezifische japanische Heilkräuter für die Menopause und die fliegenden Hitzen der Wechseljahre sind Saikokeishito, Togakujokito, Tokishakuyakusanryo und Yokukansankachinbihange.

In neuerer Zeit hat Jonathan Hartwell, ein Organchemiker, Leiter des nationalen Krebsinstitutes in Bethesda, Maryland, eine Liste von alten und volkskundlichen Arzneien zusammengestellt. Seit 1940 hat er Unterlagen von über dreitausend Pflanzen erfaßt. Über 70 000 Pflanzenerzeugnisse sind in seinem Programm überprüft worden. 1 800 davon enthalten Stoffe, die seiner Meinung nach Verwendungsmöglichkeiten zeigen. Ähnliche Arbeit wird von Robert L. Noble an der Universität von Ontario, von Gordon H. Svoboda in der Eli Lilly Gesellschaft, vom nationalen Institut für geistige Gesundheit und von der pharmazeutischen Industrie in der ganzen Welt vorangetrieben. Ihr Ziel ist eher, aktive Wirkstoffe aus diesen natürlich vorkommenden Heilmitteln zu gewinnen, als diese in ihrem ursprünglichen Zustand zu verwenden. Die Bestimmung aktiver Wirkstoffe unterstützt und erweitert die Erkenntnisse von pflanzlichen Arzneien, Heilmitteln, wie sie von Hebammen, Heilpraktikern und Medizinfrauen und -männern angewandt wurden.

Die Bedeutung von Yin von Yang und dem Tao verstehen

Die Chinesen gehören zu den wenigen Völkern mit dem Hintergrund einer frühen Zivilisation, die ihre althergebrachten und natürlichen Heilverfahren bewahrt haben und sie weiterhin, trotz Einflüssen westlicher Medizin anwenden.

Die chinesischen Heilkünste sind vielseitig. Wärmeanwendung ist eine Fertigkeit, die ebenso bekannt und kultiviert ist wie ihre Kräutermedizin und eine, die Frauen in vielen Kulturen anwandten, um Menstruationskrämpfe zu lindern. Beide Fertigkeiten ergänzen die Akkupunktur und sind deren Heilwirkung beigeordnet. Die Chinesen sind der Auffassung, daß alle Bestandteile von Geist-Körper-Seele die Grundsätze von Yin von Yang und dem Tao widerspiegeln. Alle Lebewesen enthalten beide Grundsätze, das Yin und das Yang, als unpersönliche, natürliche Kräfte, die immer zusammen auftreten. Menschen verkörpern eine Zusammenfassung des Universums, einen Mikrokosmos, der in Beziehung zur größeren Welt, dem Makrokosmos, steht, und sie unterliegen den gleichen universellen Gesetzen. Das Tao ist das göttliche Gesetz, das die Beziehung von Mikrokosmos und Makrokosmos regelt. Das Tao ist auch der Beginn. Die Grundsätze Yin-Yang haben kosmische Ausdehung. Yin steht für Erde und Mond, Yang für Himmel und Sonne. Yin verkörpert, was weiblich ist, aufnehmend, einfach und sanft. Es ist die Leere, ist rechts und weiß. Seine Zahlen sind die zwei und alle geraden Zahlen. Yang verkörpert Männlichkeit, Aktivität, Glanz und Härte. Es ist links und schwarz. Seine Zahlen sind die eins und alle ungeraden Zahlen. Die Anwendung von Akkupunktur beruht auf dem Zunehmen und Abnehmen von Yin und Yang. Wenn die Lebenskraft, ch'i, aus dem Gleichgewicht gerät, entsteht Krankheit. Akkupunktur verhindert, über die 365 Meridianpunkte, ein Übermaß an ch'i oder füllt einen Mangel wieder auf. Das verbrauchte ch'i wird abgeleitet und mit frischem ch'i ersetzt. ch'i fließt durchs Universum. Heilung geschieht im Geist, im Körper und in der Seele, und das Gleichgewicht dieser drei Kräfte ist es, das die Grundlage chinesischer Heilweisen bildet.

Die alten Heilkünste scheinen gut aufbewahrt worden zu sein und werden von östlichen Heilkundigen weiterhin angewandt, von westlichen Ärzten hingegen weniger.

Ich fragte mich, wieweit diese Heilverfahren, über die es Hinweise in alten Gräbern und Städten gab und in den Kulturen, die sie noch benutzten, wirksam waren. Von vielen Anthropologen — und erst kürzlich durch eine Studie der Weltgesundheitsorganisation — ist bestätigt worden, daß menstruelle Beschwerden in der ganzen Welt vorkommen, genau wie die Tabus, die die Menstruation und den Umgang damit begleiten.

In Anbetracht der Tatsache, daß Vorkommen und Anwendung alter Heilmittel Hand in Hand gingen mit dem fortwährenden Auftauchen von Menstruationsstörungen, schien mir das Wissen in den Fragen verschlossen, auf die es keine Antwort gab.

Da in den frühen Heilverfahren Arzneimittel bei Menstruationsstörungen nur geringfügig, eher versteckt als offen, einbezogen wurden, stellt sich die Frage, ob sich die Ansichten über Menstruation von uralten Zeiten bis zu dem Punkt, da Tabus die Regel wurden, verändert haben? Waren die Tabus wiederum eine Verstümmelung dessen, was wahrscheinlich einst als Ritual zelebriert wurde? Aphrodite, die vielbewunderte Göttin der Fruchtbarkeit und der Liebe, wurde so verehrt, daß eine ganze Stadt aus Marmor erbaut wurde, um diese Rituale zu feiern. In vielen Kulturen fand man Menstruationshütten. Waren es ursprünglich Miniaturtempel, in denen die Fruchtbarkeit eines Volkes, die das Menstruationsblut der Frauen veranschaulichte, angebetet wurde?

Riten, die zerstört wurden, wie Aphrodisia zerstört wurde, in Vergessenheit geriet, so wie heute sogar die Anbetung von Göttinnen verborgen wird oder verkleidet, wie die blasse und verhaltene Maria. Wie wichtig waren Mythen und Tabus für die menstruellen Schwierigkeiten, und welche Bedeutung haben sie für die Wirksamkeit eines Heilverfahrens? Über welches Wissen verfügten die sagenumwobenen Töchter und Söhne der Sonne, worüber ich in Elisabeth Haichs „Einweihung" und in Bulwer-Lyttons „Zanoni" las, wovon es Andeutungen in den Legenden der Inkas, der Mayas, der Amazonen, der Indianer, der Ägypter und der Griechen gibt? Wofür wurden die Pyramiden wirklich gebaut, über das hinaus, daß sie einfach kunstvolle Grabstätten der Pha-

raonen waren, die sich selber Töchter und Söhne Gottes nannten? Woran lag Kleopatra soviel, daß sie es allein dem Wissen
ägyptischer Herrscher erhalten wollte und deshalb verbot, Papy-
rus an andere Länder zu verkaufen — womit sie deren einzige Be-
zugsquelle von Schreibmaterial wirkungsvoll unterband?

Würdet Ihr mit dem goldenen Kelch des Wissens zurückkommen?

Nach meiner Reise durch Grabstätten und alte Zivilisationen war
ich weit vom goldenen Kelch des Wissens entfernt. Wie diejenigen,
die sich vor mir aufgemacht hatten, fand ich Hinweise, die mir
halfen, die Suche fortzusetzen. Ein Anhaltspunkt war die Bedeutung von Geist-Körper-Seele, wie sie durch die chinesische Auffassung von Yin-Yang und dem Tao versinnbildlicht wird. Wichtiger war meine Überzeugung, daß einige Auserwählte aus dem
Volk der Töchter und Söhne Gottes über Heilweisen verfügten,
die verloren gegangen, zerstört oder bewußt versteckt worden waren, und daß diese Informationen noch immer auffindbar sein
könnten. Da die Hinweise sich nicht mehr in kunstvollen Gräbern
vergangener Zeiten befinden, müssen sie denen, die noch leben,
teilhaftig sein, und so wandte ich mich meinem zweiten Vorhaben zu — daß Wissen in den Ansichten gefunden werden kann,
die Frauen von ihrer Menstruation haben und in ihrer Art und
Weise, damit umzugehen.

WEITERE UNTERSUCHUNGEN

Für diejenigen von Euch, die den Wunsch haben, die alten Heilweisen weiter auszukundschaften, eigene pflanzliche Arzneien
herzustellen und in alten Grabstätten herumzustöbern, sind die
folgenden Angaben vielleicht hilfreich:

1. The Herbalist by Joseph E. Meyer, 1918 (revised in 1960
   by Clarence Meyer) available from Nichols Garden Nursery,
   1190 North Pacific Highway, Albany, Oregon 97321.
2. Oriental Herbal Wisdom by Masaru Toguchi, 1973, Pyramid
   Books, 9 Garden Street, Moonachie, New Jersey 07074.

3. Proven Herbal Remedies by John H. Tobe, 1973, Pyramid Books, 9 Garden Street, Moonachie, New Jersey 07074.

4. The Rodale Herb Book: How to use, grow and buy nature's miracle plants, Edited by William H. Hylton, Rodale Press Book Division, Emmaus, Pennsylvania 18049. Eine ausgezeichnete Quelle.

5. Medicine of the Middle Kingdom by George Parulski, Jr., in the Rosicrucian Digest, April 1976, S. 16-19.

6. Einweihung von Elisabeth Haich, Drei Eichen Verlag, München, 1976.

7. Zanoni, A Rosicrucian Tale by Sir Edward Bulwer-Lytton, 1971, published by Rudolf Steiner, 151 North Moison Road, Blauvelt, New York 11914.

8. Yankee cruises Turkey's history-haunted coast by Irving and Electa Johnson, National Geographic, December 1969.

9. New light on a forgotten past by Wilhelm G. Solheim, II, Ph.D., National Geographic, March 1971.

10. Aphrodisias, awakened city of ancient art by Kenan T. Erim, Ph.D., National Geographic, June 1972.

11. Chan Chan, Peru's ancient city of kings by Michael E. Moseley, Ph.D. and Carol J. Mackey, Ph.D., National Geographic, March 1973.

12. The lost empire of the Incas by Loren McIntyre, National Geographic, December 1973.

13. A lady from China's past by Alice J. Hall, National Geographic, May 1974.

14. The Phoenicians, sea lords of antiquity by Samuel W. Matthews, National Geographic, August 1974.

15. The Maya, children of time by Howard Lafay, National Geographic, December 1975.

16. Nature's gifts to medicine by Lonelle Aikman, National Geographic, September 1974.

2. Kapitel

IM SILBERNEN RAUMSCHIFF ZUM LAND DER BLAUGEFLÜGELTEN LIBELLE

Die eigentliche Fahrt begann, als ein silbernes Raumschiff auf seinem Weg ins Unbekannte durch purpurne Nachthimmel schoß. Reiseanwärterinnen hatte es viele gegeben; denn es war eine Reise, die zu lange geplant worden war. Ihre Geburt hatten alle die erwartet, die sich nicht bewußt waren, daß eine derartige Reise überhaupt möglich war. Zu lange hatten allzuviele Frauen ihr Ergebnis auf den alltäglichen Straßen, die durch die Hauptströmungen ihres Lebens liefen gesucht, um noch an das Unmögliche glauben zu können. Ihre Wege waren übersät gewesen mit Wunderdrogen, Hormonen, Verhütungspillen und den Versprechungen wundersamer Heilkuren — sofern sie diese anwandten — oder weiterwurstelten, etwa aufhörten, Salz zu essen, sexuell aktiv oder weniger aktiv wurden, dieses oder jenes mieden oder eine beliebige Anzahl Kinder hatten, was mit Abstand die erstaunlichste Kur war. Betrübter, nicht aber viel weiser, weinten sie, wenn ihre Töchter dieselben Krankheiten durchlitten und nahmen sie darauf sorgsam bei der Hand und führten sie in dieselben Tempel, damit aus ihnen dieselben jungfräulichen Opfer würden mit haargenau demselben Ergebnis. Geweihte Hallen, bewacht von den Gottlosen, in glänzenden weißen Kitteln getarnt.

Acht Frauen wählten die Reise auf einem unwegsameren Pfad, wie auch sie dafür ausgewählt wurden. Sorgfältig ausgesucht, bildeten sie die Elite von vielen Geeigneten.

Dies ist ihre Geschichte.

LILY

Zuerst war Lily da. Auf einer Ätherwelle flog sie aus dem Orient ein. Winzig, blaß, mit langem schwarzem Haar, achtlos um ihr zu ernstes Gesicht gewunden, hatte sie die Stärke einer bengalischen Tigerin, die Weisheit eines Zen Meisters, die Unversehrtheit einer Schwalbe bei Sonnenaufgang. Sie nannte sich selbst japanisch, amerikanisch, Lehrerin, Ehefrau, einst Mitglied des Friedenskorps und baldige Mutter. Als Lehrerin gab sie kleinen Kindern, die in die Welt gekommen, ohne nach ihrer Meinung gefragt worden zu sein, ohne eigene Vorstellungen, die Tiefe ihres Mitleids, das ihr angeboren und eigen war in dem, was sie gegenwärtig lebte, weiter.

JESSE

Jesse folgte, beinahe gleichzeitig. Sie fand ihren Weg die lange Treppe hoch, die in den winzigen Raum führte, der zur Startrampe für die ersten Reisenden wurde, zum Ausgangspunkt des silbernen Raumschiffes, das die restlichen Frauen an der zweiten Rampe aufnahm und sie sechs Monate später in einem milden und leuchtenden Dunst orangefarbener und purpurner Lichter entließ. Jesse, die Schöne. Hochgewachsen, schlank, lebendig. Ich fragte mich, warum sie an Bord unseres Raumschiffes kam, und warum ich sie gewählt hatte. Sie schien heiter, selbstsicher. Verglichen mit den andern, die ihre Glaubwürdigkeit wohl dokumentiert hatten, waren ihre Probleme gering. Ich fragte mich, wer sie hergeschickt hatte, obwohl sie erklärte, es wäre der Zeitungsartikel gewesen, eine kleine Anzeige auf der letzten Seite, die besagte, die Reise könnte beginnen, einige wenige Frauen würden dafür gesucht. Ja, sagte ich und glaubte ihr, wohlwissend, daß sie möglicherweise angewiesen worden war, den Artikel zu lesen.

Ich schob die Frage von mir und ging weiter. Die Reise hatte begonnen, ich war ihre Kapitänin. Wie merkwürdig. Es gab keinen kartografierten Kurs für diese Fahrt. Keinen Anfang, kein Ende, nur eine Fahrt durch die Zeit. Sechs Monate, um die Reise zu vollenden. Ausschließlich Intuition und eine Kristallkugel an einer goldenen Kette leiteten den Sextanten.

Die übrigen Frauen traten die Reise an, als sie im Fahrstuhl hinabglitten, durch die Tiefen des Alltäglichen, durch die Zeit, drei Schichten tief. Sie veränderte ihre Wahrnehmungen, schufen eine neue Wirklichkeit. Denn was anderes ist Wirklichkeit als die Wahrnehmung, an der jede von uns festhält, sich daran festklammert und nicht wagt, sie loszulassen? Aus Angst wovor? Was liegt jenseits des Vertrauten? Jede Mitreisende hielt auf ihre Art daran fest, hatte Angst loszulassen. Im Hinabtauchen dann, mitgerissen, entdeckte sie Freiheit. Die Erfahrung ihrer Freude. Kein Schmerz. Loslassen. Zulassen. Doch auch Schmerz kann eine Hilfe sein, wie Furcht auch. Suzanne kannte Furcht und Schmerz. Shirley kannte Schmerz und das Gegenteil davon, ein glühendes, silbern gekleidetes Mädchen. Tanzend, lächelnd, lockend winkte das strahlende Mädchen Shirley zu, ihr nachzufolgen. Erst spät während der Reise entschloß sie sich, ihrem sanften Glanz nachzugehen.

SUZANNE

Suzanne traf die Wahl, sich nicht vollständig zu beteiligen. Nicht ganz anwesend, nicht ganz abwesend wirbelte sie zu häufig in die Welt wirklicher Drachen zurück und begegnete dort wirklichen Rittern mit wirklichen Schwertern. Als Chirurgen verkleidet, weißgewandet, griffen sie zweimal zum Skalpell. Einmal setzten sie ihr Mal, einmal zogen sie sich zurück, als sie sich zu ihrer eigenen Verteidigung aufrüttelte. Suzanne. Suzanne. Ich wollte ihr viele weiche und sinnliche Namen geben. Sie verdiente sich ihr Geld als Go-Go-Tänzerin, haßte die Männer, die sie begafften, blendete sie aus, schuf sich eigene Fantasien, um die Erniedrigung zu überleben. In ihrer Vergangenheit gab es viele Drachen, als Eltern verkleidet. Sie verließ die Tanzwelt, wanderte weiter, wurde Modell. Jedesmal, wenn sie ihren Körper verkaufte, wenn sie ihn zurechtmachte, um ihn zur Schau zu stellen, haßte sie alle, die die Reklame kauften. Ich fragte mich, ob sie Zusammenhänge herstellte, mehr noch, was ihrer unsterblichen Seele angetan würde. Wie Salome mit den sieben Schleiern ließ auch sie nicht alle wirklich fallen. Ich konnte sie nur ein wenig kennenlernen, und schon senkte sich ein anderer Schleier über ihr Gesicht, als Schutz und Tarnung und hielt mich auf Entfernung. Ich hätte sie

gerne gekannt. Sie ließ es nie wirklich zu. Sie war gedrungen, kräf-
tig und hatte Sommersprossen. Geistreich und weise, hatte sie in
den neunzehn Jahren, die sie auf dieser Erde war, eine Ewigkeit
überlebt.

SHIRLEY

Shirley begegnete auf ihrem Flug drei Wesen, die nicht im geringsten alltäglich waren, und befreite sich selbst von einem herum-
geisternden Amazonenmädchen, das ihr Leben ein 36 Jahre wäh-
rendes Fest lang überwacht hatte. Von der Amazone gelenkt, war
sie eine völlig andere Person als zum Zeitpunkt, da sie entschied,
Verbindung mit ihrem anderen Selbst aufzunehmen. Shirley's
Amazonenseite war verdrießlich. Sie nahm zu, verlor Freunde,
hatte Schwierigkeiten mit ihrer Arbeit. Von ihr gesteuert verfügte Shirley über wenig Tatkraft oder Antrieb. Alles wurde aufge-
braucht, das Gewicht der Amazone zu tragen. Sie beschrieb sie als
gigantischen luftgefüllten Ballon, angeschwollen und aufgebläht,
der größer wurde, jedes Jahr mehr Einfluß gewann und sie mit
seiner Anwesenheit überflutete. Sie hatte selten die Kraft zu
entfliehen. Dennoch war sie ihr zugetan. Die Amazone hingegen
war müde und bereit zu gehen. Sie hatte all die Schläge einge-
steckt, denen sich Shirley ihr Leben lang nicht hatte aussetzen
wollen. Shirley's anderes Selbst war bezaubernd. Sie war eine
wunderbare Gefährtin. Viele Abende verbrachten wir lachend
miteinander. Sie war sanft, freundlich, warm, an Menschen interessiert und gerne mit ihnen zusammen. Shirley's anderes Selbst
war leistungsfähig, tüchtig und eine gute Geschäftsfrau. Sie konnte ein gutes Gehalt verdienen und es richtig anlegen, so daß das
Geld ihr ermöglichte, zu reisen und sich zu verwöhnen. Während
der ersten Hälfte unserer Reise pendelte sie alle drei Wochen von
einem Selbst zum andern, obwohl sie davor schon Jahre ohne
Amazone verbracht hatte. Auf der Hälfte der Strecke forderte ich
sie auf, zwischen ihrem Selbst und der Amazone zu wählen. Sie
wurde zornig. Stürme erhoben sich und wüteten zwischen uns.
Dann gestattete sie der Amazone zu sterben. An ihrer Stelle fand
sie ein Glühendes Mädchen und ein Dünnes Mädchen.

ELSIE

Elsie traf die Wahl nicht zu wählen und wurde auf einem kleinen Asteroiden in der Mitte zwischen Nirgendwo und dem Land der blaugeflügelten Libelle abgesetzt. Sie weinte und fragte: „Wohin gehe ich?"

„Wo bist du gewesen?" rief ich zurück.

„Nirgendwo." Dann, nachdenklich, „Nirgendwo."

„Es ist richtig, Nirgendwo zu sein. Du bist glücklich", ich machte eine Pause, „meistens."

„Ja", sagte sie, „Nirgendwo muß der richtige Ort sein für mich, denn ich bin die meiste Zeit glücklich. Ich bin glücklich. Ich muß glücklich sein."

Als sich unser silbernes Raumschiff von ihrem kleinen Asteroiden entfernte, sah ich eine blasse blaue Wolke darübergleiten und über ihm schweben, und ich fragte mich, was das bedeutete. Auch fragte ich mich, ob sie jemals ein anderes Raumschiff erreichen oder ob sie für immer im Land Nirgendwo bleiben würde. Ich hätte Elsie gerne mit auf unserer Reise gehabt. Sie hätte das Land der blaugeflügelten Libellen geliebt, seine wirbelnden tanzenden glänzenden Lichter, die Regenbogen, die unsern Bug oft kreuzten, die besonderen Wesen, die sich zu uns gesellten. Aber eine solche Reise erfordert Wagemut, und Elsie war ein Kind. Das heißt nicht, Kinder seien nicht mutig. Tatsächlich sind Kinder meist die tapfersten von allen. Elsie aber war eine Frau und gab vor, ein Kind zu sein. Mit fünfundzwanzig war sie ein Jahr lang eine Frau. Es mißfiel ihr, und so entschied sie, für immer und ewig ein Kind zu bleiben. Und als eine Frau mit getrübten Augen konnte sie nicht die blaue Wolke an ihrem Horizont sehen oder handeln wie eine Frau oder sich freuen, eine Frau zu sein. Mit fünfunddreißig wohnte sie tatsächlich im Land Nirgendwo. Doch sie trug ein stolzes und edles Erbe. Tochter würdevoller Hawaiianer, wirkte sie sogar noch erhabener durch Vorfahren, die von Afrika gekommen sein mußten. Portugiesen meinte sie, doch ich erinnerte mich daran, daß es versklavte Afrikaner gab, die auf den Azoren zurückgelassen worden waren. In portugiesischem Besitz, seinen Küsten nahe, spiegelten sie ein anderes Erbe wider. Ich hätte gern gewußt, ob sie jemals gewagt hatte, ihre Ursprünge zu hinterfragen.

ALISON

Alison wohnte, wie Elsie auf einer freundlichen Insel, kam durch vergessene Vorfahren zu den Nebeln Englands. Ihre milchig weiße Haut und ihr schwarzes Haar erzählten vom Kaukasus, von Balalaikas, pochendem, pulsierendem Leben, von Tanzfesten, die vier Tage und vier Nächte dauerten. Ihr Betragen sprach von strengen russischen Rabbis und dicken Büchern, in denen ihr Schicksal und das Schicksal aller jüdischen Töchter bis in alle Ewigkeit festgehalten wurde. Sie trug schwer an der Last dieses ehrfurchtgebietenden Erbes und übertrug es von ihrem Vater auf ihren Ehemann auf ihren Sohn. Jeder von ihnen Gebieter über ihr Schicksal, gegen das sie in Hilflosigkeit tobte. Von allen Passagieren hatte sie die stürmischste Reise, nicht wegen der Fahrt selber, sondern durch das Gepäck, das sie an Bord brachte. Für sie war die Reise voll Entzücken. Für mich öffneten sich neue Welten, in die sie uns geleitete, ohne sie selber zu kennen und von denen wir beide unsere Fäden spannen, den Kurs änderten und die andern mit uns zogen. Ohne sie hätten wir möglicherweise nie die tanzenden leuchtenden Lichter gefunden, deren funkelnde Farben sterbliche Augen nicht ertragen — vertraut nur jenen, die die Begabung der Reisenden erlangt und die die Tore zum Jenseits durchschritten hatten.

LEAH

Nicht alle Reisenden konnten die Tore zum Jenseits durchschreiten. Leah traf die Wahl, nicht hindurchzugehen, obschon sie das Geheimnis der Begabung kannte. Mehr als alle anderen wußte sie um deren Geheimnisse, mehr als alle anderen verleugnete sie ihr Vorkommen, ihre Stärke, ihre Wirklichkeit für sich. Leah war wie Quecksilber, eine goldene Wespe, die, auf meiner Schulter gelandet, mich lockte sie zu fangen und mir erlaubte, ihre bebenden Flügel zu streicheln. Verängstigt flog sie immer wieder weg, um immer wieder zurückzukehren, beladen mit merkwürdigen und seltsamen Kostbarkeiten, wenn ich es am wenigsten erwartete. Schließlich war sie zu verängstigt und blieb einige Zeit weg. Sie

kam erst wieder, als sie mir einen Eid abgerungen hatte, sie niemals, niemals wieder in Versuchung zu führen, die Gabe anzuwenden. Ihr werdet fragen, wovor sie sich fürchtete? Am meisten vor
dem verrückt sein, wie ihre Mutter verrückt war, weggesperrt beiseite getan, verwahrt für zukünftigen Gebrauch durch gleich ver-
rückte Gefängniswärter, die die Gewänder der Gleichförmigkeit
trugen. Es kann gefährlich werden, Anders zu sein. Das wußten
die Reisenden so gut wie ich. Ich überlegte, wie ich andere lehren
sollte, auf der Blaugeflügelten Libelle zu fliegen, die Geheimnisse
von Lichtwesen kennenzulernen, Straßen von rotem Morast zu
überqueren, einmal durch Galaxien gestreift zu sein, einen Regenbogen hinabgeglitten, in einen Topf voll Gold gefallen zu sein und
mit Pan gespielt zu haben. Wie konnte ich die Geheimnisse kund
tun, ohne daß eiserne Tore vor den Gesichtern von uns allen, die
wir den Flug wagten, zugeschlagen wurden? Aber das ist eine andere Geschichte, meine eigene, und hier geht es um Leah. Leah
reiste dann tatsächlich eine Weile durch die Tore zum Jenseits
und verlor ihre Furcht vor dem verrückt sein, weil sie erkannte,
daß verrückt sein eine andere Form von Gesundheit ist, eine, die
nur wenige kennen. Ihre spätere Furcht hieß Ruhm.

„Was wirst du über mich schreiben?" fragte sie. „Ich werde ge-
hänselt und ausgelacht werden, so wie andere vor mir gequält
worden sind."

So bewahre ich ihr Geheimnis, wohlwissend, daß sie ihr eigenes silbernes Raumschiff steuern wird auf Reisen, die ich noch
zu erlernen habe, mit Raumfahrzeugen, in denen auch ich eines
Tages fliegen werde. Begabt, intelligent, spirituell wie sie war, hatte ich mit ihr zumindest die Sieben Tore der Hölle durchquert
und sie sicher auf der anderen Seite abgesetzt. Eines Tages, wenn
sie die Wahl trifft, sich nicht mehr zu fürchten, wird sie ihre eigene Geschichte aufschreiben. Ihren Ruhm wird sie sich selber
schaffen, und auch das ist ihr Schicksal.

JAY JAY

Jay Jay wanderte mit zwei Gefährten durch ihr tägliches Leben
und begegnete Judy, einem Lichtwesen, in der Tiefe eines Teichs
in ihrem Außer Gewöhnlichen Leben. Mit ihr ritt sie zu einem

chinesischen Palast und wurde gewahr, daß sie sich nicht von ihr abtrennen ließ, daß sie nicht wie sie selbst war. Sie konnte nicht immer unterscheiden, wer mit der Libelle flog und wer sich auf Strahlen von Licht fortbewegte.

Jay Jay trug oft die Verantwortung, die Schiffe anderer zu lenken. Gefangen in einer Welt des Todes, Begleiterin beim Sterben anderer. Als Krankenschwester in einer Nierendialysen-Abteilung brachte sie menschlichen Wesen bei, an eine Maschine angeschlossen zu leben.

Es machte Spaß, mit ihr zusammen zu sein, sie war mitfühlend, ernsthaft und frohgemut. Während unserer Reise entwickelte sie stählerne Kraft, vermischt mit der Fähigkeit einer Weide, sich zu biegen, sich zu wiegen, der Fähigkeit auszuweichen, wenn äußere Kräfte zu stark waren, um ihnen standhalten zu können. Sie lernte auch, die Kräfte, die sie nicht annehmen konnte zu überwinden, indem sie sich fest im Boden verwurzelte. Ihre irdischen Gefährten waren männlich. Einer nannte sich Ehemann, der andere Geliebter. Sie lebte eine offene Ehe und fühle sich wohl dabei, wurde offen in all ihren Beziehungen, weiblichen, männlichen, zu Freunden und Mitarbeitern. Jay Jay, eine wirklich schöne Frau. Ganz zu Anfang der Reise fürchtete sie sich davor, weiblichen Geschlechts zu sein, fürchtete sie sich davor, andere Frauen zu lieben. Frauen zu lieben, deren Freundin zu sein, hätte bedeuten können — so war es bei ihrem Vater gewesen — ein gleichgeartetes Geschlechtsleben zu haben. Zu sehr genoß sie ihre Beziehungen mit Männern, deren Sexualität, deren Freundschaften. Im Verlauf der Reise lernte sie, Zuneigung zu Frauen zu erleben und danach Ausschau zu halten. Jay Jay hatte, vielleicht mehr als jede andere Beteiligte, die vollkommenste und erfolgreichste Fahrt.

ALLES WAS WEIBLICH IST IST SCHÖN

Vielleicht fragt Ihr Euch, warum jede einzelne dieser Frauen eine Fahrt in unbekannte Gefilde antrat? Was ereignete sich unterwegs, und was brachten sie mit sich zurück? Noch wichtiger ist vielleicht die Frage, ob sie fanden, was sie sich vorgenommen zu finden? Jede von ihnen fand wirklich, was sie vorhatte zu finden, wenn ihre Antworten auch einigermaßen unterschiedlich sind, in ihrem Ausgangspunkt, wie jede vorging, den Umwegen, die sie unterwegs machte, in dem, was sie entdeckte und was sie zurückbrachte. Sogar Elsie, die auf ihrem winzigen Asteroiden zurückgelassen wurde und die zusah, wie die Welt ohne sie erwachsen wurde, fand, was sie wollte — ein Kind zu bleiben für immer und ewig. Suzanne konnte am wenigsten von allen ihre Vorstellungen verwirklichen. Zu oft kehrte sie in die wirkliche Welt zurück, als daß das Ziel der Reise für sie hätte in Erfüllung gehen können. Jede befand sich im Grunde genommen auf dem Weg zu sich als Frau. Es war eine Erforschung all dessen, was sie je gedacht und gefühlt hatten im Hinblick darauf, in dieses und nicht in das andere Geschlecht hineingeboren zu sein. Das Endergebnis war, herauszufinden, was es für jede Einzelne bedeutete, eine Frau zu sein. Wir hofften, zumindest die, die ursprünglich die Reise geplant hatten, daß wir die Auffassungen, die für jede damit verbunden waren, eine „Dame" oder „weiblich" zu sein, unterwegs über Bord werfen würden, und daß jede bei ihrer Rückkehr den Glauben mitbringen würde, eine Frau zu sein, sei wirklich schön. Die abschließende Untersuchung ergab, daß es weniger wichtig war, was eine für Wahrnehmungen über Schönheit hatte und wie eine „Frau" definierte, als vielmehr, daß die einzelnen Überzeugungen als bejahende Werte verinnerlicht wurden.

DER MAGISCHE STOFF, AUS DEM REISEN GEMACHT WERDEN

Über die Abenteuer, die wir unterwegs erlebten, gibt es viele Geschichten zu spinnen, und sie werden erzählt werden, wie Geschichten immer erzählt worden sind. Sachte ihren Zauber über die Schatten einbrechender Dunkelheit breitend, schieben sie die Spinnweben beiseite und enthüllen die Myrrhe und Juwelen, die in den Koffern der Reisenden gefunden werden.

Wie bei allen Reisen gibt es die, die vorher kamen, die Namenlosen und Gesichtslosen. Sie bauen die Pyramiden für die Göttinnen, die später darin wohnen werden, setzen Raumschiffe in Bewegung oder glauben daran, daß es keinen vergeblichen Seeweg in den Nordwesten gebe, und daß alle weiteren Reisen auf dem Landweg stattfinden müssen. So verhielt es sich auch mit unserer

Reise. Den acht Frauen, die sich aufmachten, gingen sechzig andere voraus. Es gab auch eine einsame Reisende, ich will sie Sun nennen. Sie begab sich mit mir auf eine frühere, ähnliche aber nicht gleiche Reise und schuf die nötigen Vorbereitungen, so daß es möglich war, das silberne Raumschiff mit den lebenswichtigen Vorräten zu versorgen — mit Wagemut, Energie, Heiterkeit und vor allem mit der Erkenntnis, daß Visionen gefunden werden können, wenn jemand weit genug reist und die Zuversicht hat, Wagnisse einzugehen. Da war noch eine andere wichtige Voraussetzung — Zurückbleibende, die mir meine Entscheidung ermöglichten, da sie für die alltäglichen Lebensnotwendigkeiten sorgten. All dies stand mir zur Verfügung.

Versetzen wir uns zwei Jahre zurück, zu den sechzig Frauen, die vor uns kamen. Sind sie auch namenlos, so waren ihre Vorbereitungen unentbehrlich für das schließliche Ergebnis. Die Pyramiden, die sie zusammenfügten, krachten zusammen wie so viele Humpty Dumpties*, und auf den Trümmern dieser Eierschalen wurde die neue Reise ausgeheckt.

---

* Humpty Dumpty: ein Rätsel — Humpty Dumpty ist ein Ei — und Kinderreim:
Humpty Dumpty sat on the wall
Humpty Dumpty had a great fall
All the king's horses and all the king's men
Could't put Humpty together again.
(Anm. d. Red.)

3. Kapitel

REISE I. SECHZIG FRAUEN GESTRANDET

Und es kamen sechzig Frauen aus vielen Ländern, und sie versammelten sich am Brunnen auf dem Marktplatz, um sich dort untereinander zu mischen und Zeit miteinander zu verbringen und die Kleidungsstücke ihrer Familien zu waschen. Sie waren aus vielen fernen Ländern gekommen, und das Erbe ihrer Vorfahren spiegelte sich in ihren Gesichtern.

DIE BEFRAGUNG UND ÜBERPRÜFUNG

Nachdem ich mich von der Überzeugung gelöst hatte, daß frühere Zivilisationen das grundlegende Wissen für eine wirksame Heilungsmethodologie liefern würden, kehrte ich zu den Anfängen der Forschungsarbeit zurück und wandte mich meinem zweiten Vorhaben zu, den sechzig Frauen, die, so schien es mir, die nötigen Informationen liefern würden.

Frauen werden in Untersuchungen selten direkt gefragt, was sie über Menstruation denken und was sie dabei fühlen, woran sie glauben, was sie über ihre körperlichen Funktionen während des Menstruationszyklus wissen, wie sie die Menstruation handhaben, was die Ursprünge der Tabus sind, an denen sie festhalten, und welche Heilmittel sie als wirksam betrachten und welche als weniger wirksam. Mein Ziel war, diese Art von Information zu suchen, ohne von einer vorgefaßten Annahme über die Beziehung von Ursache und Wirkung auszugehen.

Als ich die Fachliteratur sichtete, stellte ich fest, daß die meisten Untersuchungen über Menstruation die Ansicht einer einzelnen wissenschaftlichen Fachrichtung, wie beispielsweise Anthropologie, Psychologie oder Physiologie wiedergaben, auf klinischen Daten von Frauen beruhten, die nach ärztlicher Hilfe für ihre

Menstruationsprobleme gesucht hatten, oder daß man Definitionen aufgestellt hatte, um die herum dann Daten gesammelt und Schlüsse gezogen wurden.

Karen Paige beispielsweise setzte in ihrer Untersuchung (1973) Menstruationsschmerz, Feminität und Religion gleich. Sie ging davon aus, daß Streß durch Krankheitsverhalten zum Ausdruck gebracht wird. Feminität würde mit drei Hilfsgrößen definiert. 1) als Orientierung auf Heim und Mutterschaft im Gegensatz zu individueller Leistung und beruflichem Erfolg, 2) anhand vorehelicher Keuschheit und 3) der Befolgung sozial vorgegebener Richtlinien in Bezug auf Hygiene und angemessenem Verhalten während der Menstruation. Als Religionen kamen die katholische, jüdische und die protestantische vor. Ich fragte mich, ob viele Frauen mit ihrer Definition von „Feminität" einschließlich deren Gegenteil einverstanden wären — daß nämlich eine Orientierung an individueller Leistung und beruflichem Erfolg mit einem Mangel an „Feminität" gleichgesetzt wurde.

Katharina Daltons Beschreibung von Dysmenorrhoe (schmerzhafte Menstruation) (1969) als einer kongestiven (blutanstauend) oder spastischen (krampfartig) Art, wird in der Fachliteratur weitgehend als Prototyp für Dysmenorrhoe und andere menstruationsbezogenen Probleme zitiert. Aber ihre Schlußfolgerungen leitet sie von Frauen ab, die wegen ihrer menstruationsbezogenen Probleme ärztliche Hilfe suchten. Ihre Schlußfolgerungen wie auch ihre Behandlungen beruhen also auf einem medizinischen Modell und auf Daten einer Gruppe von Frauen, die nicht darüber nachdenken, was für andere Frauen üblich oder normal sein könnte.

Die Weltgesundheitsorganisation entwickelt zur Zeit in zwölf Ländern eine Untersuchung und forscht in großem Rahmen nach Informationen über die Auffassungen von Frauen und Männern über Menstruation und ihren darauf bezogenen Praktiken. Die Informationen sollen in drei Phasen gesammelt werden und stehen bis jetzt noch nicht zur Verfügung. Weil darin nach den Auffassungen von Frauen und Männern gefragt, und weil eine große, gemischte Bevölkerungsgruppe angesprochen wird, müßte diese Studie unschätzbare Informationen liefern.

In Anbetracht dieser Literatur scheint es mir, daß meine eigenen Daten aufzeigen müssen, was bei Frauen in Zusammenhang mit ihrem Menstruationszyklus als üblich und normal erachtet wird; daß ich nicht Definitionen überstülpe, die sich von denen der Frauen unterscheiden, nicht mit einer Hypothese beginnen, die die erhaltenen Informationen beeinflussen würde, sondern vielmehr die Schlußfolgerungen aus den Daten selbst entstehen lassen sollte. Es sollte eine Wanderung vom Unbekannten ins Unbekannte werden. Zu meiner Überraschung schrieben Glaser und Straus (1967), daß schöpferische Lösungen gerade auf diese Art entstehen. Auf diesen Hinweis stieß ich jedoch erst, als meine Reisen ins Unbekannte abgeschlossen waren.

Ich möchte eine warnende Anmerkung für diejenigen von Euch hinzufügen, die das Gefühl haben könnten, daß das Erlangen von Kreativität durch eine Wanderung im Unbekannten voll fröhlicher Abenteuer steckt. Es kann auch zu viel wertloser Information führen, einem Umherirren in dürrem Ödland und einem Resultat, das Wissenschaftler „Nullergebnis" zu nennen pflegen. Meine eigene Definition sollte T.S. Eliots „The Wasteland" (1934) (Das wüste Land) widerspiegeln.

Die Frauen am Brunnen

Sechzig Frauen, in Waschsalons überall auf der Insel Oahu, Hawaii, versammelt, geschäftige Frauen mit Kindern und Ehemännern und vielen unterschiedlichen Berufen nahmen sich Zeit, einen ziemlich ausführlichen Fragebogen auszufüllen und ihre Ansichten über Menstruation mit mir zu diskutieren.

Sie erzählten mir von ihren Großeltern und ihren Eltern, Religionen und den Gebieten, in denen sie aufgewachsen waren, von ihren Beschäftigungen und dem höchsten Ausbildungsgrad, den sie erreicht hatten.

Ich stellte fest, daß sie aus vielen Ländern kamen, und auf der Reise von einem Land zum anderen hatten ihre Großeltern und Eltern eine Kultur mit einer anderen vermengt. Sie spiegelten Rassen und Kulturen und Glaubensvorstellungen und Hintergründe aus Hawaii, China, Japan, Korea, den Philippinen, England, Frankreich, Litauen, Italien, Mexico, Irland, Rumänien, Spanien, Norwegen, Holland, Schweden, Deutschland und Portugal. Bis auf fünf Frauen wuchsen alle in Hawaii oder auf dem Festland der Vereinigten Staaten auf. Sie waren katholisch, buddhistisch, jüdisch, spirituell, atheistisch, agnostisch und auf viele verschiedene Arten protestantisch.

Kamen mit vielen Fertigkeiten

So wie sie aus verschiedenen Ländern kamen, waren sie auch unterschiedlich erzogen worden und hatten sich entschieden, in vielen unterschiedlichen Berufen zu arbeiten. Einige Frauen waren zwei Jahre aufs Gymnasium gegangen, andere hatten ihren Doktor in Philosophie und Medizin gemacht. Sie waren Krankenschwestern, Elektrikerinnen, Hausfrauen, Studentinnen, Bardamen, Physiologinnen, Lehrerinnen, Mütter, Stewardessen, Ehefrauen, Künstlerinnen, Geschäftsfrauen, Telefonistinnen, Sekretärinnen, Biochemikerinnen, Busfahrerinnen, Journalistinnen und Tänzerinnen.

Und hatten unterschiedliche Anliegen

Die Frauen diskutierten über ihre Menstruationszyklen, über die Schwierigkeiten, die sie damit hatten oder nicht hatten, über chirurgische Eingriffe, die Verhütungsmethoden, die sie angewandt hatten, über ihre Schwangerschaften, ihre Abtreibungen und ihre Kinder.

Um zu bestimmen, was Frauen im einzelnen über Menstruation wußten, stellte ich ihnen folgende Fragen:

Was, glaubt Ihr, verursacht die körperlichen und emotionalen Veränderungen, die einige Frauen bei ihrem Menstruationszyklus erfahren?

Was, glaubt Ihr, verursacht Schmerzen und Blutgerinnsel, und was ist der Grund, daß Eure Menstruation eher kommt, als Ihr erwartet habt oder später oder die Blutung stärker ist oder schwächer, als Ihr erwartet habt?

Wißt Ihr, was alle diese Veränderungen bewirkt, und was in Eurem Körper während eines Menstruationszyklus vorgeht?

Und welche sind die Veränderungen, die Ihr während Eures Menstruationszyklus erfahrt, und welche sind von besonderer Bedeutung für Euch?

DIE PHYSIOLOGIE IHRER ANTWORTEN

Ihr Wissen und ihre Erfahrungen

Die Antworten auf alle Fragen über ihre Meinungen waren begrenzt. Viele hatten keine Ahnung von der Physiologie ihres Menstruationszyklus oder davon, was in ihrem Körper vorging. Einige sagten, es sei wegen der Hormone. Die Frauen, die eine höhere Ausbildung hatten wußten genau, was sich physiologisch und in Beziehung zu ihrem eigenen Zyklus abspielte, sofern ihre Ausbildung in einer Fachrichtung lag, die damit zu tun hatte. Handelte es sich um ein anderes Gebiet, so zeigte sich auch bei ihnen, daß sie nicht mehr wußten, als die Frauen, die zwei Jahre aufs Gymnasium gegangen waren.

Die Antworten, die die Fragen nach Schmerzen, körperlichen und gefühlsmäßigen Veränderungen betrafen, wichen von der Fachliteratur ab. Die Beschreibung von Dysmenorrhoe, wie viele Frauen sie erfuhren, paßte nicht ins Schema der kongestiven und spastischen Art, wie Dalton sie aufgezeichnet hatte. Stimmungen, körperliche Veränderungen und Gefühlsschwankungen, die viele von ihnen zu verschiedenen Zeiten während des Menstruationszyklus erlebten, deckten sich nicht mit dem Muster, das man „prämenstruelles Syndrom" genannt hatte. Alle 60 Frauen erlebten an einem bestimmten Punkt ihres Menstruationszyklus körperliche und gefühlsmäßige Veränderungen in diesem oder jenem Ausmaß, sogar diejenigen, die den Veränderungen keine besondere Bedeutung für sich, für ihre Arbeit oder ihre Beziehungen mit anderen beimessen konnten. Die Frauen sagten, daß die Veränderungen in der Mitte des Zyklus, zur Zeit des Eisprungs auftraten, vor Menstruationsbeginn, während der Menstruation und nachdem sie aufgehört hatte. Einige Frauen hatten Schmerzen „spastischer" Art, das heißt, daß die Schmerzen krampfartig kommen und gehen, was aber nur auf die Schmerzen zutraf, die Dalton im Unterbauch und an der Innenseite der Schenkel lokalisierte. Dieselben Frauen sagten, daß ihre Schmerzen ein andermal gleichmäßig auftraten. Beide Schmerzarten wurden von Frauen empfunden, die ebenfalls Kopfweh, Rückenweh, einen geblähten Bauch und Flüssigkeitsansammlungen in verschiedenen Teilen ihres Körpers hatten. Die Intensität des Schmerzes, seine Dauer und ob er gleichmäßig oder mit Unterbrechungen auftrat, war innerhalb eines Zyklus und von einem Zyklus zum andern unterschiedlich.

Die Erklärungen

Die klassische, physiologische Erklärung für die physischen und emotionalen Veränderungen, die während der Menstruation auftreten lautet, daß sie aufgrund einer plötzlichen Verschiebung oder Veränderung des Hormonspiegels, speziell von Östrogen und Progesteron stattfinden. Diese Erklärung geht von der Annahme eines prämenstruellen Syndroms aus, das heißt, daß die meisten Veränderungen gerade vor der Menstruation stattfinden, und daß das der Zeitpunkt ist, an dem der Abfall im Progesteron- und Östrogenspiegel am stärksten ist und am schnellsten stattfindet. Wenn Ihr die Zeichnung auf der folgenden Seite betrachtet, werdet Ihr jedoch feststellen, daß der Progesteronspiegel während der ersten 13 Tage des Zyklus niedrig bleibt, und daß das Östrogen erst um den 7. Tag herum anzusteigen beginnt. Weitaus schnellere Verschiebungen finden zwischem dem 13. und dem 19. Tag statt und schließen die großen Veränderungen im luteinisierenden und follikelstimulierenden Hormonspiegel mit ein. Die Veränderung im Progesteronspiegel ist genau so beträchtlich und so plötzlich zwischen dem 16. und dem 24. Tag, wie nach dem 24. Tag. (Die Daten beziehen sich auf einen 28-Tage-Zyklus).

Neuerdings geht man hinsichtlich der verantwortlichen Faktoren bei Menstruationsproblemen von der Wahrscheinlichkeit aus, daß Prostaglandine für die emotionalen und physischen Veränderungen, die während des Menstruationszyklus auftreten, verantwortlich sein könnten. Prostaglandine sind eine Stoffgruppe ungesättigter Fettsäuremoleküle. Die Prostaglandinforschung ist in den letzten Jahren sehr verstärkt worden, besonders für die Bereiche Entbindung, Schwangerschaft und als Anwendungsmöglichkeit bei Abtreibungen. Aufgrund der verstärkten Forschungsarbeit ist anzunehmen, daß die Beziehung zwischen Prostaglandinen und dem Menstruationszyklus in den kommenden Jahren gut dokumentiert werden dürfte.

Was die Linderung der menstruationsbezogenen Probleme betrifft, läßt obige Erklärung nur ein ganz unwirksames Medikament zu. Aspirin ist das bekannteste Gegenmittel für Prostaglandine. Seine Wirksamkeit bei der Beseitigung von schweren Menstruationskrämpfen, Kopfweh, Rückenweh, Gefühlsschwankungen oder der Flüssigkeitsansammlung während des Menstruationszyklus wurde als äußerst gering befunden. Während die Schmerzbeseitigung und damit verbundene Belange wichtige Erwägungen sind, physiologisch gesehen, ist die Ausschaltung von Prostaglandinen anfechtbar. Gewisse Prostaglandine sind für die Kontraktion der Gebärmutter bei Menstruation und Entbindung notwendig. (Siehe Darstellung auf der folgenden Seite). Die Kontraktionen der Gebärmutter bei der Menstruation erleichtern das Ausstoßen der Gebärmutterschleimhaut (Endometrium), die in Vorbereitung auf das befruchtete Ei aufgebaut worden ist. Ohne Kontraktionen würde sich die für die Ausstoßung benötigte Dauer (das heißt, die Blutung) wahrscheinlich verlängern.

DIE KULTURELLEN VERFLECHTUNGEN

Weil ich bei den vielen Kulturen, die die sechzig Frauen verkörperten, nach einer Heilweise Ausschau hielt, fragte ich sie nach den Mythen und Tabus, die sie oder ihre Großmütter, ihre Mütter oder Tanten oder Freundinnen hinsichtlich der Menstruation wissen oder praktizieren könnten. Die meisten Frauen wußten nicht recht, wovon ich sprach und sagten, sie würden keine Mythen oder Tabus kennen, die sie oder irgendjemand anders praktizierten. Dann stellte ich eine Frage, die mich zu der Überzeugung brachte, daß das Thema Menstruation an sich ein Tabu ist. Die Frage lautete: ,,Sprecht Ihr mit Männern anders über Menstruation als mit Frauen, und wenn ja, mit welchen Männern besonders und worüber?"

Die meisten erwiderten: ,,Natürlich sagen wir Männern andere Dinge als wir den Frauen sagen."

Sagen ist etwas anderes als sprechen. Viele Frauen sagten einem bestimmten Mann, ihrem Chef, ihrem Ehemann, ihrem Geliebten, daß sie gerade menstruierten oder daß es bald soweit sei, und verfolgten damit eine bestimmte Absicht. Die Absichten waren ziemlich gleichbleibend, bei denjenigen, die sie benötigten — um sexuelle Aktivitäten zu vermeiden, um nicht zur Arbeit gehen zu müssen, um sich selber ein bißchen verwöhnen zu können und nicht verantwortlich sein zu müssen für die vielen Haushalts-

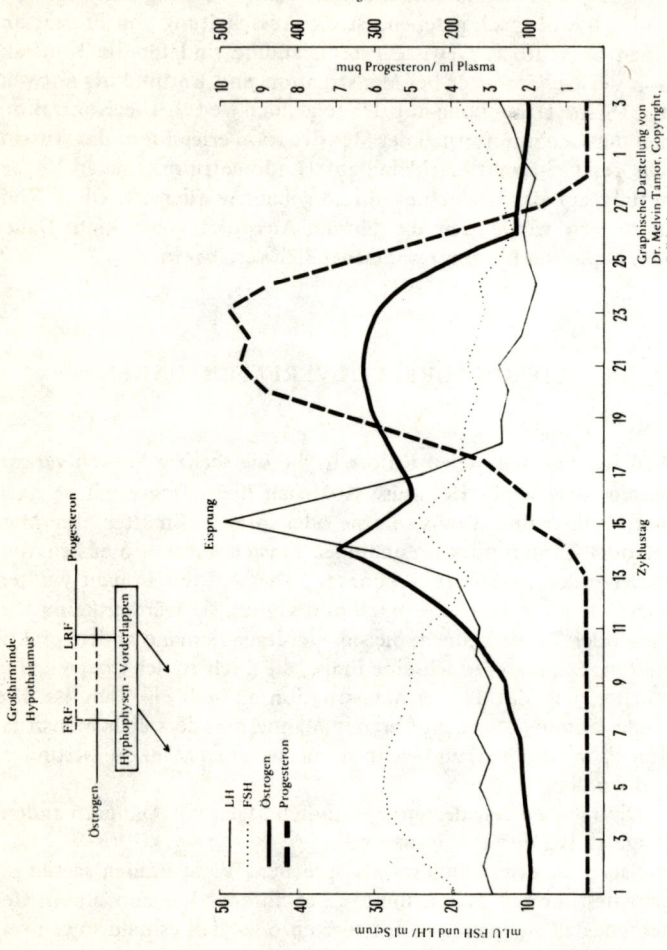

Graphische Darstellung von
Dr. Melvin Tamor, Copyright,
Calbiochem

VORKOMMEN VON PROSTAGLANDINEN
IN EINIGEN MENSCHLICHEN GEWEBEN

Ursprung	Prostaglandine	Quellenangaben
Samen	E_1, E_2, E_3, F_{1a}	Bergström & Samuelsson (1962);
	F_{2a}, A_1, A_2, B_1, B_2, 19 hydroxy A_1,	Samuelsson (1963a, 1963b); Hamberg und Samuelsson (1966);
	19 hydroxy A_2,	Bygdeman & Samuelsson (1966).
	19 hydroxy B_1, 19 hydroxy B_2	
Menstruationsflüssigkeit/ Gebärmutterschleimhaut	E_2, F_{2a}	Eglinton et al. (1963); Pickles et al. (1965)
Lunge	F_{2a}	Änggård (1964, 1965)
Lunge	E_2, F_{2a}	Karim, Sandler & Williams (1967).
Nabelschnur- und Plazentagefäßblut Amnionflüssigkeit, Decidua*	E_1, E_2, F_{1a}, F_{2a}	Karim (1966, 1967); Karim & Devlin (1967).
mütterl. venöses Blut während der Geburt	E_2, F_{2a}	Karim (1868) und unveröfentl. Beobachtungen
Thymus **	E_1	
Schilddrüse	E_2, F_{2a}	
Vagus	E_2, F_{2a}	F_{2a}
Sympathischer Nerv des Mutterhalses	E_2, F_{2a}	Karim, Sandler & Williams (1967)
Bronchien	E_2, F_{2a}	F_{2a}
Herzmuskel	E_2	
Magenschleimhaut	E_2	Bennett, Murray & Wyllie (1968)

Zum Vorkommen von Prostaglandinen in anderen menschlichen und tierischen Geweben siehe: Bergström, Carlson & Weeks (1968); Euler & Eliasson (1967); Karim, Sandler & Williams (1967); Karim, Hillier & Devlin (1968); Horton (1969); Horton & Main (1967a, b).

Tabelle und Quellenangaben aus: S. M. M. Karim, The Prostaglandins, Progress In Research, 1972. Copyright: Medical and Technical Pub. Co., Ltd, Seacourt Tower, West Way, Oxford, England.

pflichten und andere Aufgaben, die sie normalerweise erfüllten, um nicht an vielen verschiedenen Aktivitäten teilnehmen zu müssen oder einfach, um allein zu sein. Im Gegensatz zu dem, was sie Männern sagten, *sprachen* die Frauen mit anderen Frauen. Sie sprachen über die Probleme, die sie gerade erlebten, erwarteten Hilfe voneinander und teilten sich die Kenntnisse, die jede über ihren Körper und ihren Menstruationszyklus hatte, mit.

Der Mythos der Mythen

Die Absichten, die die Frauen verfolgten, wenn sie ihren Männern sagten, daß sie menstruierten, erinnerten mich an einen Bericht, den ich in Janet Schreibers Feldstudie über menstruelle Wahrnehmungen (1974) gelesen hatte. Sie spiegelten auch meine Überlegungen wider, daß die Tabus, die mit Menstruation verknüpft sind, eine Verstümmelung dessen sein könnten, was einst Verehrungsriten für die Göttin Aphrodite gewesen waren, für andere Göttinnen, die ein ähnliches Konzept innerhalb ihrer Kulturen verkörpern — Fruchtbarkeit, Liebe und Schönheit. Das ursprüngliche Material enthielt Vorurteile, die in dem überarbeiteten folgenden Bericht gestrichen wurden. In der überarbeiteten Fassung zeigt sich ein religiöses oder spirituelles Zurückziehen, ein Weggehen, um mit sich selber und mit dem eigenen Gott zu sprechen, ein Abwenden von den gewöhnlichen und weltlichen Tätigkeiten des alltäglichen Lebens und danach eine Wiederkehr, erfrischt, neugeboren, um diese Tätigkeiten mit einem anderen Blick wieder aufzunehmen.

Der folgende überarbeitete Bericht handelt von menstruellen Riten in Indien und stimmt mit dem Original in Inhalt und Wortwahl weitgehend überein.

Anmerkungen zur Tabelle auf Seite vorher

* Decidua ist die Schleimhaut der Gebärmutter, die sich nach Eintreten der Schwangerschaft weiterentwickelt aus der Functionalis (Functionalis = Schleimhautanteil, der bei Menstruation ausgestoßen wird).
** Thymus = Organ, das bei Säuglingen und Kleinkindern noch ganz ausgeprägt ist und offensichtlich die Hauptschalt- und Entwicklungsstelle für die Immunabwehrstoffe ist, bei Erwachsenen wieder fast rückgebildet und verfettet.
(Anm. d. Übers.)

Drei Tage lang zieht sich die menstruierende Frau zurück, und während dieser Zeit ist sie von allen Verantwortungen und Aufgaben, die verknüpft sind mit ihren Kindern, ihrem Ehemann, ihrem Haushalt und sogar mit anderen Frauen entlastet. Sie entfernt sich von allen sozialen Tätigkeiten und schließt sogar den Gebrauch von Sandelholz, Moschus und anderen Parfums aus, die sie den restlichen Monat über benutzt, um sich einzuölen. Sie zieht sich vom Körperlichen zurück, um sich dem Spirituellen zu widmen. Alle anderen Tätigkeiten weichen der Meditation, der inneren Einkehr und einer Wiedervereinigung mit den Göttinnen und der Anbetung der Mondin. Am vierten Tag kehrt sie zurück. Zu diesem Zeitpunkt darf niemand sie ansehen; denn die anderen sind unwürdig, weil sie ihre Zeit mehr mit gewöhnlichen Beschäftigungen verbracht haben als in spiritueller Verbundenheit mit den Göttinnen. Ihre Rückkehr wird mit besonderen Riten gefeiert. Ihre alten Kleider werden abgelegt und von dem Waschmann (Waschmann heißt es im Originalbericht) gewaschen, und sie badet mit größter Sorgfalt. Sie badet allein im Fluß und benutzt dazu ein besonderes Kupfergefäß oder Chembu, das nur sie allein berühren darf. Sie geht in den Fluß hinein, füllt das Chembu und reinigt zuerst ihre Zähne, spült ihren Mund zwölfmal aus und wäscht ihre Hände und Füße. Dann geht sie in den Fluß hinein, taucht zwölfmal darin unter, taucht ihren ganzen Körper darin ein. Beim Herauskommen aus dem Wasser salbt sie sich mit einer besonderen Paste ein, die aus Ingredienzien besteht, die ihre Beziehung zur Erde symbolisieren, die sie in ihrer Beziehung zu allem Wachsenden und Lebensspendenden zentrieren und festigen. Die Erde und die Mondin symbolisieren alles, was fruchtbar und weiblich ist, im Gegensatz zur Sonne, die symbolisiert, was männlich ist. Ihre Beziehungen richten sich während der Menstruation auf alle Dinge, die weiblich sind, die Mondin, die Erde und Yin und wenden sich ab von den Dingen, die männlich sind und von der Sonne, Verehrung von Sonnengöttern und Yang repräsentiert werden.

Nachdem sie ihren ganzen Körper gesalbt hat, kehrt sie zum Wasser zurück und taucht sich selbst vierundzwanzig Mal vollständig ein. Wenn sie wieder aus dem Wasser steigt, reibt sie sich ganz mit Safran ein, einem kostbaren und wohlriechenden Kraut und taucht wieder einmal unter. Dann mischt sie Safran mit ein wenig Wasser, trinkt etwas davon und gießt den Rest über ihren Kopf, wonach sie sich sorgfältig mit reinen Kleidern bekleidet, die frisch gewaschen sind, und mit einem besonderen Leibchen, das Ravikai heißt. Dann malt sie ein kleines rundes rotes Mal auf ihre Stirn, das Kunkuma heißt und geht nach Hause zurück. (Das Kunkuma ist symbolisch für die Hochgeborenen und wird nie in niedrigeren Kasten benutzt.) Beim Betreten ihres Hauses befindet sie sich immer noch in einem besonderen Zustand der Würde und ruft sofort nach einem Brahma Purohita. Bei seiner Ankunft flicht diese ehrwürdige Person als erstes zweiunddreißig Halme des Darbha-Grases zusammen, um daraus einen Ring herzustellen, der Pavitram genannt wird. Er taucht ihn in geweihtes Wasser, das er mitgebracht hat. Die Frau nimmt darauf noch ein Bad, trinkt ein wenig von dem geweihten Wasser, streift den Pavitram auf den Ringfinger ihrer rechten Hand und trinkt darauf etwas Pancha-Gavia oder etwas Kuhmilch. Der Grasring und das Pancha-Gavia symbolisieren beide die Beziehung zur Erde, ihre Verbundenheit mit den Göttinnen der Fruchtbarkeit und die Beziehung aller Frauen mit ihnen für ihre eigene Fruchtbarkeit und der Fruchtbarkeit der Felder und der Tiere. Am Ende dieser Zeremonien kehrt sie zurück, um für ihre Kinder und ihr Heim zu sorgen, erfrischt und gereinigt in Körper, Seele und Geist.

Neuschöpfung der Mythen

Ein Mythos ist in seiner reinen Form symbolischer Träger der wesentlichen Wahrheiten, die ein bestimmtes Volk von einer Generation an bis in die vielen nachfolgenden Generationen erlernt hat. Selbst wenn sie verstümmelt sind, lebt in den Mythen, die gegenwärtig die Menstruation umgeben, ein Teil der Wahrheiten fort, die ihren Urheberinnen vor vielen Zeitaltern bekannt waren und von ihnen verehrt wurden. Es scheint, daß die Mythen und Riten, die sich auf Menstruation beziehen in ihrer reinen Form aufgezeigt haben müssen, was besonders und zeremoniell war und was die Weiblichkeit einer Frau ehrte. Ohne viel Veränderung könnten die fortbestehenden Mythen und Riten wieder zeigen, was einst, wie mir scheint, ihr ursprüngliches Anliegen gewesen sein muß.

Die Informationen, die die sechzig Frauen gaben, zeigten ihr Bedürfnis, allein zu sein, sich körperlich, seelisch und geistig zu erfrischen und dabei von ihren üblichen Tätigkeiten und sozialen Beziehungen entbunden zu werden. Negative Einstellungen gegenüber der Menstruation und allem, was weiblich ist, sind in den Kulturen der Welt, ihren Religionen und sozialen Sitten tief verankert. Weil dem so ist, nutzt eine Anzahl Frauen die Zeit der Menstruation so, wie Frauen sie durch alle Zeiten hindurch immer genutzt haben, nämlich als ein Mittel, um psychologischen, spirituellen und physischen Grundbedürfnissen entgegenzukommen. Damit sollen nicht etwa die Probleme, die manche Frauen mit ihrem Menstruationszyklus erfahren, geleugnet werden. Es zeigt im Gegenteil ein inneres Bedürfnis auf, dem in den sozialen Gesellschaftsstrukturen nicht mehr Rechnung getragen wird.

Was die Heilungsprinzipien anbetrifft, so spiegelten die Antworten, die von den Frauen kamen, ein schwieriges Unterfangen wider. Kulturelle Sitten und Haltungen irgendeiner Gruppe zu verändern ist ein langsamer Prozess, der sich oft über Generationen erstreckt. Ich hatte das Gefühl, daß Veränderungen erst stattfinden würden, wenn Frauen sich für Veränderungen entschieden, und wenn sie entschieden, ihre Weiblichkeit auf positive Art zu bestätigen. Das Selbstverständnis einer Person zu verändern, ist ein anderer, langsamer Prozess. Doch ich hatte dem, was die sechzig Frauen mir sagten zugehört und wußte, was wichtig war: das Bedürfnis, allein zu sein, sich zu erholen und sich neu zu erschaffen, sich dem eigenen Innern zu widmen und es zu bestärken, und das Weibliche in sich zu bestätigen.

DIE PSYCHOLOGISCHEN HILFSGRÖSSEN

Eine Heilweise, die auf Psychologischem beruht, ist eine vielköpfige Schlange, da dabei zu oft eine „alles-ist-psychisch"-Haltung vertreten und das Physische verleugnet wird. Der Fragebogen, den die sechzig Frauen beantworteten, lieferte weder Hinweise für die psychologischen Ursprünge ihrer Menstruation noch für eine Heilweise. Sie erlebten eine ganze Skala von Stimmungsschwankungen, einschließlich Veränderungen im Energiehaushalt und der sexuellen Reaktion. Ihre Gefühlsschwankungen reichten von sehr positiv wie beispielsweise glücklich, fröhlich, zuversichtlich und leidenschaftlich bis zum ganz Negativen wie schwermütig, gereizt, entfremdet, träge. Die Veränderungen fanden in der Mitte des Zyklus statt, vor der Menstruation, während der Menstruation, und nachdem ihre Menses aufgehört hatte.

DIE ARZNEIEN DER SECHZIG

Hinsichtlich einer Heilweise lieferten die Bereiche der Physiologie, der Kultur und der Psychologie wenig Anhaltspunkte. So blieb als letzter Teil des Fragebogens und des Interviews mit den sechzig Frauen, der Informationen liefern konnte, der Bereich der vielen Heilmittel, die die Frauen selber anwandten.

Auf ihrer Suche nach Beistand hatten die Frauen bei allen, die sich selber heilkundig nannten und bei denen, die weniger kundig waren, um Hilfe gefragt. Unter denen, an die sie sich gewandt hatten, befanden sich Akkupunkteure, Astrologen, Chinesische Kräuterdoktoren, Chiropraktiker, Freunde, Verwandte, Kahunas, Mystiker, Krankenschwestern, Gynäkologen und andere Ärzte, Psychologen, Reflexologen, Priester und Rabbis, EST (Erhard Seminars Training), Bücher, Illustrierte und einer, den ich Limonadendoktor nenne, weil er acht Gläser Wasser pro Tag verschrieb, sorgfältig mit dem Saft einer frischen Zitrone vermischt, 1/4 Teelöffel scharfen roten Pfeffer und einem Eßlöffel reinen Ahornsirup, alles sorgfältig vermengt. Das und nichts weiter bis zu 10 Wochen lang. Bei einer Frau wirkte es. Andere Frauen wurstelten herum, schwammen und machten Gymnastik. Sie wandten Yoga an, mit unterschiedlichen Ergebnissen, weichten Marihuana und Geranienblätter ein und tranken sie als Tee. Bei einigen wirkten Verhütungspillen, bei anderen waren sie völlig unwirksam, wie es auch mit Schwangerschaften war, mit Vitaminen, veränderten Eßgewohnheiten, Hormonbehandlungen und der Anwendung einer Regenbogenmixtur von roten, blauen, gelben, purpurnen und verschiedenen anderen Pillen und Verschreibungen. Nur das wundersame Opium und seine Auszüge schienen von den regenbogenfarbenen Pillen eine echte Wirkung zu haben. Schokolade wurde von einer Anzahl Frauen, wie schon zur Zeit der Inkas wegen ihrer mildernden und beruhigenden Wirkung bevorzugt. So verhielt es sich auch mit Massage und einem chinesischen Kraut namens Tang Kwei.

ERGEBNIS: NULL UND NICHTIG

Die Antworten auf die vielen Fragen, die ich den Frauen gestellt hatte, schleuderten mich ins Leere hinaus, ankerlos und im grenzenlosen Raum umhertreibend. In chemischer, kultureller und physiologischer Hinsicht gaben sie nur minimale Antworten, und das traf auch für soziale und psychologische Hilfsgrößen zu. Ich konnte sie auch nicht alle zu einem ordentlichen Paket zusammenbinden und es beschriften mit

HEILWEISE, INHALT VORSICHTIG ÖFFNEN
ENTHÄLT DEN KÖRPER, DEN GEIST UND DIE SEELE
SORGFÄLTIG MITEINANDER VERMISCHT.

Rückkehr von der Reise I

Es schien, als hätte meine Reise mit den sechzig Frauen zu wenig geführt. Es war eine Reise in kartografierten Gewässern und eine Heimkehr mit wenigen Schätzen. Eine Erdgebundene, war ich nicht in der Lage, in die Nachthimmel emporzusteigen und unter den Galaxien nach dem Wissen, nach dem ich suchte, zu forschen. Wie die einstürzenden Ruinen von Machu Picchu, war mein Glaube, daß die Antworten von den Frauen, mit denen ich sprach kämen, ebenso irrtümlich wie mein Glaube, daß solches Wissen aus den Ruinen kommen könnte.

Vielleicht war die Reise nicht ein völliger Fehlschlag, denn sie lieferte Antworten, die nicht in der Literatur gefunden werden konnten und führten zu der Frage, aus der heraus die spätere Forschungsarbeit entstand. Die Reise dokumentierte die Erfahrungen von 60 Frauen, die aus verschiedenen Umständen kamen. Dabei stellte sich heraus, daß die körperlichen und emotionalen Veränderungen, die sie erfuhren, sich nicht mit dem deckten, was man „prämenstruelles Syndrom" nennt. Es stellte sich auch heraus, daß diejenigen, die an Dysmennorrhoe litten, sich nicht der klassisschen kongestiven und spastischen Art zuordnen ließen. Vielleicht entlarvten die Entdeckungen auch die Ansichten über Menstruationsmythen, oder sie lieferten zumindest einen anderen Blickwinkel. Als Wichtigstes zeigten sie wahrscheinlich auf, daß Frauen psychologische spirituelle Grundbedürfnisse haben, denen in den sozial akzeptierten Gesellschaftsstrukturen nicht entsprochen wird. Weil diesen formal nicht entsprochen wird, haben Frauen formwidrige Mittel gefunden, um diesen Bedürfnissen gerecht zu werden.

Ihr sagt vielleicht, daß diese Dokumentation an sich die Reise lohnenswert machte. Weil ich diesen Wert erkenne, wurde sie für Euch aufgezeichnet und für alle diejenigen, die eine ähnliche Reise unternehmen möchten. Doch was mich betrifft, so wußte ich daß es nicht genug war, und daß ich anderswo forschen mußte wirbelnde Kreise zwischen den Sternen drehen, bis zu der Zeit da eine Stimme in mir mich daran erinnern sollte, daß die Antworten sich immer in uns selbst befanden, wie es immer mit allen Antworten ist.

Reise II. Suns Flug

Meine einsame Reise mit Sun soll nicht aufgezeichnet werden; denn sie war der Reise sehr ähnlich, die ich später mit den acht Frauen, die Sun folgten, machte, und die dann über das, wo sie gewesen war, hinausgingen. Suns Ziele waren anders als die der Acht, und sie stieg, wie Elsie für eine Weile auf einem kleinen Asteroiden ab, dann, als sie eine neue mächtige Beraterin kennenlernte, ging sie weiter, um ihre eigenen Spuren an goldenen und purpurnen Himmeln aufstrahlen zu lassen. Die Fahrt mit Sun war eine wichtige Reise, wie die mit den sechzig Frauen gewesen war, denn sie trieb mich an, meine Kreise immer weiterzuziehen und ließ mich weiter nach Antworten forschen, die folgten und schließlich zum Land der Blaugeflügelten Libelle führten.

WEITERE UNTERSUCHUNGEN

Die Unterlagen, die in diesem Kapitel besprochen wurden, sind hier für diejenigen aufgeführt, die sich weiter mit diesen Schriften beschäftigen möchten. Eine zusätzliche Quelle gebe ich zum Schluß an, denn sie ist neu und kann sich als nützlich erweisen. Ich habe keinen Versuch unternommen, die vielen Unterlagen

über Menstruation aufzuführen, weil sie dazu neigen, voreinge-
nommen zu sein, und die meisten waren für mich alles andere als
hilfreich.

1. Karen E. Paige, „The Curse", Possible Antecedants of Men-
    strual Distress, in A. Harrison (Ed.), Explorations in Psy-
    chology, Brooks-Cole, Belmont, California, 1973.
2. Karen E. Paige, Women Learn To Sing The Menstrual Blues,
    Psychology Today, Sept. 1973, S.41-46.
3. Katherina Dalton, The Menstrual Cycle, 1969, Warner
    Books, Inc., 315 Park Avenue, S., New York, New York
    10010.
4. Informationen über die WHO-Studie sind erhältlich von:
    Dr. Robert Snowden, Family Planning Research Unit,
    Department of Sociology, University of Exeter, Higher
    Hoopern Lane, Exeter EX4 4SQ, United Kingdom.
5. Barney G. Glaser und Anselm L. Straus, The Discovery of
    Grounded Theory: Strategies for Qualitative Research,
    Aldine Pub. Co., 1967.
6. T.S. Eliot, The Wasteland and Other Poems, 1934, Har-
    court, Brace & World, Inc., New York. (Deutsch: Das wü-
    ste Land, Suhrkamp, 1975.)
7. S.M.M. Karim, The Prostaglandins, Progress in Research,
    1972, Medical and Technical Pub. Co., Ltd., Seacourt
    Tower, West Way, Oxford, England.
8. Janet M. Schreiber, The Cross Cultural Study of Menstrual
    Perceptions, WHO Task Force On Acceptability Of Fertility
    Regulation Methods, 1974. Unpubliziertes Arbeitsmaterial.
    Informationen erhältlich über WHO oder von Dr. Schreiber
    bei: Dr. Janet M. Schreiber, Assistant Professor of Anthro-
    pology, University of Texas, School of Public Health, P.O.
    Box 20186, Houston, Texas 77025.
9. Paula Weideger, Menstruation & Menopause, The Physiolo-
    gy and Psychology, the Myth and the Reality, 1976, Alfred
    A. Knopf, New York.

Teil II

Die Methodologie: Ihre Philosophie, Prinzipien und Techniken

EINLEITUNG ZU TEIL II

DIE METHODOLOGIE: IHRE PHILOSOPHIE, PRINZIPIEN UND TECHNIKEN

AUF DASS IHR EUCH SELBER HEILT

Sich in unbekannte Länder begeben, sich jenseits bekannter Galaxien emporschwingen, andere Wirklichkeiten betreten und erfahren, was bis da noch nicht erfahren worden ist, erschafft eine gewisse Macht, eine Aura von Heiterkeit und Zuversicht. Vielleicht ist es zum Teil eine Sicherheit, die aus der Gewißheit des Erfolges stammt. Sechs der acht Frauen, die sich mit mir auf eine Reise, die ich Reise III nenne, begaben, waren erfolgreich in der Bewältigung ihrer Schwierigkeiten, die mit dem Menstruationszyklus zusammenhingen und kehrten mit dem Leuchten der Macht zurück, das von innen ausstrahlt.

Damit andere auch Erfolg haben können, ist es notwendig die Quellen dieser Macht offenzulegen. Vielleicht ist das Offenlegen auch notwendig, damit die Reisen anderer direkter verlaufen können und weniger Zeit zum Reisen brauchen als die sechs Monate, die das silberne Raumschiff benötigte, um wegzufliegen und bei der Rückkehr sanft und sicher in der Freude über unsere Heimkehr zu landen.

Als wir uns vom Planeten Mars wegbewegten und nach Osten steuerten, immer nach außen, in konzentrischen Kreisen schwebend, stellten wir uns Machtquellen vor und ließen sie auf der Macht des Geistes beruhen. Psychokinese. Das Wort allein löste ein magisches Bilderwerk in meinem Kopf aus. Objekte bewegen sich mühelos durch den Raum. Körper durchschreiten Wände, die Atome trennen und teilen sich, um den Durchgang zu ermöglichen. Astrale Projektion. Teleportation. Die Fähigkeit, die Gedanken anderer zu hören. Es gab nichts davon, nicht auf dieser bestimmten Reise. Ich behalte die Bilder für andere Reisen zurück, denn es ist eine Machtquelle, die ich zu einem anderen Zeitpunkt erwerben werde. Stattdessen setzten wir uns mit der Macht des Geistes auseinander, um Veränderungen im Körper herzustellen, bestehende Schmerzen zu heilen, das hormonelle Gleichgewicht zu regulieren und psychische Konflikte zu mindern.

Zuerst die Machtquellen

Vier wesentliche Prinzipien der Macht wiesen uns während der ersten drei Monate unserer Reise den Weg. Es waren:
Die Klarheit der Vision.
Die Macht der Gedanken und des Glaubens.
Die Macht des Inneren Selbst.
Die Macht des Wählens und beim Wählen Verantwortung für die Wahl zu übernehmen.

Als wir uns weit jenseits unserer gegenwärtigen Galaxien in unbekannte Gefilde bewegten, entdeckten wir zusammen weitere Machtquellen. Es waren: Die Macht des Universalen Energie Stromes. Anders definiert, könnte man Gott dazu sagen. Weil der Begriff Gott für einige Frauen ein negatives Konzept war, wurde er auf der Reise nicht angewandt. Der Begriff Universaler Energie Strom wurde während der Reise wahlweise mit dem Begriff Universales Selbst gebraucht.

Die Macht der farbigen heilenden Lichter, die vom Universalen Energie Strom herrühren.

Die Macht der Spirituellen Beratenden Wesen oder Licht Wesen.

Als ich, nach der Rückkehr des Raumschiffes auf weiteren Entdeckungsreisen allein ins Tal der Magie eintauchte, entdeckte ich noch eine andere Machtquelle. Ich will sie Euch mitteilen, weil es eine wichtige Machtquelle ist und wundersam vergnüglich. Wir streiften sie flüchtig während unserer gemeinsamen Reise, die acht Frauen und ich. Sie nahm im Tal der Magie stärker Gewalt und Form an. Ich nenne sie:
Die Macht der Visualisierung. Zauberkarten anfertigen.

Dann, akzeptieren

Um die Macht zu erlangen, mit der Ihr Euch selber heilen könnt, ist es nötig, daß Ihr die wesentlichen Grundlagen der Philosophie, unter der das Raumschiff flog, akzeptiert, daß Ihr die Prinzipien

50

der Macht versteht und die Machttechniken anwendet. Die Vermischung dieser Konzepte nenne ich die Methodologie. Bestimmte Konzepte, wie etwa Wiederverkörperung, werden auftauchen, während wir uns gemeinsam vorwärts bewegen. Es ist nicht nötig, diese Konzepte zu akzeptieren, damit Ihr lernt, Euch selber zu heilen. Ich traf die Wahl, sie zu akzeptieren, weil sie mir die Freiheit schenkten, mich mit Sicherheit und Vertrauen in unbekannten Dimensionen zu bewegen.

Der 2. Teil unserer Reise wird sich auf die Philosophie, die Prinzipien und die Machttechniken konzentrieren, so wie sie angewandt und den acht Frauen vermittelt wurden. Es wird auch ein Bericht über die Erfahrungen der Frauen sein, Auszüge aus den Tagebüchern, die sie während der Reise führten, enthalten und die Schlüsse, die ich aus den Daten der Reise zog. In einer anderen Terminologie würde man unsere Reise ein Forschungsprojekt nennen, unter Anwendung der Begriffe klinischer Fallforschung.

4. Kapitel

DIE KLARHEIT DER VISION:
DAS ERSTE PRINZIP DER MACHT

WENN IHR DEN DRACHEN ODER
MAGIE WÄHLEN KÖNNTET

Beim Erzählen unserer Geschichte, die in unbekannte Gebiete führt, bewege ich mich, wie es dem Reiseverlauf entspricht, zwischen Tatsachen und Fantasie. Jedoch wäre es schwierig zu beurteilen, was das Wirkungsvollste im Sinne der Heilfähigkeit war. Ich würde mich hüten, das Sachliche auszusondern; denn wir leben in einer Welt greifbarer Wirklichkeit. Ebensowenig möchte ich das Fantastische ausschalten; denn in unserer alltäglichen Welt mangelt es zu sehr an Magischem, an Träumen, Hoffnungen, am Geschichten erzählen. Allzuoft schieben wir die Fantasie in die Welt der Kinder ab, und dann erwarten wir, daß unsere Kinder ihre Magie verleugnen, sobald sie ins vernünftige Alter kommen, in die Schule, unter die zu enggefaßte Aufsicht derer geraten, die längst vergessen haben, welche Wunder ihr Inneres Selbst anrühren. Unsere klügeren Kinder halten ihre Zauberkünste vor uns geheim und versagen uns den Eintritt in ihre Welten. Sprich mit einem Kind, das dir vertraut, eines Tages, an dem du vielleicht die Geheimnisse der Zauberei kennenlernen möchtest. Frage nach seinen Zaubermethoden. Wirbeln, wippen, kopfabwärts am Ast einer Weide weit über dem reißenden Mississippi zu schaukeln — als Kind kannte ich diese Geheimnisse. Erst jetzt, Aeonen später, rufe ich sie mir in Erinnerung zurück und erkenne, daß ich zuviel Magie und Fantasie während einer allzulangen Strecke meines Lebens abgegeben habe. Nun, da ich die neu entdeckten Zauberkräfte als wirksamen Bestandteil der Heilkunst betrachte, gebe ich sie an diejenigen unter Euch, die einen andern Weg der Selbst-Heilung suchen möchten, weiter. Gleitflüge auf dem Rücken einer blaugeflügelten Libelle, Zauberkarten, veränderte Bewußtseinszustände, Kristallkugeln, die an goldenen Ketten hängen, das Funkeln von Lichtern, die nach Eurem Gutdünken gefärbt sind, golden und purpurn und in anderen Farben Eurer Wahl, vielleicht rot und blau und phophoreszierend grün. Ihr könnt Euch mit Magie heilen oder Euch für Trips zu den Drachen in Weiß entscheiden, die silberne Skalpelle schwingen, vielerlei buntgefärbte Pillen benutzen, die zu oft ebensoviel Unheil wie Heil anrichten. Oder Ihr könnt Euch in sterile Kojen hinbetten und dem Trollwächter an der Brücke enorme Geldsummen bezahlen. Ihr habt die Wahl. Ich biete Euch nur eine andere Möglichkeit an. Bei Eurer Entscheidung müßt Ihr immer darüber im Klaren sein, daß die eine Wahl in allem, was körperlich ist, ihre Grenzen und zugleich ihre Wurzeln hat. Die andere erstreckt sich grenzenlos in den Raum, in immerwährendem Schaffen und Wiedererschaffen des Vollkommenen, so wie das Universum vollkommen ist, wie auch Ihr über die Fähigkeit zu erschaffen verfügt. Doch bei aller Magie bleibt die Wirklichkeit dieser Erdenwelt bestehen und ebenso der Zwang, von Zeit zu Zeit in irdische Sphären zurückzukehren. Auf diese Art verlief unsere Reise durch Raum und Zeit. Wir berührten erdgebundene Planeten, um uns ihre Weisheit einzuverleiben und entfernten uns wieder in Richtung auf andere Machtquellen zu, um durch eine andersartige Weisheit geheilt zu werden. Es war eine Verschmelzung dieser beiden, Fantasie und Wirklichkeit, die die Heilweise hervorbrachte.

Den Regeln der Reise zustimmen

Rasch zog das silberne Raumschiff auf seiner Reise zum Land Jenseits dahin. Als erstes hatte es in seine Visionen die acht aufgenommen, die es wagten, in wissenschaftlichen Fantasien zu träumen wie ich träumte und fantasierte und wußte, daß es möglich war, Neues zu erschaffen. Alle waren damit einverstanden, die Reise gemeinsam anzugehen, Verpflichtungen und Schätze zu teilen, Verantwortungen, Freuden, Langeweile und die Schwierigkeiten neuer Beziehungen auf engem Raum auf sich zu nehmen. Unsere Reise konnte nur in dem Maße möglich werden, wie sie sich entschlossen, sie möglich zu machen, schöpferisch zu sein, wie ich es sein würde, teilzuhaben, wie ich teilhaben würde.

Verantwortungen und Aufgaben wurden vereinbart, bevor unser Raumschiff seine Startrampe verließ. Jede Frau erklärte sich bereit, wöchentlich Buch zu führen, während der ersten und der letzten Monate der Reise täglich die Aufwachtemperatur zu messen, die Ergebnisse festzuhalten, ,,The Nature of Personal Reality: A Seth Book" von Jane Roberts zu lesen, und jede verpflichtete sich, während der gemeinsamen Fahrt jede Woche eine Stunde lang mit mir zusammenzukommen.

Die Dauer unserer Reise, sechs Monate, kann gleichermaßen als zu lang und zu kurz empfunden werden. Deshalb war es äußerst wichtig, daß jede Teilnehmerin glasklar wußte, welches ihr eigenes, besonderes Ziel und unter welchen Zielsetzungen die Reise überhaupt in Gang gesetzt worden war. Es war auch für jede wichtig, die Natur der Reise zu verstehen, sie ihrer Natur nach zutiefst persönlich zu verstehen; denn lang würde sie werden, und es würde nicht leicht sein umzukehren, wenn wir einmal unterwegs waren.

Und die Gefahren am Wege verstehen

Aufgrund der Natur unserer Reise wurden die Frauen vor den Gefahren, denen sie unterwegs begegnen konnten, gewarnt.

Die Macht, eigene Visionen zu erschaffen, in fremde Größenordnungen zu reisen und mit erdichteten Kostbarkeiten zurückzukehren, liegt in jeder von Euch, gab ich ihnen zu bedenken. Und wie es für alle Schätze zutrifft, liegen auch hier die Richtungen zu ihrem Versteck in den Geheimnissen der Schatzkarten, die Ihr während unserer Reise herstellen werdet. Acht Karten. Jede wird anders sein, so wie jede von Euch anders ist. Jetzt noch unskizziert, werden sie dann angefertigt werden, wenn sich jede von Euch voranbewegt. Berge und Drachen Eurer eigenen Schöpfung werden sie enthalten und Gelächter innerhalb marmorner Wände. Ihr werdet Leerräume finden, scheinbar schwierig auszufüllen und Täler, die nur Euer innerer Glanz erhellt. Schließlich werdet Ihr zur Schatzhöhle gelangen und dort Urnen mit Muskatöl und Juwelen von fabelhaftem Wert finden. Als Wertvollstes von allem werdet ihr die Fähigkeit entdecken, Euch selber mit innerer Kraft zu heilen.

Aus Furcht, sie zu erschrecken, sprach ich so sachte wie möglich. Ich werde bei Euch sein, wenn Ihr Eure Berge besteigt; denn ich habe ähnliche bestiegen und bin, nach Erklimmung des Gipfels auf Drachenflügeln an ihrer Rückseite hinabgeglitten und in sternübersäten Morgendämmerungen gelandet. Aber ich kann weder für Euch die Berge besteigen, noch Eure Drachen töten. Ebensowenig kann ich voraussagen, auf welche Art Ihr Eure Schatzkarten anfertigen werdet. Ich kann lediglich Eure Vision teilen in der Gewißheit, daß es Eure ist — wenn Ihr Euch entschließt, darauf einzugehen.

Würdet Ihr Magie wählen?

Da sie schon früher die geringere Zauberkraft von Tabletten und Tropfen und ebenso andere Behandlungsarten, die sich als unwirksam erwiesen, ausprobiert hatten, entschied sich jede der acht Frauen für die mögliche Wirksamkeit unerprobter Magie. Vielleicht ist unbewiesene Magie eine genauere Beschreibung; denn die Heilweise hatte sich, jedenfalls zum Teil als erfolgreich erwiesen während der einsamen Reise I mit Sun.

Wir wählten die Magie und bewegten uns auf die Türe des Raumschiffes zu, die sich langsam öffnete.

DIE MACHT LIEGT IN DER KLARHEIT EURER VISION

Eurer Ziel muß klar sein, Eure Vision ungetrübt. So lautet das erste Prinzip der Macht. Später auf unserer Fahrt werdet Ihr merken, daß nur glasklare Gedanken und nur ganz eindeutige Zielsetzungen erfolgreich sind. Die erste Eignungsprüfung für den Eintritt ins silberne Raumschiff bestand für jede Frau darin, die Macht der Klarheit zu wählen. Die an Bord gingen — von den vielen, die Einlaß suchten — wurden ausgewählt, weil sie sowohl eindeutige Absichten als auch die Bereitschaft zeigten, die bereits besprochenen Verantwortungen und Aufgaben zu übernehmen. Es gab noch andere Gesichtspunkte. Die Frauen durften keinerlei Hormonpräparate einnehmen, wie beispielsweise Verhütungspillen. Ich sonderte diejenigen aus, die glaubten „Gott" habe ihre Menstruationsschwierigkeiten geschaffen und diejenigen, bei denen ich das Gefühl hatte, daß sie in ihren täglichen Verrichtungen von religiösem Glauben übermäßig beeinflußt wurden. Da die Veränderung von Glaubenssystemen wesentlich für die Wirksamkeit des Verfahrens war, schien es wichtig, Kandidatinnen, deren religiöser Glaube den Heilungsprozess stören könnte, auszusieben. Allerdings erwies es sich in der abschließenden Auswertung als ein überflüssiges Auswahlverfahren. Drei der Frauen waren stark religiös, wie ich erfuhr, nachdem unsere Reise längst angefangen hatte. Ihr Glaube beeinträchtigte ihre Heilung keineswegs; er erwies sich sogar als wirksame Beigabe. Es gab noch einen zusätzlichen Gesichtspunkt. Bei der Begegnung mit jeder Anwärterin achtete ich auf meine eigene intuitive Antwort, während ich nach den Gründen fragte, aus denen sie mit mir reisen wollte. Den Frauen gegenüber, die in Frage kamen, gab es ein instinktives Wissen, daß wir es zusammen wagen könnten. Bei anderen wußte ich, daß die Reise ein schwieriges Unterfangen wäre. In Anbetracht der Dauer und der Art der Reise wollte ich diese Verantwortung nicht übernehmen.

Insgesamt war das Ziel der Reise, die Frauen von den vielen und unterschiedlichen Schwierigkeiten, die sie mit ihrer Menstruation hatten, zu erlösen. Mein eigenes Ziel war, eine Heilweise zu entwickeln und zu erweitern, die die Frauen bei der Erreichung ihres persönlichen Ziels unterstützte und ihnen diese Heilweise zu vermitteln, so wie sie mich die Mittel lehrten, aus denen ein wirksames Verfahren entstehen konnte. Es war ein gemeinsames Bestreben; jedes persönliche Ziel verknüpft mit dem und abhängig davon, was die anderen erreichten.

Das Ziel jeder Frau war klar, eindeutig klar.

Lily wählte Wissen

In erster Linie wollte Lily wissen, warum sie in den dreißig Jahren ihres Lebens nur einundzwanzig Mal menstruiert hatte. Warum war sie schwanger geworden, und warum hatte sie darauf eine Embryonalmole gebildet? Warum war es für sie notwendig gewesen, drei Monate vor dieser Befruchtung Clomiphenzitrat, ein Mittel zur Auslösung des Eisprungs einzunehmen? „Vor allem aber", fragte Lily, „warum habe ich die Wahl getroffen, diese Bedingungen in meinem Körper zu schaffen? Ich muß es wissen. Ich muß wissen, ob ich überhaupt jemals Kinder haben will. Die Ursachen sind es, nach denen ich suche."

Ihr endgültiges Ziel war zwiefältig. Sollte sie die Ursache herausfinden und gewillt sein, den damit verbundenen Glauben zu ändern, so war ihr Ziel, schwanger zu werden. Sollte sie nicht bereit sein, ihren Glauben zu verändern, wollte sie die Entscheidung annehmen, nie Kinder zu bekommen und mit dieser Wahl zufrieden sein.

Ich fühlte, daß Lilys Ziele ein schwerwiegendes Risiko bargen; denn sie war glücklich mit einem Mann verheiratet, der sich sehnlichst Kinder wünschte. Wenn ihre Gründe sie zu der Entscheidung führten, nie mehr einen Eisprung zu haben, könnte dies einen Bruch in ihrer Beziehung hervorrufen. Sie nahm das Risiko auf sich, ihr Erdenpartner tat es ebenfalls. So trat sie ein ins Land Jenseits.

Jesse entschied, regelmäßig zu menstruieren

„Mein Ziel ist es, regelmäßig zu menstruieren", teilte mir Jesse mit, als wir uns zum erstenmal trafen.

„Was ist regelmäßig? Was ist unregelmäßig?" wollte ich von ihr wissen.

„Unregelmäßig ist jeder Zyklus, der länger als 28 Tage dauert", sagte sie. „Regelmäßig heißt, jeden Monat ganz genau alle 28 Tage zu menstruieren."

„Wie kommst du zu diesem Glauben?" wollte ich von ihr wissen.

„Von vielen Ärzten und aus Fachbüchern."

Jesse war gebildet und belesen. Sie war Diplompsychologin und arbeitete als Beraterin für Drogenabhängige in einem Krankenhaus in der Nähe.

„Erzähle mir mehr über deinen Menstruationszyklus und mehr darüber, was du dir von unserer Reise erhoffst." Sie gab mir folgende Informationen:

Jesse menstruierte alle 35 Tage, was nach ihrer Definition unregelmäßig war. So verhielt es sich, seit sie vierzehn war. Zwölf Jahre im Glauben, eine „Unregelmäßige" zu sein. Sie hatte leichte Krämpfe vor dem ersten Tag ihrer Menstruation und andere körperliche und gefühlsmäßige Veränderungen, die sie als unangenehm und störend empfand. Sie verspürte Kopfschmerzen und Rückenschmerzen, hatte wenig Energie und war manuell ungeschickt. Füße und Knöchel waren geschwollen. Sie war schwerfällig, angespannt, weinte schnell und neigte zu Unfällen — einschließlich zweier ziemlich schwerer Autounfälle. Sie empfand das Bedürfnis nach mehr Zärtlichkeit und Sexualität. Überdies hatte sie Mitesser und Entzündungen im Gesicht, aber das gehörte zu ihren ständigen Problemen, und wir konnten es nicht in Zusammenhang mit der Menstruation bringen.

Jesses wichtigstes Anliegen war ein extrem regelmäßiger Menstruationszyklus. So könnte sie genauestens ihren Eisprung voraussagen und daher Psychokinese, die Macht des Geistes, als Verhütungsmethode gebrauchen. Ein weiteres ihrer Ziele war, von den körperlichen und seelischen Veränderungen frei zu werden und die Ursache für ihre Gesichtsprobleme herauszufinden. „Ausbrechen", nannte sie es.

Woraus? fragte ich mich.

Da die Regelmäßigkeit der Menstruation vom Eisprung bestimmt wird, begeisterte mich ihr Hauptanliegen, äußerst regelmäßig menstruieren zu wollen und Psychokinese als Verhütungsmethode zu benutzen. Vielleicht wäre das der Durchbruch, nach dem ich schon früher gesucht hatte. Uralte Weisheit, die wieder auftauchte? Auf jeden Fall eine natürliche Methode. Eine gewaltige Alternative für die Frauen, die unzufrieden mit jetzigen Verhütungsmethoden sind. Zusammen traten wir in eine aufregende neue Welt.

Elsie wollte schmerzfrei sein

Zweiundzwanzig Jahre lang hatte Elsie Schmerz mit Menstruation gleichgesetzt und Schmerz für etwas Normales gehalten. Sie war fünfunddreißig, als sie an Bord des silbernen Raumschiffes trat. Während der beiden ersten Jahre ihrer Menstruation war sie schmerzfrei gewesen, dann, eines Tages im Alter von vierzehn Jahren, zwangen unerträgliche Schmerzen sie ins Bett. Ihre Mutter sagte: „Es ist normal. Alles in Ordnung", und gab ihr heißen Tee und tröstete sie. Sie nahm sie dann zu einem weiß gekleideten Arzt mit, zu genau demselben, der viele Jahre davor ihrer Mutter erklärt hatte, Schmerz sei normal. Er untersuchte Elsie pflichtgetreu und sagte: „Ihnen fehlt nichts. Ihre Schmerzen sind normal." Da es zwei sehr mächtige Menschen waren, die beide sagten, Schmerz sei normal, glaubte Elsie ihnen, litt zwei Tage im Monat, wurde von ihrer Mutter getröstet, von Haushaltspflichten befreit, konnte in der Schule und später auch als Lehrerin fehlen. Als sie Abitur machte und plante, die Universität auf dem Festland zu besuchen, sagte ihre Mutter zu ihr: „Wie willst du das jemals zuwege bringen mit deinem Problem (und meinte damit ihre starken Menstruationsschmerzen)? Elsie bekam das Gefühl, daß es zu beängstigend war, um in Betracht zu kommen, blieb zu Hause und lebt immer noch zu Hause, sogar jetzt, da sie fünfunddreißig Jahre alt ist. Schmerzen, schlimm bis zur Untauglichkeit. Normal. Akzeptiert. Ihre Mutter, ihr Arzt, ihre Schulkameraden, ihr Arbeitgeber und vor allem sie selber stimmten dem zu. Normal. Es war erschreckend.

Elsie litt unter heftigen Schmerzen im Unterbauch und an den Innenseiten der Oberschenkel. Ihre Brüste waren empfindlich und spannten zwei oder drei Tage bevor sie menstruierte. Manchmal waren die Schmerzen dumpf und pochend, manchmal plötzlich und krampfartig. Manchmal anhaltend, manchmal mit Unterbrechungen. Ebenso stark wurde Elsie beeinträchtigt durch einen zu trockenen Mund, heftiges Schwitzen, Übelkeit, Erbrechen. „Manchmal stundenlang Brechreiz", sagte sie, „Schwindelgefühl und Benommenheit." Es kam vor, daß sie ohnmächtig wurde. Sie sah immer sehr blaß aus. Sie sah wirklich krank aus. Fror ständig, war versessen auf salzige Nahrung, hatte wenig Appetit, war empfindlich und aufbrausend. Einzig die Pille (Ortho Novum) hatte, von dem vielen was sie ausprobierte, eine wirksame Erleichterung gebracht. Sie hatte sie ab und zu während sechs Jahren eingenommen, seit zwei Jahren aber abgesetzt, weil sie in Illustrierten und Zeitungen über Nebenwirkungen gelesen hatte. An sich selbst konnte sie keine feststellen.

Da außer der Pille nichts geholfen hatte, war Elsie aufgeregt, als sie die kurze Zeitungsnotiz las, in der ich nach Freiwilligen fragte, die mit mir in unbekannte Bereiche reisen wollten. Ich war begeistert von der Vorstellung, Elsie dabei zu haben, weil ich nach Teilnehmerinnen mit ihren Voraussetzungen Ausschau hielt. In meiner Begeisterung hörte ich nicht, wie ihre zaghafte Stimme zu mir sagte: „Hier bin ich. Sie werden alles besser machen. Heilen Sie meine Schmerzen. Trösten Sie mich. Aber erwarten Sie nicht, daß ich Ihnen etwas dafür gebe; denn das ist nicht meine Art. Ich werde jede Woche kommen. Das ist doch ganz gewiß genug, oder?" Ich hatte nicht hingehört und sagte: „Ja, das ist mehr als genug." Natürlich genügte es nicht, da der Erfolg unserer Reise davon abhing, ob jede einzelne Frau sich die Macht der Selbst-Heilung zu eigen machte und nicht, ob sie die Macht anderer nutzte, ihre Schmerzen zu heilen.

Hätte ich zugehört, so hätte ich gewußt, daß Elsie die Macht, die sie sich hätte bewahren sollen, auf andere übertrug; besonders an die, die sie mit Autorität und Weisheit bekleidete. Da ich Kapitänin dieser Reise war, übertrug sie auf mich die Weisheit, die Autorität und die Macht über ihren Körper, und ich nahm sie an. Als ich später auf unserer Reise versuchte, ihr die Befugnisse zurückzugeben, weinte sie und sagte: „Nein. Sie können mich heilen. Sie haben mich bereits geheilt." So war es, an dem einen Tag, an dem unsere wöchentliche Sitzung mit dem Tag zusammenfiel, an dem sie ihre schlimmsten Menstruationsschmerzen hatte. Als sie ankam, sah sie sehr schlecht aus und wies alle Anzeichen auf, von denen sie vorher erzählt hatte. Eine Stunde später ging sie, strahlend vor Gesundheit. Ihre Schmerzen und heftigen Reaktionen waren wie weggeblasen. Aber ich konnte nicht jeden Monat bei Elsie und auch bei keiner der anderen Frauen sein, wenn sie an heftigen Schmerzen litten. Der Erfolg unserer Reise beruhte auf einem gegenseitigen Wagnis, gemeinsam zu lehren, zu lernen, sich mitzuteilen und bedeutete für jede Frau, sich selber aus der Erfahrung und der Weisheit, die sie während der Reise erlebte, heilen zu können. Später erfuhr ich, daß Elsies Beziehung zu ihren Schülern der gewünschten Beziehung zu mir ähnelte. Elsie war Gymnasiallehrerin. Von ihren Schülern erwartete sie nur, daß sie ihren Unterricht besuchten. Sie versorgte sie mit Kugelschreibern, weil sie ihre eigenen immer zu vergessen schienen. Die vielen Entschuldigungen, die sie für unterlassene Hausaufgaben vorbrachten, verstand sie nicht. Meistens reagierte sie wütend auf Grund- und Realschullehrer, weil sie es nicht schafften, den Schülern eher das Lesen beizubringen, anstatt auf ihre eigene Beziehung mit ihnen zu achten. Elsie war nie in der Lage zu erkennen, daß die Schüler ihre Macht auf sie übertrugen, so wie sie ihre Macht auf mich übertrug, und da sie ihre Kraft weggaben, unfähig waren, für sich selber zu lernen.

Jay Jay wollte „den ganzen Schlamassel los sein"

„Wie schön", sagte sie, als ich ihr erzählte, Lily hätte nur einundzwanzig Mal menstruiert. „Das würde mir gefallen. Nie menstruieren, nie leiden, nie den ganzen Gefühlsschlamassel haben, der dazugehört."

„Nie mehr menstruieren", wollte ich als Ziel unserer Reise

nicht gelten lassen. „Du bist eine Frau", sagte ich freundlich zu ihr. „Eisprung und Menstruation halten den weiblichen Körper in einem schönen hormonellen Gleichgewicht und bringen in unser Leben einen bestimmten Rhythmus und Fluß. In Gegensatz zu allem, was du gehört oder gelesen haben magst, ist es für uns als Frauen wichtig, den harmonischen Fluß unseres hormonellen Ryhthmus aufrechtzuerhalten. Ich bin überzuegt, daß die körperlichen Veränderungen und die Gefühlsschwankungen, die du durch deine Menstruation erfahren hast, andere Ursachen haben. Wir werden sie zusammen in den nächsten sechs Monaten erforschen."

Sie stimmte meiner Ansicht zu und wählte andere Ziele. „In erster Linie" sagte sie, „will ich mich von den Gefühlsschwankungen, die ich zur Zeit von Eisprung und Menstruation durchgemacht habe, befreien. Dann will ich die körperlichen Veränderungen loswerden, besonders die Schmerzen, die starke Blutung und die großen Blutgerinnsel."

Vor der Menstruation war Jay Jay drei Tage lang, manchmal fünf, gereizt, streitlustig und kratzbürstig und geriet oft in entnervende Auseinandersetzungen mit ihrem Ehemann. Sie war sowohl nervös und angespannt als auch müde und träge. Sie weinte leicht. Etwas konnte sie dann depressiv stimmen, was ihr an anderen Tagen nichts ausmachte. Von ihrem Ehemann und ihrem Geliebten fühlte sie sich entfremdet und ungeliebt. Ihre sexuellen Bedürfnisse waren während dieser Zeit gering. Am Tag nach Menstruationsbeginn war sie wieder sie selbst, glücklich und liebevoll und kam mit den beiden sehr unterschiedlichen Männern in ihrem Leben gut zurecht.

„Magst du gerne eine Frau sein?" fragte ich Jay Jay, als sie an Bord unseres Raumschiffes kam. Es war eine intuitive Frage, da ich sie zu diesem Zeitpunkt kaum kannte.

„Ist es nicht nett?" meinte sie, strahlend, sanft und feminin in ihrem Kleid, ihrem Verhalten, ihrem Make-up.

„Ist es nicht nett?" wunderte ich mich im Stillen und überlegte, welche der Frauen, die mit mir reisten, es „nett" fanden, weiblich zu sein, was die biologische Definition anbetraf. Diese Überlegung wurde wichtig für den Erfolg der Reise, für den Erfolg jeder Einzelnen; denn sie brachte mich zu der Erkenntnis, daß es für die Frauen von Bedeutung war, akzeptieren zu können, daß sie allerdings biologisch zum weiblichen Geschlecht gehörten. Wichtig war, daß sie diese Tatsache aufnahmen und sich positiv damit identifizierten, weiblich zu sein.

Alison wollte sich von den schweren Gefühlsbeeinträchtigungen und den körperlichen Schmerzen, die sie jeden Monat durchmachte befreien

„Es beginnt mit dem Eisprung", sagte sie, „und von da an geht alles rapide bergab und hält bis zwei Tage nach Menstruationsbeginn an." Ihre Zyklen waren regelmäßig; sie dauerten 28 bis 29 Tage. Die Blutung dauerte sechs bis acht Tage. Sexuelle Bedürfnisse waren gering während dieser Zeit, und sie schlief nie mit jemandem, wenn sie menstruierte. „Es gibt keine Gründe, warum ich während der Tage nicht mit jemandem schlafe", sagte sie. „Es ist halt schmutzig, und ich mag diesen Schlamassel oder das Saubermachen hinterher nicht besonders."

Während Alison mir von ihrem Zyklus erzählte, stellte ich im Geist schnelle Berechnungen an. Es schien, daß ihr bei jedem Zyklus nur zwölf Tage blieben, die schmerzfrei und ohne Gefühlsstörungen verliefen und nur sechs oder acht, wenn sie Glück hatte, für sexuelles Vergnügen. Sie schien meine Gedanken aufzugreifen. „Ich fühle mich nur während ungefähr acht Tagen im Monat wohl."

Ich war entsetzt. „Ich hatte keine Vorstellung." Meine Betroffenheit war echt. „Ich wußte nicht, daß es für eine Frau überhaupt so schwierig sein könnte."

Für Alison war es schwierig, weiblich zu sein. Ihr ganzes Leben kreiste um ihren Menstruationszyklus. Verabredungen wurden in Abhängigkeit von Eisprung und Menstruation geplant oder verworfen. Sie war sich jedesmal genauestens bewußt, wann was eintreffen würde. Wie Elsie fühlte sie sich am ersten Tag der Menstruation schwerkrank und sah auch so aus. Ihre körperlichen und gefühlsmäßigen Veränderungen waren hochgradig und fast identisch mit Elsies. Eins kam hinzu. Sie durchlitt ebenfalls jeden Monat eine heftige Migräne, die zwei Tage anhielt. Weder eine Entbindung noch Tabletten, weder Wärme noch Schlaf halfen. Die Pille, einige Sorten davon, wirkte. Ihrem Gefühl nach war es nicht mehr ratsam, sie zu nehmen.

„Glauben Sie wirklich, daß es möglich sein wird, alle meine Schwierigkeiten zu beheben?" Bevor ich etwas erwidern konnte, gab sie selber die Antwort. „Es spielt keine Rolle. Ich bin an einem Punkt angelangt, an dem ich alles versuche. Ich kann es nicht mehr ertragen. Genau genommen wäre es mir am liebsten, nie mehr zu menstruieren."

„Ja, ich glaube, es wird möglich sein, sämtliche Schwierigkeiten zu beheben, die mit deinem Zyklus zusammenhängen." Aber genau wie bei Jay Jay war ich nicht einverstanden mit ihrem Ziel, „nie mehr zu menstruieren". Sie seufzte, als ich ihr nahelegte, ein anderes Ziel zu finden. Sie tat es, als ich ihr, wie ich es auch mit Jay Jay getan hatte, das Gleichgewicht, die Harmonie, den Rhythmus des Hormonhaushaltes erklärte. Diesmal war ich gewiß, was ich bei Jay Jay nur vermutet hatte. Alison hatte nicht den Wunsch, weiblich zu sein. Ebensowenig wollte sie einsehen, daß sie in dieser Sache keine Wahl hatte.

Leahs und Shirleys Ziel war es, frei von Schmerz, Gefühlsschwankungen, Blutgerinnseln und starker Blutung zu werden

Leah und Shirley hatten schwere gefühlsmäßige und körperliche Schwierigkeiten während ihrer Menstruation. Shirley gefiel es, weiblich und feminin zu sein, Leah hingegen sah sich an der „Grenze zum Neutrum". Ein Teil Shirleys hätte es vorgezogen, ein Kind zu bleiben, umsorgt zu werden, die Zuneigung zu finden, die sie von ihrem Vater nie wirklich bekommen hatte. Der andere Teil war eine ruhige reife Frau, sicher in ihrer Weiblichkeit, wenn auch weniger sicher in ihrer Sexualität.

Shirleys und Leahs Menstruationserfahrungen nannte ich „Mini-Schwangerschaften", da sie so stark den Erfahrungen, die manche Frauen während ihrer Schwangerschaft machen, ähnelten. Angefangen von morgendlicher Übelkeit bis zum „Gebären" von großen Blutgerinnseln, schien es sich um eine neunmonatige Schwangerschaft zu handeln, die in zwei Tage zusammengepreßt wurde. Die Übelkeit schlug wie Wellen über ihnen zusammen, mit Erbrechen und Ohnmachtsanfällen. Während zweier Tage waren sie nicht in der Lage, etwas zu essen oder zu trinken, am Tag vor und am ersten Tag der Menstruation. Sie verspürten heftiges Magendrücken und hatten in kurzer Zeit fünf- oder sechsmal Stuhlgang, was die Magenbeschwerden aber nicht linderte. Beide fühlten, daß essen oder trinken die Beschwerden verstärkte. Sie hatten das Gefühl, daß „Schmerzwellen sie umklammerten und wieder nachließen, wie ich mir Wehen vorstelle", schrieb Shirley, indem sie für beide überlegte. Leah sagte, ihre Menstruationsschmerzen seien so qualvoll, daß der Gedanke an eine Entbindung sie mit heftiger Angst erfülle. „Ich fahre aus der Haut, wenn ich nur daran denke", schrieb sie in ihr Heft. Beide Frauen konnten spüren, wie sich große Blutgerinnsel durch den Scheidenkanal bewegten. Das Empfinden und der Anblick der großen Gerinnsel war für beide abstoßend. Leah erklärte ihre Blutgerinnsel. „Gerinnsel entstehen, wenn jemand Milch trinkt. Jahrelang vermied ich es und hatte keine Blutgerinnsel. Jetzt trinke ich wieder Milch aber höre zwei Wochen, bevor meine Menstruation fällig ist, damit auf." Ich fragte sie, woher sie ihre Information habe. „Von einer Nachbarin, die es von einer anderen Nachbarin hörte." Ich war nicht in der Lage während der Reise eine Veränderung dieser Überzeugung zu bewirken. Sie hörte auf im festen Glauben, daß Blutgerinnsel bei ihrer Menstruation vorkommen würden, solange sie Milch trank.

Sexualität war für Shirley ein unangenehmes Thema, für Leah ebenso. Shirley hatte keinerlei sexuelle Erfahrung. Sie glaubte, das würde ihre sterbliche Seele gefährden. Sie brach Beziehungen zu Männern ab, in denen eine sexuelle Begegnung drohte, sei es durch ihre eigenen oder durch deren Bedürfnisse. Leah hatte sexuelle Erfahrungen mit Männern, ein- oder zweimal, erzählte sie mir. In ihrem Tagebuch schrieb sie: „So ist das also. Das ist alles." Enttäuscht; sie hatte ein explodierendes Firmament erwartet oder zumindest rot und blau aufleuchtende Lichter oder Glockengeläut. Orgasmen waren beiden unbekannt. Selbstbefriedigung? Ebenfalls keine Erfahrung. Leah mochte Frauen lieber als Männer. Die Vorstellung, mit einer Frau eine sexuelle Beziehung zu haben, war annehmbar für sie. Mehr als annehmbar, dachte ich, angenehm. Die Erfahrung machen? Zur Zeit nicht. Leah zog eine dichte Wand um sich, die niemandem gestattete, die Weichheit und Zärtlichkeit, die sie so sorgfältig bewachte, zu berühren. Mit ihren sechsundzwanzig Jahren hatte sie das Gefühl, Zeit genug zu haben, um eine intime Beziehung erst sehr viel später in ihrem Leben zu erfahren. Shirley, sechsunddreißig Jahre alt, zog enge Freundschaften mit Frauen vor; gelegentlich hatte sie Verabredungen mit Männern. Sie sagte, daß es für sie längst nicht mehr so wichtig war wie früher, sich zu verheiraten.

Suzanne wollte kinderlos bleiben

„Ich will niemals Kinder haben", erklärte Suzanne, „das steht über allem. Ich nehme an, Sie werden jetzt sagen, wie es alle anderen immer tun, oh, du wirst schon noch soweit kommen, wenn du älter und seßhafter geworden bist. Das passiert nie. Ich werde niemals meine Meinung ändern."

„Für mich ist das in Ordnung, Suzanne." Ich sprach vorsichtig, weil ich befürchtete, sie würde weglaufen, bevor ich wußte, wie sie dazu kam, an unserer Reise teilnehmen zu wollen. „Es ist eine annehmbare Wahl. Kinder bedeuten eine Verantwortung von zwanzig Jahren, mehr noch, eine lebenslange Verantwortung. Nicht alle wollen diese Art von Verpflichtung eingehen."

Suzanne entspannte sich sichtlich und lächelte. „Ich möchte auch die Schmerzen loswerden", sagte sie, „und daß ich so emotional bin."

„So emotional" sein beschrieb sie näher mit „zickig, empfindlich und rührselig". Sie sagte, daß sie sich drei oder vier Tage vor jeder Menstruation so fühlte. Kinder erwähnten wir nie wieder. Es war nicht nötig. Suzanne schuf sich Körperbedingungen, die es nicht zuließen, daß sie ein Kind bekam, obschon sie täglich mit ihrem Freund schlief, oft zweimal am Tag, wie sie mir erzählte. Ob sie einen Eisprung hatte, war zweifelhaft, sowohl aufgrund ihrer Aufwachtemperatur als auch wegen der Unregelmäßigkeit ihres Zyklus. Sie menstruierte „ungefähr alle drei Monate, manchmal öfter, manchmal seltener".

Als Suzanne an Bord des silbernen Raumschiffes trat, als letzte Reisende, die sich entschied und die für unsere Reise zum Land Jenseits ausgewählt wurde, einer Weltraumreise, unwirklich in ihren Ausmaßen, fragte ich mich, warum sie kam. Ich frage mich jetzt noch, da ich über sie schreibe. Vielleicht liefern die Aufzeichnungen aus ihrem Tagebuch eine Art Antwort, wenn auch verborgen in den Zwiespältigkeiten, von denen sie berichtete.

Aufzeichnungen aus Suzannes Tagebuch. Wollt Ihr wirklich von meiner Kindheit erfahren? Seid Ihr vorbereitet darauf?

Meine Eltern mußten heiraten. Ich wurde fast unmittelbar danach geboren. Nach mir kam ein anderer Sohn zur Welt und danach noch ein Kind. Die Ehe wurde nach drei Jahren geschieden. Ich wohnte eine Zeitlang bei meinen Großeltern, und dann lebte ich bei Pflegeeltern. Mit drei Jahren lebte ich mit meiner Mutter zusammen, dann wurde ihr die Gebärmutter entfernt, und sie drehte durch. Mit vier kam ich zu meinem Vater und seiner neuen Frau, die ich nicht ausstehen kann. Meines Vaters Frau hatte zwei eigene Söhne. Mich oder meine Brüder konnte sie nicht leiden. Ich war Vaters Liebling. Ich war eine Bedrohung für seine Frau. Ich sehe genau wie meine Mutter aus. Ihre Eifersucht nahm zu. Mit zehn konnte ich sie nicht länger ertragen. Wir hatten Familienberatungen. Ihre Beziehung zu ihrem Körper und ihrer Sexualität war völlig verquer. Ich durfte keinen Freund haben, bevor ich sechzehn war. Sie durchsuchte mein Zimmer, las meine Briefe und überwachte meine Telefonanrufe. Sie ließ mich wegen Marihuana verhaften. Ich hatte die Hauptrolle bei der Schulaufführung der 9. Klasse und war auf der Ehrencharta. Sie dachte nicht daran, zu kommen und mich in der Aufführung zu sehen.

Mutter

Ich hatte Besuchsrecht bis ich acht Jahre alt war, aber dann sagte das Gericht, Schluß damit. Vater sagte, wir könnten sie auch nicht mehr anrufen, sonst würde er uns hinauswerfen. Meine Brüder paßten sich in der neuen Familie besser an als ich. Vater schimpfte Mutter eine Hure. Sie hatte andere Freunde. Jetzt ist sie zum viertenmal verheiratet. All die Kerle, die sie heiratete, entpuppten sich als wirklich irre. Alle Ehemänner meiner Mutter waren ihr unterlegen. Mutter ist wirklich eine Frau, die gut beisammen ist, aber sie will keine Verantwortlichkeit für Kinder. Sie hat noch einen Sohn, meinen Halb-Bruder. Sie ist Dekorateurin.

Vater

Meine Pubertätsjahre waren unerträglich. Er ist wirklich faul und dumm. Er ist wirklich sehr weich und liebevoll, aber er weiß nicht, wie er es zeigen soll. Nie faßt er mich an oder zeigt Zuneigung. Er nennt mich Charlie und spricht zu mir wie ein Vater zu seiner Tochter. Er ist stolz auf mich und hat meine Zeugnisse eingerahmt. Er ist wirklich gut zu mir, kauft Sachen für mich und gibt mir Sachen.

Stief-Mutter

Sie ist sehr dick, 1.50 m groß, 150 Pfund schwer. Sie ist launisch, sehr launisch und schwere Trinkerin. Sie macht die Hausarbeit allein, obschon Vater eine Hilfe bezahlen könnte. Sie lehnt es ab. Auf den letzten drei Arbeitsstellen wurde sie hinausgeschmissen. Meine Stief-Mutter erzählte mir: ,,Eins ist sicher, du taugst zu nichts. Du wirst schwanger werden und heiraten müssen. Du bist genauso eine Schlampe wie deine Mutter.''

Ich

Ich begann zu arbeiten, als ich dreizehn war, um Geld ausgeben zu können. Vater meinte, Kinder sollten für ihr Geld arbeiten. Mit fünfzehn rannte ich von zuhause weg. Als ich zurückkam, schleppte Mutter mich zum Arzt, um untersuchen zu lassen, ob ich noch Jungfrau war. Ich ging mit sechzehn von der Schule ab. Mit achtzehn kam ich nach Hawaii und lebe seitdem mit einem Typen zusammen. Er ist wirklich nett. Eigentlich ist er eine jüdische Prinzessin, völlig verwöhnt und muß immer seinen Willen haben. Meine Beziehung zu meinem Vater ist jetzt besser. Er akzeptiert, daß ich mit meinem Freund zusammenlebe. Ich möchte gerne wie meine Mutter sein, fähig, alles selber zu bewältigen und mich auf niemanden verlassen müssen, besonders nicht auf eine Ehe.

Was ist Liebe?

Liebe ist ein Gefühl, eine Fürsorge. Wenn irgendetwas geschähe, wären sie da, um zu helfen. Vaters Liebe ist eine mütterliche Liebe.

Wie fühle ich mich als Frau?

Ich mag weibliche Körper. Sanfte weibliche Körper. Ich mag starke Frauen. Eine starke Frau ist das Gegenteil einer schwachen Frau. Schwache Frauen lassen es zu, von Männern beherrscht zu werden. Starke Frauen bilden starke Bande, die nicht alles andere

auslöschen. Sie werden nicht umhergeschoben. Sie trachten nach
Dingen, die wohltuend für sie selber sind, danach wählen sie aus.
Sie sind entfaltet. Sie bewegen sich in verschiedene Richtungen
und setzen sich keine Grenzen. Sie können und werden vieles aus-
probieren. Alles. Sie sind nicht so darauf aus, anderen zu gefallen
wie schwache Frauen es sind. An sich selbst denken sie zuerst.
Schwache Frauen denken zuerst an alle anderen bis zu dem
Punkt, an dem auf ihnen herumgetrampelt wird. Eine starke Frau
ist innerlich beteiligt. Sie ist interessant. Ich bin gerade erst dabei,
mich aus der Gußform der schwachen Frau zu lösen.

Mag ich Frauen?

Ich mag manche Frauen, wenn sie nicht dumm sind. Ich mag interessante ältere Frauen, die aus ihren Rollen ausbrechen. Meine
besten Freundinnen sind lesbisch. Sie sind auch interessant und
klug. Ich habe keine sexuellen Erfahrungen mit Frauen. Ich stehe
Frauen wirklich nahe. Es könnte geschehen. Ich bin mir ziemlich
sicher. Nicht gleich. Ich kann es nicht festmachen, warum nicht.
Ich schlafe gerne mit jemandem. Ich schlafe gerne mit Männern,
mit dem richtigen Typ. Richtig fette Kerle widern mich an. Sol-
daten widern mich an. Sie verachten Frauen. Sie sind ekelhaft.
Sie erniedrigen Frauen. (Suzanne war Go-Go-Tänzerin und tanzte oft in Militärclubs). Im Grunde mag ich Männer überhaupt
nicht, besonders nicht, wenn sie dumm und träge sind. Ich möchte kein Mann sein.

Was heißt weiblich sein?

Weiblich sein heißt andere Organe haben als Männer. Es heißt Brüste haben.
   Feminin und weiblich ist dasselbe. Sanft, leidenschaftlich, gefühlvoll. (Als sie diesen Teil ihres Tagebuches vorlas, wurde sie
rot. Sanfte, feminine, zerbrechliche Suzanne.) Eine *Dame* ist gebildet, intelligent, passiv, beteiligt, hat in verschiedenen sozialen
Bereichen zu tun. Anmutig, aufmerksam, gefaßt. Eine *Frau* ist
gefaßter als eine Dame.

*   *   *

SOGAR WENN DIE VISION VERBORGEN IST

Wer bin ich für dich Suzanne? Die Mutter, die du nicht hattest, nicht wirklich hattest? Eine Frau, von der Zustimmung kommt? Eine starke und intelligente Frau? Eine interessante Person? Jemand, die sich um dich kümmert und es als gegeben ansieht, daß du wertvoll bist, ohne daß du etwas dafür leisten mußt? Ist es das, wonach du auf unserer gemeinsamen Reise suchtest? Hattest du verborgene Ziele, über die ich mir nicht bewußt war?

Vielleicht gab es, teilweise jedenfalls, für jede Mitreisende verborgene Ziele. Am Anfang schrieb Leah in ihr Tagebuch: ,,Es wird gut sein, nicht mehr alles allein tragen zu müssen." Sie erklärte nie richtig, was sie damit meinte. Solange die Zielsetzungen klar blieben, war es den Frauen möglich, sie zu erreichen — wenn auch nur im Rahmen dieser Reise — sogar, wenn sie verborgen waren und sorgfältig vor mir geheim gehalten wurden.

INNEHALTEN UND ERNEUERN

Bevor wir uns in andere Gefilde begeben — schon bei geschlossenen Raumschifftüren, kurz vor dem endgültigen Startzeichen — scheint es ratsam, einen Augenblick innezuhalten und zusammenzufassen, was die Quintessenz des ersten Prinzips der Macht, der Klarheit der Vision, beinhaltet und aus welchen Gründen die Frauen gewählt wurden, an Bord des silbernen Raumschiffes zu kommen.

Die Fähigkeit zu heilen beruht, vom Standpunkt der Reise aus, auf bestimmten, besonderen Prinzipien. Ich habe mich entschlossen, sie Prinzipien der Macht zu nennen; denn sie geben jeder von Euch, die die Wahl trifft, sie anzuwenden, die Macht der Selbst-Heilung.

Das erste Prinzip der Macht ist die Klarheit Eurer Vision, die Beständigkeit Eurer Absicht. Jede der acht Frauen hatte ein klar gewähltes Ziel, als wir unsere gemeinsame Reise antraten. Weil es ein Hauptvorhaben der Reise war, daß sie lernen mußten, sich selbst zu heilen, wurde den Frauen als Teilnahmebedingung bestimmte Aufgaben und Verantwortungen zugewiesen. Diese Reise war tatsächlich eine unübliche Art von Forschungsprojekt. Die

Aufgaben der Frauen bestanden darin, wöchentlich Buch zu führen, während des ersten und des letzten Monats die Aufwachtemperatur zu messen, ein bestimmtes Buch zu lesen und sich zu ver-
pflichten, während der gesamten sechsmonatigen Reisedauer jede
Woche für eine Stunde mit mir zusammenzukommen. Wenn sie
mitmachen wollten, mußten die Frauen mit ihren Aufgaben einverstanden sein, ein klar bestimmtes Ziel haben und gewissen anderen Gesichtspunkten entsprechen. Darunter fiel, keine Hormonpräparate einzunehmen, frei von übermäßiger religiöser Beeinflus-
sung zu sein und sich in Übereinstimmung mit meiner intuitiven
Reaktion auf sie zu befinden. Jede der acht Frauen, die für das
silberne Raumschiff ausgewählt wurde, entsprach diesen Gesichtspunkten. Ihr Ziel war klar, ihre Absicht beständig.

Klaren Geistes bewegten wir uns nach vorn. Das silberne Schiff
hob ab in den Weltraum. Unsere Reise hatte begonnen. Erster Bestimmungsort, die äußeren Bereiche der irdischen Galaxie, Land
der vertrauten Gesichter. Es war ein notwendiger Aufenthalt, damit die Frauen die Philosophie erkennen konnten, von der die
Reise geleitet wurde.

5. Kapitel

WIE IHR DENKT, SO WERDET IHR SCHAFFEN: DAS ZWEITE PRINZIP DER MACHT

Beim Eintreten ins Land Jenseits verließen wir kurz unser Raumschiff, um eine seltsam vertraute Gegend zu erforschen. Bekannt und unbekannt, begegneten wir ihr wie einer Freundin vergangener Tage, nicht immer mit offenen Armen, nicht gewillt, ihr Lebewohl zu sagen, als sie abreiste. Die Einwohner dieses Landes küßten wir sanft und zogen uns eilig zurück, sobald wir erkannten, daß sie genau unsere Mienen widerspiegelten. Wie merkwürdig, murmelten wir. Was ist dies seltsame Land, das wir betreten haben? Wer sind diese Frauen, die so eifrig herbeieilten, uns zu begrüßen?

Wir sind Ihr, erklärte die Erdmutter, als sie unsere bestürzten Blicke sah. Wir sind der Teil in Euch, der verborgen gehalten worden ist, während der vergangenen 100 Jahre außer Sichtweite, bis zum Erscheinen eines Mannes namens Sigmund Freud. Ihr habt dies das Land des Unbewußten genannt. Wir haben gewartet, im Wissen, daß mit der Zeit neue Forscherinnen kommen und die Tore zu unserem Land wieder öffnen würden. Das Land der inaktiven Wahrnehmung ist unser. Wir sind ein Teil von Euch, der leicht zugänglich ist, solltet Ihr Euch die Mühe machen, Euren Spiegel umzudrehen und, wie Alice, in seinen Garten einzutreten.

Zierliche Handspiegel, mit feinem Gespinst goldener Fäden überzogen, rauchiges Bernsteinglas. Wir drehten sie um, und dort, auf der Rückseite befand sich alles, was wir schon immer über uns gewußt hatten, unfähig es zu sehen. Wir benötigten lediglich den Mut, unseren Blick fest darauf gerichtet zu halten.

DIE MACHT DER GEDANKEN

Die Erdmutter fuhr fort, uns darin zu unterrichten, unseren Brennpunkt klar zu halten, damit wir das Land der Aktiven Wahrnehmung betreten konnten . . .

Jede von Euch stellt ihre Wirklichkeit mit ihren Gedanken her, Gedanken, die durch Euren Kopf und in Euer Universum hinausfließen, im Durchschnitt mehr als 90 pro Minute. Gedanken verfügen über große Macht, und haben elektromagnetische Eigenschaften, die Eure Erfahrungen anziehen. Gedanken haben Energie und Form, die qualitativ unterschiedlich sind, so wie jede von Euch sich von anderen unterscheidet. Das ist das Geheimnis der Schöpfung, Eurer Schöpfung, Eurer Wirklichkeit, der Rückseite Eures Spiegels. Ob er hell oder dunkel leuchtet, Ihr habt das, was Ihr darin seht, gemacht. Auf diese Art erlernten wir das zweite große Prinzip der Macht. Wir erschaffen durch die Macht unserer Gedanken.

Es gibt andere, die sich in dem Land, das Ihr gerade verlassen habt aufhalten und die das Geheimnis der Wirklichkeit ebenfalls kennen, fuhr die Erdmutter fort. Sie sind vor Euch gereist, damit Ihr direkt von ihnen lernen könnt, was sie entdeckt haben, so wie Ihr Entdeckungen machen werdet, wenn Ihr Eure Reise fortsetzt.

Zuerst trafen wir Eileen. Sie war von der Findhorn Gemeinschaft in Nordschottland gekommen. Freundlich und bewegend erklärte sie uns das Geheimnis, so wie sie es entdeckt hatte.

„Schließlich erkennt Ihr, daß Ihr nicht mehr von den Ereignissen kontrolliert zu werden braucht, sondern daß Ihr die Ereignisse durch die Macht Eurer Gedanken kontrolliert. Ihr könnt alles durch die Macht eurer Gedanken hervorbringen. Deshalb kann diese neue gewonnene Macht nur angewandt werden, wenn es kein Ich mehr gibt, das sie beeinträchtigt; sonst könnte sie so leicht aus falschen Motiven und nicht für das Gesamtwohl benutzt werden. Wenn sie von Eurem besseren Teil angewandt wird, können nur gute Dinge von Euch angezogen werden, und Ihr könnt nur Gutes schaffen.

Das ist das Geheimnis der Schöpfung. Was Ihr denkt, stellt Ihr her. Das ist der Punkt, an dem Euer Glaube und Eure innere Überzeugung unerschütterlich sein müssen. Solange es irgendwelche Zweifel gibt oder nicht genügend Vertrauen, seid Ihr unfähig diese Wahrheiten in sichtbarer Form hervorzubringen." (Eileen, The Findhorn Garden, The Findhorn Community, 1975, Harper & Row, S. 9.)

Eileen brachte mit ihrer Botschaft eine Warnung mit. Die Macht, die wir gerade erlernten, konnte in positive oder negative Bahnen gelenkt werden. Ich hatte die positiv-negativ Aspekte von Macht flüchtig an anderer Stelle gestreift und war nicht in der Lage gewesen, sie mit der positiven Kraft des Weltalls in Einklang zu bringen. Die negativen Aspekte bleiben für mich eine Frage von Mutmaßungen, die weiteres Nachdenken erfordern, weitere Verbindung mit der Weisheit, die in mir liegt. Wir zweifelten die Universale Energie Kraft als negative Gedankenform (das heißt bösartig oder in der Absicht, Schaden anzurichten) an und gingen weiter; denn es gab andere, von denen wir noch zu lernen hatten.

Wir begegneten darauf Elisabeth Haich, die uns von ihrer Fähigkeit erzählte, Gedanken als Energieformen zu sehen, die von einer Person zur andern flossen. Experimente, die sie als junge Frau betrieb. Sie erzählte uns von ihren anderen, früheren Leben und dem Wissen, das sie in jedem davon erworben hatte. Sie sagte uns, daß verworrene Gedanken verworrene und chaotische Energieformen produzieren, daß klare Gedanken starke, direkte Energieformen produzieren, die vom Sonnengeflecht (Solarplexus) der sehenden Person wegfließen, um die Person, auf die sie gerichtet werden, zu erreichen und zu umschließen. Sie hatte die Fähigkeit, die unterschiedlichen Energieformen, die zwischen Menschen fließen, zu sehen. Aus meiner eigenen Arbeit mit verworrenen und chaotisch denkenden Menschen kannte ich die Weisheit der Botschaft. Ich wußte ebenfalls, daß es machtlose Gedanken gab; denn ich hatte auf eigenen Reisen eine Hierarchie der Gedanken entdeckt.

Nachdem wir Elisabeth verlassen hatten, trafen wir eine große Schar Menschen, die die Macht der Gedanken ergründet hatten, die Art, in der sie Form annahmen, die Nachforschungen, die sie betrieben hatten. Botaniker, Physiker, Ingenieure, Chemiker, Dichter und Agronomen. Seit 300 Jahren wird ihre Arbeit registriert. Unter ihnen befinden sich die Unbeachteten, die Vergessenen und die Großen, Charles Darwin, Johann Wolfgang von Goethe, Bose von Indien und Benjamin Franklin. Die wichtigsten für unsere Reisen waren vielleicht Luther Burbank, George Washington Carver, der Rest der Findhorn Gemeinschaft (Eileens Leute) und Jane Roberts, weil sie die Wahrheiten, die wir auf unseren eigenen Fahrten suchten, kannten und benutzten – die Macht der Gedanken, die Erschaffung der Wirklichkeit durch Gedankenenergie und die Weisheit des Universalen Selbst.

Als wir uns in das Land der Aktiven Wahrnehmung begeben hatten, trafen wir Shafica Karagulla, eine Neuro-Psychiaterin, die auf der Suche nach ihren eigenen Wahrheiten unterwegs war. Shafica reiste vom Erdenland Libanon aus. Unterwegs hatte sie einige begabte Menschen angetroffen, die fähig waren, Personen als vollständige Energiefelder zu „sehen", ganz ähnlich, wie Carlos Castaneda Don Juans Fähigkeit zu „sehen" beschreibt. So wie sie Personen als vollständige Energiefelder sahen, konnten diese begabten Menschen drei Atmosphären sehen, die jeden Menschen umgaben, und sie konnten sehen, wo Energiefelder unterbrochen waren, bei denen, die krank waren oder sich in einer unausgeglichenen Verfassung befanden. Von den Menschen, die sie auf ihren Reisen antraf, waren vermutlich diejenigen am aufschlußreichsten, die sie „Abzapfende" nannte, Menschen, deren Energiefluß aus Haken bestand, die sich an einer andern Person befestigten, von der Empfängerin Energie abzapften und damit ihre eigene zum Strahlen brachte. Sie entdeckte auch, daß bei Menschen, deren Beziehungen ausschließlich auf sexueller Erfüllung beruhten, die Energie, die in ihrem Inneren und die, die nach außen ins Weltall floß, sehr schwach war. Schwacher Energiefluß. Schwache Erfahrungen. Schwache Wirklichkeit. Sie stellten das her, worauf sich ihre Gedanken konzentrierten.

Von den Personen, die wir antrafen, gab uns jede Wissen mit, das für unsere Fahrten wichtig war, die Erkenntnis, daß große Macht in den Gedanken liegt, und daß unterschiedliche Arten von Gedanken unterschiedliche Formen, Richtungen und Kräfte aufweisen. Ich teile dieses Wissen mit Euch, damit Ihr Eure eigenen Erforschungen ausdehen könnt, über die Länder, die wir bereisen hinaus und in Zusammenhang mit der Reise, die wir gemeinsam unternehmen.

Von allen Personen, die wir im Land der Aktiven Wahrnehmung antrafen, war Jane Roberts für unsere Erfolge und die Schätze, die wir später in anderen Ländern fanden, die wichtigste. Sie ließ uns die Beziehung zwischen Gedanken und Glauben und Lebenserfahrungen einer Person verstehen. Ihre Weisheit ist in vielerlei Form festgehalten worden, in Büchern, in Romanen, Gedichten und Liedern. Die Konzepte, in denen sie uns unterrichtete, klärten für mich frühere Ideen, die ich geformt hatte, und nahmen sie mit hinüber, gaben ihnen Klarheit und erweiterte Dimensionen.

Jane behauptete, daß Informationen und Erfahrungen, die scheinbar immer im „Unbewußten" gespeichert worden waren, in Wirklichkeit bewußt waren. Die scheinbar „unbewußte" Information befand sich einfach außerhalb der Wahrnehmung und konnte durch das Horchen auf die vielen Gedanken, die einem ständig durch den Kopf gehen, zu Aktiver Wahrnehmung gebracht werden. Wir überprüften ihre Ideen, während wir uns durch das Land der Aktiven Wahrnehmung und darüber hinaus bewegten, und ihre Behauptungen bekamen Gültigkeit für uns. Als jede von uns die goldenen Spinnweben von ihrem Spiegel wischte und klar hineinsehen konnte, sagte eine Frau nach der andern, verwundert und überrascht „aber das wußte ich schon immer. Es war nie aus meiner Wahrnehmung weg, nicht wirklich." Das Bewußtsein über unsere Gedanken war eine Wahrheit, die wir alle entdeckten, jede für sich, mit Ausnahme von Elsie, und in geringerem Maße für Suzanne. Aus unseren persönlichen Gründen hatten wir unsere Macht an andere, die scheinbar weiser waren übertragen, waren der Überzeugung, unsere Vergangenheit sei unbewußt und hatten aufgehört, auf das zu hören, was wir uns selber gesagt hatten. Mit der wiedergewonnenen Macht waren wir fähig, sie dann zu definieren und sie auf klarere Art anzuwenden.

MACHT DEFINIERT, EINE HIEARCHIE DER GEDANKEN

Wir verließen das Land der Aktiven Wahrnehmung im Wissen, daß es den größeren Teil unserer Reise beanspruchen würde, die Information, die wir durch die Begegnung mit den vielen Menschen dort erhalten hatten, in uns aufzunehmen und anzuwenden.

Ich wußte ebenfalls, daß es Informationen gab, die ich die Reisenden lehren mußte, bevor wir uns in andere Galaxien bewegten. Deshalb machten wir am Rand der Milchstraße Halt, um unsere Sinne zu nähren, unseren Körper zu erfrischen und die Energie unseres Geistes neu zu erschaffen, in der Einsamkeit und der Weite unseres Rastplatzes. Die Milch Straße. Gut benannt. Sie tröstete uns und nährte uns mit dem Rahm ihres Wissens, dem Nektar der Weitsichtigen, die es wagen, die Theorien der Klugen zu verwerfen und ihre eigenen zu erschaffen. In der Abgeschiedenheit unseres gemeinsamen Raumes lehrte ich sie die Weisheit, die ich in der fernen Reichweite der Sterne gesammelt hatte.

Auf meiner früheren Reise mit Sun hatte ich herausgefunden, daß manche Gedanken wenig Macht hatten, andere Gedanken viel, und danach hatte ich entdeckt, daß es tatsächlich eine Hierarchie in der Macht der Gedanken gab. Indem ich den Frauen mitteilte, was ich erlernt hatte, lehrte ich sie die Macht der Gedanken und ihre Anwendung.

Gedanken mit der größten Macht stehen in unmittelbarer Verbindung mit dem Inneren Selbst

Das *Innere Selbst* ist der Teil eines Menschen, der in unmittelbarer Verbindung mit dem Universalen Selbst steht. Anders definiert, würde man Seele dazu sagen, Gott in uns oder der göttliche Teil in uns. Das Universale Selbst würde man Gott nennen, den Gott außerhalb von uns oder das Göttliche Kosmische Wesen. Auf der Reise nannten wir es das Universale Selbst oder den Universalen Energie Strom.

Wissen aus dem Inneren Selbst erreicht uns in Form von Intuition, Ahnungen, Träumen, psychischen Phänomenen, ASP (Außersinnliche Wahrnehmung) und in Meditation, beim Gebet oder in veränderten Bewußtseinszuständen. Gedanken, die aus dem Inneren Selbst kommen oder davon gelenkt werden, haben die größte Macht, weil sie in direkter Verbindung mit dem Universalen Selbst stehen. Als solche führen sie die Macht und Weisheit des Weltalls mit sich, einen Austausch von sterblichen Wesen mit Unsterblichen.

Das Innere Selbst verfügt über Kenntnisse aus allen Euren früheren Leben, über das Wissen, das Ihr Euch in diesen Leben angeeignet habt und über Eure körperliche, seelische und spirituelle Verfassung, teilte ich den Frauen mit. Wegen der direkten Verbindung mit dem Universalen Selbst ist das Ausmaß des Wissens, das aus dem Inneren Selbst stammt, wahrscheinlich unbegrenzt. Es wird tatsächlich nur von der Entwicklung des Individuums begrenzt und von der Bereitwilligkeit des individuellen objektiven Selbst, solches Wissen zu akzeptieren.

Gedanken, die Eurem Glauben entstammen

Gedanken, die Eurem Glauben entstammen, schwingen sich mit der Energie des Weltalls empor; denn sie stehen in Verbindung mit dem Weltall, sind Teil und Substanz Eures Inneren Selbst. Und da sie in Verbindung mit dem Universalen Energie Strom stehen, haben sie ein riesiges Machtpotential.

Um das Potential der Macht, die Ihr ausüben könnt zu verstehen, müßt Ihr zuerst verstehen, was Ihr von Euch selbst glaubt. Jeder von Euch ist, im Unterschied zu allen anderen Geschöpfen, Willensfreiheit zugesagt worden, Willensfreiheit und Bewußtsein, Euren Weg für die Dauer dieses Lebens auszuwählen, durch die Wälder zu wandern, Eure Energie mit weichem Sonnenlicht, das auf einer offenen See glänzt, wieder aufzufüllen, Eure Schmerzen in sternklaren Nächten unter tanzenden Mondtropfen zu heilen. Ihr allein lenkt Euer Leben; denn Ihr seid das Weltall. Das Universale Selbst befindet sich in Euch, wie es sich außerhalb von Euch befindet, in jeder Zelle, in jedem Atom, in jedem Atemzug, den Ihr tut.

Und was ist es, das Ihr auswählen werdet zu glauben, zu denken, wissend, daß Ihr immer gewählt habt? Habt Ihr die Wahl getroffen, an das Grobe zu glauben, das Häßliche, das Unerträgliche? Und aus dem Glauben heraus Leiden hergestellt, ärmliche Lebensumstände und unglückliche Beziehungen? Gedanken aus negativen Glaubensvorstellungen haben in der Erdensphäre gleich große Macht wie Gedanken aus positiven Glaubensvorstellungen. Wäre es nicht besser, immer an das zu glauben, was gut ist im Leben und durch Eure Gedanken Schlösser an nebelverhüllten Flüssen zu erschaffen, Satin, in den Ihr Euch kleiden könnt, Bernstein und Jadejuwelen, Freundinnen, die Euch schätzen und Geliebte, mit denen Ihr zu Ekstasen emporsteigt und dann, strahlend, daran glaubt, daß es ebenfalls möglich ist, mit den Göttinnen zu wandeln?

Erschafft das Geheimnis der Harmonie

Einige sind der Auffassung, daß größere Spiritualität erreicht wird, wenn das Materielle abgelehnt wird. Im Gegenteil, liebe Reisende, es wird Euch nicht spiritueller machen, wenn Ihr arm seid, nichts besitzt, wenn Ihr verkrüppelt seid. Als Ihr in diese Welt hineingeboren wurdet, habt Ihr die Wahl getroffen, körperlich zu sein und in einer körperlichen Welt zu leben. Wenn Ihr hungrig seid, verlangt Euer Körper nach Nahrung, und Eure Gedanken und Energien müssen sich auf die Befriedigung der körperlichen Bedürfnisse ausrichten. Es bleibt wenig Energie für spirituelle Abenteuer. Wenn Ihr Euch zu sehr auf die spirituelle Seite konzentriert, leidet Euer Körper und wird schwach. Ihr sterbt, wie die blaugeflügelten Libellen in schimmernden Wasserfällen sterben. Wie könnt Ihr einen reineren spirituellen Zustand erreichen, wenn Ihr tot seid? Wie könnt Ihr Euch mit den Musen verständigen, wenn Euer Inneres Selbst nicht mehr an Euren leiblichen Körper gebunden ist? Es ist ein dreischneidiges Schwert, wie Damokles entdeckte, das an einem einzelnen Haar hängt, das Gleichgewicht von Verstand und Seele und Körper, so daß kein Teil zum Sklaven des anderen wird oder einen anderen versklavt. Das Geheimnis der Macht liegt in den Glaubensvorstellungen, die Harmonie herstellen, Gedanken, die, auf Energiewellen geboren, sich mischen, ausgleichen und vereinigen.

Und Eure eigenen, persönlichen Wahrheiten

„Was ist Glauben? Ist es nicht notwendig, daß wir es wissen, in Anbetracht der großen Macht, den er auf unser Leben ausübt?" fragten die Frauen.

Das, woran Ihr glaubt, stellt Eure eigenen persönlichen Wahrheiten dar, erwiderte ich. Es sind Eure Überzeugungen, Eure Meinungen. Es sind Werte, die Ihr bewußt akzeptiert und die Ihr intellektuell gebilligt habt. Für Euch werden sie Wert und Wichtigkeit haben. Auf unserer gemeinsamen Reise werden wir zwischen dem unterscheiden, was wir in unserm Innersten glauben, dem Mark unseres Glaubens und dem, woran wir zusätzlich glauben, was damit verbunden und verwandt ist.

Woran Ihr *im Innersten glaubt*, bildet das Mark Eurer Identität, das Ihr vielleicht Selbstverständnis nennt. Es schließt die Vorstellung, die Ihr von Eurem Körper habt mit ein. Die Art, wie Ihr Euch selber und in Beziehung mit anderen seht, beruht darauf, woran Ihr im Innersten glaubt. Sollte das von anderen infrage gestellt werden, zieht Ihr euch möglicherweise voller Furcht zurück und macht den Glauben stärker, weil Ihr zögert, ihn näher zu betrachten.

In Beziehungen mit anderen spiegeln diese Kernüberzeugungen wider, wie Ihr Euch selber empfindet. Ihr werdet beispielsweise bestimmten Menschen gegenüber offen sein, weil Ihr Euch in der Beziehung mit ihnen vertraut. Ihr werdet anderen gegenüber zurückhaltend sein, weil Ihr Eure Macht auf sie übertragen und Euch selber in eine verletzbare Lage gebracht habt. Milton Rokeach hat über drei Männer geschrieben, die sich alle für Christus hielten. Drei Jahre lang versuchte er, ihren auf Christus bezogenen Glauben zu verändern, ohne Erfolg. Er trieb sie nur in eine Geheimhaltung hinein. Die Männer versteckten ihre Christus-Identitäten vor ihm und stellten derweil andere sterbliche Identitäten her, die er akzeptierte. Auf dieselbe Art könnt Ihr das, was Ihr von Euch selber glaubt verbergen, um Eure Identität Euch selber gegenüber nicht zu enthüllen. Doch Ihr wißt, wie Ihr immer gewußt habt und es immer wissen werdet, wer Ihr wirklich seid, wenn Ihr Euch entscheidet, Euren Gedanken zuzuhören. Woran Ihr zusätzlich glaubt, ist mit Eurem Selbstverständnis verbündet. Dazu gehört, was Ihr über alle Dinge stärker oder schwächer glaubt, über wichtige und scheinbar unwichtige. Zweck des verbündeten Glaubens ist es, das, woran Ihr im Innersten glaubt, vor Veränderung zu bewahren, Euch und Eure gegenwärtigen Lebensumstände vor Veränderung zu bewahren. Einerseits schafft das Stabilität. Andererseits hindert es Euch, neue Beziehungen aufzubauen, Aspekte Eurer Identität, die Ihr nicht mehr beibehalten wollt zu verändern, und es hält Euch davon ab, Euch in unbekannte Abenteuer zu begeben, auszukundschaften. auf der Suche zu sein. Es hindert Euch auch daran, Euch zurückzuziehen und die Menschen und Dinge aufzugeben, die in Eurem Leben keine Bedeutung mehr haben oder die Euch unglücklich machen.

Eine Kombination des innersten Glaubens und des verbündeten Glaubens bilden *Glaubenssysteme*. Glaubenssysteme und das, woran Ihr im Innersten glaubt, sind oft schwieriger zu verändern als alles, was Ihr zusätzlich glaubt; denn sie bilden die behüteten und verschlungenen Pfade, die Ihr gewählt habt, um Euer Leben zu führen. Sie sind angenehm, weil sie vertraut sind, sogar wenn sie Elend und Schmerz verursachen.

In Zeiten besonderer Anspannung kehrt Ihr zu altem Glauben zurück und macht Euch etwas vor

Wenn Ihr unter Streß steht, werdet Ihr vielleicht feststellen, daß Ihr wieder in vertraute Reaktionsweisen zurückfallt. Ein Glauben, an dem Ihr lange festgehalten habt, den Ihr aufgegeben habt, kehrt zurück und schafft erneut Schmerz und Elend.

Den neuen und fruchtbaren Glauben beizubehalten ist ebenso schwierig, wie Ätherwellen festzuhalten. Doch dieser Rückfall ist ein natürlicher Prozess. Natürlich, weil alter Glauben vertraut ist. Vergeßt nicht, daß Ihr sterbliche Geschöpfe seid und das Vertraute braucht, um Euch zu trösten, wenn Ihr unter Streß steht. Seid ebenfalls durch das Wissen getröstet, daß ein Rückfall etwas Vorübergehendes ist, und daß Ihr feststellen werdet, daß der nächste Schritt nach außen leichter fällt, so wie jede weitere Reise, die Ihr in unbekannte Länder macht, leichter sein wird. Euer neuer Glauben wird wiederkehren, kreativ und mächtig.

Jede Frau fiel eine Zeitlang auf unserer gemeinsamen Reise in alte Glaubensmuster zurück, alte Reaktionsweisen bei Streß und stieg bei einem Stern in der Nähe aus, zog sich zurück, gesellte sich dann, neu erschaffen, neu erstanden, wieder der Reise zu. Jay Jay, Suzanne, Shirley, Jesse. Jede erfuhr erneut Schmerz und Qual bei ihrem Menstruationszyklus, nachdem sie diese früh auf der Reise aufgegeben hatten. Lily, Alison und Leah fielen, mehr als die andern, auf der Hälfte der Strecke in alten Glauben zurück. Elsie, die nicht gewillt war, neu zu glauben, verblieb innerhalb des Vertrauten.

Lily hatte, wie Ihr Euch erinnern werdet, selten in ihrem erwachsenen Leben einen Eisprung gehabt. Während der ersten drei Monate unserer Reise hatte sie genau alle 31 Tage einen Eisprung, dann, als sie negative Botschaften von ihrem erdgebundenen Partner erhielt, traf sie die Wahl, wieder damit aufzuhören, wie sie so viele Male in der Vergangenheit entschieden hatte.

Leah gab zwölf Jahre schlimmer Schmerzen, Blutgerinnsel und Schwermut auf, dann, auf der Hälfte der Strecke wurde sie zornig, daß ich sie drängte, durch die Tore des Jenseits zu gehen und traf die Wahl, wieder alles von neuem zu erleiden. In zwei Tagen voller Schmerzen ließ sie an sich aus, was sie fürchtete, mir mitzuteilen. Ich war mir über die Ursache ihres Zornes nie ganz sicher. Den wahren Grund verschloß sie tief in sich, versteckte ihn vor sich selber ebenso wie vor mir. So spielten wir beide Als Ob, bis eine Zeit kam, in der Vortäuschungen nicht mehr nötig waren.

Alison, gefangen in den Tätigkeiten, die den Ansprüchen ihres Mannes entstammten, Fachbereichparties, an denen sie teilnehmen mußte, Mahlzeiten, die sie zubereiten mußte, einem Kind, das zu oft krank wurde, legte sich eine intensive Migräne zu, verweigerte den Eisprung und menstruierte zwei Wochen zu früh. Die verfrühte Periode mit ihren schweren, entkräftenden Schmerzen gestattete ihr, sich von den Forderungen, die andere gegen sie erhoben, zurückzuziehen.

Fertigt eine Schatzkarte an, damit Ihr Euch nichts mehr vorzumachen braucht

Damit keine Frau sich länger etwas vorzumachen brauchte, forderte ich sie auf, eine Schatzkarte ihrer Reisen anzufertigen, ein Logbuch eigener Machart, die Schatten, die Höhen und die Berge, über die sie gleiten würden. Wir nannten es Tagebuch führen. Damit jede von Euch ihre eigenen aufgezeichneten Schätze herstellen kann, werdet Ihr die Anleitungen dazu unter „Machttechniken" finden und weiter unten die Meisterschatzkarte unserer Reise.

Tagebuch führen sollte für die mitreisenden Frauen den Zweck erfüllen, ihre Gedanken festzuhalten, aus denen identifiziert werden konnte, was sie im Innersten glaubten, was sie zusätzlich glaubten und welche Glaubenssysteme sie hatten. Der Zweck des Tagebuch führens bestand letztlich darin, die Machtquellen jeder Frau zu bestimmen, die negativen davon zu verändern und positive zu erschaffen. Wenn sich als Ergebnis daraus ebenfalls neue Reisemöglichkeiten eröffneten, die sich in Bereiche über das Land Jenseits hinaus erstrecken sollten, dann würde das ihr goldener Kelch sein, und ich würde mich mit ihnen freuen, ihnen Glück und der Göttin Segen wünschen und ihre individuellen Raumschiffe mit dem Schaum der Milchstraße segnen, sie mit Mondkuchen versorgen und jeder das Elixier der Klarheit verabreichen, damit ihre einsamen Reisen stets beständig und wahr bleiben würden.

GEDANKEN OHNE MACHT

Gedanken ohne Macht sind diejenigen Gedanken, die aus dem objektiven Selbst stammen. Das *objektive Selbst* steht in direktem Gegensatz zum Inneren Selbst. Es ist der Teil im Wesen einer Person, der die Prozesse der alltäglichen, physischen Welt lenkt. Sein Wissen leitet sich von den physischen Sinnen ab und arbeitet mit logischen, rationalen Denkprozessen. Es ist der Teil der geistigen Funktionen, von dem man sagen könnte, er entspringt der linken Gehirnhälfte. Weil es sich hinsichtlich seines Wissens auf das Physische stützt, wird es gerade durch die Substanz alles dessen, was physisch ist, begrenzt und eingeengt. Als solches ist es notwendig und wichtig für die alltäglichen Angelegenheiten des Lebens und Arbeitens innerhalb der physischen Welt. Das objektive Selbst entspricht Freuds Konzept vom Ego, dem wirklichkeitsorientierten Teil im Wesen einer Person.

GEDANKEN, DIE DIE FORM VON WÜNSCHEN, BEDÜRFNISSEN, VERLANGEN UND FANTASIEN ANNEHMEN

Gedanken, die die Form von Wünschen, Bedürfnissen, Verlangen und Fantasien annehmen, haben keine Macht, wenn sie in Konflikt zu dem stehen, woran Ihr glaubt. Gedanken, die in dem, was Ihr glaubt ihren Ursprung haben, haben Vorrang über Bedürfnisse, ganz gleich wie stark das Verlangen ist. Sun zum Beispiel wünschte verzweifelt, dünner als ihre 230 Pfund zu sein. Sie hatte viele Male versucht, ihr Ziel Magerkeit zu erreichen, hatte eine Weile Erfolg, nur um die Pfunde, die sie wieder und wieder abgenommen hatte, erneut anzusetzen, oft sehr schnell. Ihre Bedürfnisse, obwohl sie zutiefst und manchmal verzweifelt empfunden wurden, standen in Widerspruch zu ihrem Glauben, daß es ihr Schaden zufügen würde, dünn zu sein, was tatsächlich der Fall gewesen wäre. Fett war Suns Integrität und Selbstachtung. Dünn bedeutete, für alle, die an ihrem Horizont auftauchten, Sklavin zu sein, was immer sie verlangten, zu tun oder zu sein, egal, ob es etwas Bedeutendes oder Triviales war. Sie bewahrte ihre Integrität, indem sie sich weigerte, die Bitten der anderen, daß sie abnehmen sollte, zu erfüllen. 24 Jahre lang war Sun auf einem kleinen und öden Planeten abgestellt gewesen, bevor sie den Mut hatte zuzuhören und zu akzeptieren, was sie wußte, seit sie acht war — daß sie ihre Integrität auf andere Art als durch essen finden mußte.

VERWORRENE UND ZWIESPÄLTIGE GEDANKEN

Wenn Ihr auf verworrene und zwiespältige Art denkt und glaubt, werdet Ihr chaotische Erfahrungen herstellen, die Euch Elend, Schwermut und Entfremdung bringen. Ihr erinnert Euch vielleicht daran, daß Elisabeth Haich uns bei unseren Gesprächen während unseres Aufenthalts im Land der Aktiven Wahrnehmung davon erzählte, daß sie die chaotischen Energieformen, die von verworrenen und zwiespältigen Menschen stammten, sehen konnte. Sie sehen.

Eines Tages werde ich auch Sehen, wie Elisabeth jetzt Sieht. Für die Gegenwart akzeptiere ich ihre Weisheit; denn ich bin jenen begegnet, deren Energie chaotisches Gefühl war, das mich von ihnen wegtrieb. Chaotische Energie erscheint in vielen Gefühlsformen, Zorn, Langeweile, Ausschweifung, mangelnde Motivation. Am meisten erscheint sie in Form von Langeweile. Auf einem Abstecher während unserer Reise begegnete ich einer Fremden, die einen kleinen und ausgebrannten Meteoriten bewohnte. Sie war Gelangweilt. Ihr Name war Gelangweilt. Sie trieb alle, die mit ihr in Berührung kamen weg, weil sie ihnen Energie abzapfte, sie erschöpfte, aufzehrte und sie so gelangweilt zurückließ, wie sie es meistens in ihrem Leben gewesen war. Da sie selber niemals etwas ausstrahlte, konnte sie die Energie anderer nicht wirklich aufnehmen.

Ich spürte, daß sich diese Energieform tatsächlich von allen, mit denen ich bis da in Berührung gekommen war unterschied. Ich sehnte mich danach, wie Elisabeth zu sehen, Augen, die ich noch nicht besaß, zu erwerben, die Macht zu haben, diese Fremde zu nähren und sie ins Leben zurückzurufen, zu blühender Gesundheit, strahlend. Doch das ist nicht das Schaffen von Macht, für eine andere zu handeln, und ich wußte, daß ich nichts weiter tun konnte, als sie langsam zur Quelle ihrer eigenen Macht zu geleiten.

WIE AUCH IMMER SIE BESCHAFFEN SIND, GEDANKEN KOMMEN ZUERST, GEFÜHLE UND ERFAHRUNGEN FOLGEN

Es gibt Gedanken, die große Macht über die innere Verfassung Eures Wesens ausüben, in Eurem physischen Körper und Eurem unsterblichen Geist Veränderungen schaffen, und wenig für die Aktivitäten des Verstandes übriglassen. Das sind die Gedanken, die Eure emotionale Verfassung schaffen; denn Gedanken kommen zuerst. Gefühle folgen. Sie fließen in Euch, verändern Eure Gemütsverfassung, und sie fließen außerhalb von Euch. Sie fließen zwischen Menschen hin und her, unter Menschen und beeinflussen andere, so wie Ihr auch beeinflußt werdet. Seid Ihr jemals in der Nähe einer fröhlichen Person gewesen, habt ihre Fröhlichkeit gespürt und gemerkt, wie sich Eure eigene Schwermut hob? Solcherart ist die Macht der Gedanken, die Gefühle herstellen. Sie können auch fliegen und große Entfernungen bewältigen.

Am Heiligen Abend, als ich heiter in meinen eigenen Betrachtungen versunken war, halb den Liedern von Joan Baez und den gedämpften Stimmen der anderen in meiner Wohnung zuhörte, schlugen plötzlich Wellen intensiven Kummers über mir zusammen. Von wem? fragte ich mich. Ein Name ging mir durch den Kopf, ein geliebter Freund, sein Kummer überwältigte ihn, wie ich viel später erfuhr.

Heiligabend war Leahs Kummer wirklich überwältigend. In Kummer über sich selbst versunken, traf sie beinahe die Wahl, unsere Reise für immer und ewig zu verlassen, indem sie ihr Lebensblut zu schnell aus Handgelenken fließen ließ, die sie „in einer augenblicklichen Laune" geöffnet hatte, schrieb sie in ihrem Tagebuch. Es war, weil Weihnachten ein gewöhnlicher Tag war, schrieb sie, wie jeder Dienstag oder Sonntag. Allein zu sein an diesem sehr ungewöhnlichen der gewöhnlichen Tage war auch gewöhnlich, erklärte sie. Hätte sie gewagt, ihren Gedanken zuzuhören, so hätte sie gewußt, wie ich wußte, daß Alleinsein sich von Einsamkeit unterscheidet, und daß Weihnachten eine Zeit ist, um mit anderen zu sein. Da sie nicht hinhörte, schufen ihre Gedanken die Verzweiflungstat.

Zweifelt Ihr an dieser Macht? Die Reisenden zweifelten auch daran, daß Gedanken vor Gefühlen und Erfahrungen stehen. „Wenn das so ist", fragten sie mich, „bedeutet das dann nicht, daß ich große Kontrolle über mein Leben hätte? Würde es nicht ebenfalls heißen, daß ich mich nicht mehr fett oder schuldbewußt oder schwermütig zu fühlen brauchte?" „Wenn Ihr Euren Gedanken zuhört", warnte ich sie, „dann könnt Ihr Eure Gefühle kontrollieren. Ihr müßt jedoch gewillt sein zuzuhören und Euch beim Hören an das Gehörte zu erinnern."

Ich spürte ihre Angst. Wovor hatten sie Angst? Ich weiß es weder jetzt, da unsere Reise vorbei ist, noch wußte ich es, als sie mich fragten. Für Elsie erwies es sich als unlösbare Aufgabe. Sie konnte oder wollte sich nicht entscheiden, ihren Gedanken zuzuhören, oder sich daran zu erinnern. Für mich war es befreiend. Meine Emotionen eher steuern zu können als von ihnen kontrolliert zu werden, öffnete Türen zu unentdeckten Welten. Unbebrenztheit über Begrenztheit.

WENN IHR DIE MACHT DER GEDANKEN ERLANGT, WERDET AUCH IHR DIE ALTEN GEHEIMNISSE ERLERNEN

Woher weiß ich, auf welche Weise sich die Sterblichen mit den Göttinnen verständigen? Woher weiß ich um die Macht der Botschaften, die aus dem Inneren Selbst stammen, und woher weiß ich, daß es welche gibt, die überhaupt keine Macht haben? Es ist von altersher ein Geheimnis. Jay Jay entdeckte es eines Tages, als sie am Fuße eines Wasserfalls stand und über den Leichen von fünf Libellen weinte, die sie im Wasser eingeschlossen fand. Eingeschlossen? Mitnichten. Frei, erfuhr sie, denn sie waren in ihre letzte Reise geflogen und trugen Unsterblichkeit auf ihren Rükken.

Stellt Euch einen lavendelfarbenen Schmetterling vor, getragen vom wandernden

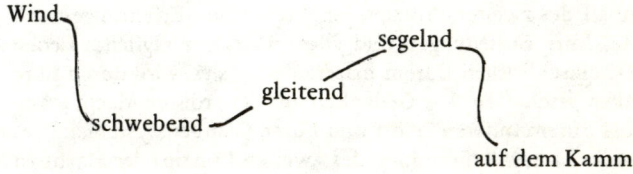

eines Mondstrahls reitend. Sie entfernt sich langsam, entschwindet, weit entfernt, erscheint jetzt wieder, und streift mit sanften Küssen sachte über Eure Wange. Seid Ihr jemals von einem Schmetterling geküßt worden? Wenn ja, werdet Ihr wie ich wissen, auf welche Weise Gedanken aus dem Inneren Selbst aufsteigen und wegfliegen.

Stellt Euch jetzt vor, wie Ihr am Rande einer Kluft steht, einem Canon, der tief in einen schwarzen Abgrund hinunterführt. Stellt Euch vor, wie Ihr schwankend am Rande steht, ausrutscht und fallt

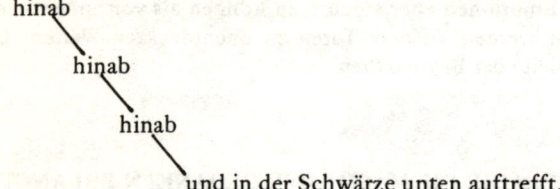

hinab

hinab

hinab

und in der Schwärze unten auftrefft.

In der Art, das weiß ich, werden Gedanken aus dem objektiven Selbst für immer ab Boden kleben bleiben.

Jetzt kennt auch Ihr die Geheimnisse, wie ich sie kenne, um sie mit anderen zu teilen, um sie zu bewahren, auf ein Stück durchscheinender Gaze zu schreiben, es dann zu verbrennen, und aus seiner emporsteigenden Energie neue Magie für andere entstehen zu lassen, die es wagen, wie Ihr auf einem Mondstrahl zu fliegen.

AUF DASS IHR EUCH SELBER HEILT

Während wir auf unserer Fahrt in unbekannte Dimensionen am Rand der Milchstraße anhielten, lernten die mitreisenden Frauen den Inhalt des zweiten Prinzips der Macht. Eure Erfahrungen und Gefühle, Eure Beziehungen und alles, was Euer tägliches Leben umfaßt, einschließlich Eurem materiellen Besitz, wird durch Eure Gedanken erschaffen. Die Gedanken mit der größten Macht stammen aus Eurem Inneren Selbst und Euren Glaubenssystemen. Um Euch selber unter Anwendung des zweiten Prinzips der Macht zu heilen, ist es notwendig, daß Ihr Eure Gedanken aktiv wahrnehmt, was Ihr über Euch denkt, die Menschen und die Dinge, mit denen Ihr Euch identifiziert und die Vorstellung, die Ihr von Eurem Körper habt.

Im Rahmen der Forschungsarbeit teilten wir Glauben allgemein in zwei Gruppen ein: was wir im Innersten glauben, das Mark unseres Glaubens und den damit verbundenen Glauben.

Um leichter bestimmen zu können, woran sie glaubten, führten die Frauen des Forschungsprojekts wöchentlich Buch über ihre Gedanken, die Gedanken, die jede über Menstruation hatte, über ihre Gesundheit und über Heilung, über sich selber, ihre Beziehungen mit anderen und ihr tägliches Leben. Der Gebrauch des Tagebuchs machte es den Frauen möglich, ihre Glaubenssysteme zu identifizieren, die Muster dessen, woran sie im Innersten und in Verbindung damit glaubten. Diese ließen sie in bestimmten Bahnen denken und daher auch erfahren.

Indem Ihr Euren Glauben und die Gedanken verändert, die aus Eurem Innersten Selbst emporsteigen und ins Weltall hinausfließen, könnt Ihr eure Lebenserfahrungen verändern; denn Gedanken haben Energie, Form und Richtung. Die Veränderung dessen, was sie über Menstruation glaubten und dachten und was sie von sich selbst als Frauen dachten, erlaubte den mitreisenden Frauen, ihre physischen und emotionalen Schwierigkeiten, die sie in Beziehung zu ihrem Menstruationszyklus erfahren hatten zu verändern.

Denjenigen von Euch, die sich selber mit dem Zweiten Prinzip der Macht heilen möchten, empfehle ich nachdrücklich, eigene Schatzkarten herzustellen, damit Ihr darauf Eure Täler und Schatten bestimmen, damit Ihr die Macht Eures Geistes anwenden könnt, um strahlende und leuchtende Gesundheit zu erschaffen. Hört zu, was Ihr Euch selber zu sagen habt, dann stellt auf Eurer Schatzkarte positive Gedanken, positive Erfahrungen, fruchtbare Beziehungen her. Trinkt vom Schaum der Milchstraße, fliegt mit dem ziehenden Wind, erlebt die sanften Küsse des Schmetterlings und seid gesegnet mit der Macht des Weltalls. Es gehört Euch, wenn Ihr es haben wollt.

WEITERE UNTERSUCHUNGEN

Die Menschen, die wir auf unseren Fahrten antrafen und die Form, in denen ihr Wissen für uns verfügbar wurde, sind hier für diejenigen von Euch aufgeführt, die vielleicht den Wunsch haben, sie zu treffen, wie wir es taten, auf ausführlichere Art, als wir mit Euch darüber diskutieren konnten.

1. The Findhorn Garden, Pioneering a New Vision of Man and Nature in Cooperation, by The Findhorn Community, 1975, Harper & Row, New York.
2. Elisabeth Haich, Einweihung, Drei Eichen Verlag, München 1976.
3. Peter Tompkins, Christopher Bird, Das geheime Leben der Pflanzen, Fischer Taschenbuch.
4. Shafica Karagulla, M.D., Breakthrough To Creativity, Your Higher Sense Perception, 1967, DeVorss & Co., 1641 Lincoln Boulevard, Santa Monica, California 90404.
5. Alle Bücher von Jane Roberts veröffentlicht bei: Prentice-Hall, Inc., Englewood Cliffs, New Jersey. Vor allem: The Seth Material, Seth Speaks, The Nature of Personal Reality: A Seth Book, Adventures in Consciousness, An Introduction to Aspect Psychology.
6. Milton Rokeach, The Three Christs of Ypsilanti, 1964, A. Knopf, New York.
7. Michael S. Gazzaniga, The split brain in man, Physiological Psychology, Readings from Scientific American, 1971, W. H. Freeman & Co., 660 Market Street, San Francisco, California 94104.
8. Adrian V. Clark, Psychokinesis: Moving Matter With The Mind, 1973, Parker Pub. Co., Inc., West Nyack, New York.

6. Kapitel

VERBINDUNG MIT DEM INNEREN SELBST AUFNEHMEN: DAS DRITTE PRINZIP DER MACHT

WENN IHR EUCH MIT EUREM INNEREN SELBST BERATEN WÜRDET

Während unsere Reise ihren Lauf nahm, unterrichtete ich die Frauen darin, sich mit ihrem Inneren Selbst zu verständigen und ihre persönliche Macht durch technische, machterzeugende Techniken zu entwickeln: in andere Bewußtseinszustände überzugehen, ihre Träume auf bestimmte Ziele einzustellen, Wissen und Weisheit über ihre Wesensart durch eine spezielle Form von Biofeedback zu erlangen und Botschaften von einer Kristallkugel, die an einer goldenen Kette hängt zu bekommen. Später, als wir uns in ätherische Bereiche begaben, lernten sie, sich mit Anderen Wesen, die wir Spirituelle Beratende Wesen nannten, zu verständigen und ihre Wirklichkeit durch schöpferisches Tun mit Zauberkarten sogar noch weiter auszudehnen. Am wichtigsten von allem war, daß sie lernten, die Macht der farbigen Lichter, die vom Universalen Energie Strom herrührten, in verschiedene Teile ihres Körpers zu lenken und dabei ihren eigenen positiven Energiezustand zu erneuern und zu heilen.

Wir heben uns diese wichtigste aller Machtquellen für später auf. Erst wenn Ihr gelernt habt, Euch mit Eurem Inneren Selbst zu verständigen, wird es möglich sein, ins Land Jenseits einzureisen und von seinen Machtquellen zu erfahren.

Sich mit dem Inneren Selbst zu verständigen, ist mehr als die Aneignung von Techniken zur Machterlangung, genauso wie Verständigung mehr ist, als die Aneignung von Sprache. Es ist das heikle Abwägen von Theorie mit Technik und die Art, wie die Techniken angewandt werden, kombiniert mit Eurer eigenen Bildersprache. Es ist die Erschaffung von Kunstformen, die Bilder von Rubens, die Musik Bachs.

In Eurer eigenen besonderen Zufluchtsstätte

Wir hielten noch einmal in unserer Reise inne, um uns eine bestimmte Zeit lang der Verständigung mit dem Inneren Selbst widmen und uns bestimmte Macht-Techniken aneignen zu können. Wir wählten einen abgesonderten Stern aus, von unsichtbaren Wänden umgeben, so daß niemand eintreten und die Heiterkeit darin stören konnte. Wir nannten es unsere Zufluchtsstätte. Die Wände waren hoch. Zugang war nur durch eine Reihe verschlossener Tore, für die jede Frau ihren eigenen ganz besonderen Schlüssel fand, möglich. Jeder Schlüssel unterschied sich von den anderen, so daß Niemand Anders die Zufluchtsstätte im Sternengespinst betreten konnte.

Üppig und fruchtbar wie sie waren, enthielten die Zufluchtsstätten der Frauen grünes Gras, freie Wiesen, einen kleinen Teich, der tief war und in einen mäanderförmigen Fluß überging, der ihnen Zugang zum Land der Blaugeflügelten Libelle verschaffte. Vogelgesang füllte diesen ungewöhnlichen Raum mit ganz besonderer Harmonie, wohlklingende Akkorde ersetzten das durchdringende Wehgeschrei der Glaubenssysteme, die jetzt, im Verlauf ihrer Reise in Vergessenheit gerieten. Hier kosteten sie auch den Nektar blühender Pflanzen und nährten damit ihr Inneres Selbst, so wie die Nahrung niedrigerer Pflanzen Euren sterblichen Körper nähren kann.

Als wir am Rand der Milchstraße rasteten, erfuhren die reisenden Frauen von der Theorie des Inneren Selbst und seiner Beziehung zum Universalen Selbst. Wir diskutierten darüber wie wir auch seine Beziehung zur Macht der Gedanken, dem zweiten Prinzip der Macht diskutierten. Die Macht des Inneren Selbst wird, wie Ihr Euch vielleicht erinnert, nur von der Bereitwilligkeit des objektiven Selbst, seine Botschaften zu hören und zu akzeptieren, begrenzt. Die Entwicklung des Inneren Selbst ist vom objektiven Selbst abhängig, denn das objektive Selbst kann sich über das Innere Selbst jederzeit hinwegsetzen, seine Botschaften ausklammern und sogar in der tiefsten Trance die führende Rolle übernehmen.

Vor unserer Reise, lange bevor ich die Idee hatte, eine Fahrt ins Land Jenseits zu unternehmen, schenkte ich der Möglichkeit, mit meinem Inneren Selbst Verbindung aufzunehmen, wenig Beachtung. Ich weiß weder, wann es wichtig für mich wurde, noch weiß ich, wann ich die Erkenntnis hatte, daß es möglich war, mit meinen inneren Räumen eine unmittelbare Verständigung herzustellen. Beim Aufbruch zu unserer Reise war ich mir nicht darüber bewußt, auf wievielen Wegen das Innere Selbst erreicht werden kann. Viele davon entwickelten sich als Teil der Reise. Einige Wege kamen davor zum Vorschein. Wäre dies nicht der Fall gewesen, so hätte diese Reise mit großer Wahrscheinlichkeit den gleichen Abschluß gefunden, wie meine beiden ersten, für immer erdgebunden. All die Arten, mit denen die Frauen lernten, sich mit ihrem Inneren Selbst zu verständigen, sollen Euch mitgeteilt werden.

Ich weiß, daß es jeder von Euch möglich ist, mit dem Inneren Selbst aktiv eine Verbindung herzustellen, sagte ich zu den Frauen. Ich weiß auch, daß es unmöglich ist, jemals ohne inaktive Verbindung mit dem Inneren Selbst zu sein. Anfangs trafen die meisten von Euch die Wahl, nicht hinzuhorchen oder, wenn Ihr hört, wie seine eigentümliche Musik in die Wirklichkeit Eures objektiven Selbst emporsteigt, so zögert Ihr, dieser Botschaft zu vertrauen.

Seine eigentümliche Sprache erlernen

Die Kreativität Eurer Intuition. Eine Intuition oder, was oft Vorahnung genannt wird, ist eine direkte Botschaft aus dem Inneren Selbst. Es ist die Einsicht des Genies, aus der heraus die Relativitätstheorie entstand, Beethovens Musik, Shakespeares Werke, van Goghs Bilder. Denjenigen von Euch, die ihrer Intuition vertrauen wollen, wird sie Wissen eröffnen, das weder auf anderem Wege gewonnen, noch durch die Anstrengungen des objektiven Selbst erworben werden kann. Intuition ist der kreative Sprung jenseits Eurer Anstrengungen. Wertet die Arbeit, die vorangeht nicht ab, denn sie ist die Startrampe, von der aus Raumschiffe abreisen. Es ist ein notwendiger Beginn für die Kreativität, die darauf folgt. Und trotzdem gibt es welche unter Euch, die vielleicht ihre Intuition verleugnen, sie vielleicht fürchten oder sie sogar lächerlich machen und dann, für immer an ihr objektives Selbst gebunden, innerhalb seiner Sphären verbleiben, außerstande, über die Himmel jenseits davon hinwegzugleiten.

Es gibt keine magischen Mittel, um Intuition zu erwerben. Sie ist jetzt ein Teil von Euch, wie sie immer ein Teil von Euch gewesen ist. Die Magie liegt in der Bereitwilligkeit, ihren Botschaften zuzuhören und zu vertrauen. Ihre Form ist Euch ebenfalls bekannt, die Dichtung, die sich scheinbar „selber schreibt", aus dem Inneren fließt, die spontanen, wahllosen Gedanken, die Euch durch den Sinn gehen, oft so eilig, daß es schwierig ist, sie einzufangen oder zu behalten und die Bruchstücke von Liedern, die sich von selbst aus Euren inneren Räumen heraus singen. Vertraut ihnen. Ihre Belohnungen können groß sein.

Vielleicht am Unverständlichsten für diejenigen, die nicht bereit sind, ihren intuitiven Botschaften zu vertrauen, sind die Botschaften, die in Form eines inneren „Wissens" auftreten.

„Woher wissen Sie das?" wurde ich gefragt, wie auch die andern Reisenden gefragt wurden.

Ich weiß, weil ich weiß, erwidere ich.

Eine Nicht-Antwort? Vielleicht. Für diejenigen unter uns, die wissen, daß es eine direkte Botschaft aus dem Inneren Selbst ist, bedeutet es die stärkste Quelle unserer Weisheit, den unerschöpflichen Brunnen, aus dem unsere Kreativität fließt. Es ist wichtig für unser Leben und für die Entwicklung der Harmonie, die in unserem Körper, unserer Seele und unserem Geist vorhanden ist. Ich weiß keinen andern Weg, es denen von Euch zu erklären, die es sich mit anderen Mitteln, die für ihr objektives Selbst akzeptabel sind, beweisen müssen. Es gibt keinen anderen Weg, dem objektiven Selbst die Wirklichkeit des Inneren Selbst zu beweisen, außer durch die Erfahrungen, die sich aus dem Wissen heraus entwickeln, das Ihr durch intuitive Botschaften empfangen habt.

Die Botschaft Eurer Träume. Woraus besteht der Stoff der Träume? Nachtbotschaften, gedeutet von Weisen der Gegenwart, von Barden der Vergangenheit. Eine fruchtbare Quelle von Botschaften aus dem Inneren Selbst, werden Träume oft zu wenig von der Träumerin verstanden. Im Zustand des Traumes entfernt sich unser Inneres Selbst auf astralen Flügeln von unserem schlafenden Körper, um sich mit dem Weltall zu besprechen und denjenigen, die sich dort untereinander mischen, losgelöst von ihren sterblichen Hüllen, so wie Ihr losgelöst seid.

Kennt Ihr nicht die Bedeutung Eurer Träume? Überlaßt deren Deutung nicht anderen; denn die Verständigung mit den Träumen ist eine persönliche und vertrauliche Verständigung, die aus Eurem Inneren Selbst zu Euch gelangt. Die Sprache der Träume ist weder geheim, noch braucht sie beängstigend zu sein. Sie ist die Rückseite Eures eigenen persönlichen Spiegels. Es mag einige

Zeit dauern, die goldenen Spinnweben wegzuwischen, die Ihr um sie herum gewebt habt, tarnend und verwirrend. Doch es ist möglich, die eigenen Träume zu kennen, sie zu verändern, klare Botschaften ohne stark verschlüsselte Symbolik zu erhalten. Es ist ebenfalls möglich, daß, sobald Euer objektives Selbst bereit ist, offener auf die Mitteilungen des Inneren Selbst zu hören, die Musik der Erzengel von immer höheren Energieebenen zu Euch kommt. Ihr hört sie jetzt, gelegentlich, in Euer Bewußtsein emportreiben, eine déjà-vu-Erinnerung, ein Gefühl von etwas Ätherischem, ein Gefühl, mit den Göttern gewandert zu sein, sich mit den Göttinnen ergötzt zu haben, Teil eines wahrhaft wundersamen und besonderen Geschehens gewesen zu sein.

Wie Leah die Harmonie der Erzengel hörte. Von allen reisenden Frauen stand Leah am stärksten mit der Musik der Erzengel in Berührung, wenn sie auch die meiste Zeit über zu ängstlich war, um ihre Rhapsodien wirklich ganz hören zu können. Als kleines Kind war Leah ein Medium gewesen, eine Spiritualistin, die sich gewandt in okkulten Zirkeln bewegte. Ich vermutete, daß sie die wahre Begabung einer Spiritualistin besaß, die Fähigkeit, sich zwischen sterblichen Wesen und anderen Dimensionen, aus höheren Energieebenen hin- und herzubewegen. Irgendwie wurde es für sie zu einer Quelle des unglücklich seins, das sie nicht bewältigen konnte oder wollte. Um die wahren Fähigkeiten, die sie hatte, sich selbst gegenüber zu entkräften, begann sie, die Wirklichkeit des objektiven Selbst der Wirklichkeit des Inneren Selbst aufzubürden und es damit zu manipulieren und täuschte damit alle, die ihren Beistand suchten. Diejenigen, die nach ihrem speziellen Wissen suchten, hätten natürlich in die Musik ihres eigenen Inneren Selbst einstimmen können, so wie auch Ihr die Möglichkeit habt, die Musik der Erzengel tief in Euerm Inneren zu vernehmen. Statt dessen entschieden sie, ihre Macht an Leah abzugeben. Sie lehnte es ab, die Wahrheit zu geben, nach der sie bei ihr forschten. Dadurch, daß sie sie täuschte, täuschte sie vor allem sich selber. Mit vierzehn weigerte sie sich, auf alles, was spirituell war zu hören oder die Botschaften aus ihrem Inneren Selbst oder die Weisheit des Weltalls zu vernehmen. Sie wurde mehr zu einer Mischung aus Körper und Verstand, als zu einer Vereinigung von Körper-Seele-Geist. Oft blendete sie die Körperbotschaften aus, ebenso wie sie die Botschaften ausblendete, die ihren Geist genährt hätten. Sie bemühte sich verzweifelt darum, sich alle Dinge nur durch intellektuelle Begründungen anzueignen. Von den acht Reisenden war sie die Einzige, die sich weigerte, die Macht der farbigen Lichter zur Heilung in Erwägung zu ziehen, ihr inneres Wesen mit dem Licht eines anderen Wesens zu vermengen oder mit dem Wissen von anderen Zeitdimensionen, in die sie sich vorsätzlich und mit Leichtigkeit hineinbegeben konnte, zurückzukehren.

ZEIT war Leahs stärkstes Anliegen, ihre größte Beunruhigung. Verrückt zu werden, bevor sie die Zeit hatte, das Ziel zu erreichen. Sie entschied, nicht wissen zu wollen, was es war, das sie erreichen wollte. In einer Trance erhielt sie eine Botschaft:

,,Zuerst mußt du die Berge erklimmen und in Berührung mit deinen anderen Ichs treten. Wenn du das erreicht hast, wirst du die Bedeutung der Zeit erkennen."

,,Nein'', sagte sie und verweilte in den Tälern, von Kummer, den sie sich selbst bereitete überwältigt, mit geringer Kreativität, mit noch weniger Gewinn. Ihre Zauberkarte bestand aus trüben Gräben und unergründlichen Gewässern, die sie mit Piranhas anfüllte, damit andere ihrem gewählten Karma nicht zu nahe treten oder es ändern könnten. Die Musik der Erzengel war ihr unerträglich. So zog die Harfen niedrigerer Wesen vor.

Verändert Eure Träume nach Eurem Belieben. Ihr könnt Eure Träume verändern, sie nach Eurem Belieben ,,programmieren''. Eure Fähigkeit, die Träume zu verändern und klare Botschaften ohne stark verschlüsselten Symbolgehalt zu bekommen, steht in direktem Zusammenhang mit Eurer Bereitwilligkeit, auf die erhaltenen Botschaften zu hören. Zuerst hören, dann, in Erinnerung daran, einzugreifen. Eingreifen im Sinne eines meditativen Vorgangs, einer Zusammenfassung, eines Durcharbeitens der Botschaften. Vor allem bedeutet es, daß Ihr Euch selber besser kennt als irgendjemand anders Euch kennt. Es bedeutet, die verborgenen Eisberge, die tief in Euch begraben liegen, voll ans Tageslicht zu bringen, versteckte Täler zu erhellen, so daß Ihr die Berge erreicht, wenn sie in vollem Mondlicht erstrahlen.

In der Zeit zwischen schlafen und wachen könnt Ihr Eure Träume programmieren, das heißt, sie nach Eurem Gutdünken strukturieren. In dieser kurzen Zeit befindet Ihr Euch in einem Alpha-Zustand, der leichten Trance der Hypnose, dem meditativen Zustand, dem Zen-Zustand. Ergreift ihn, bevor er zu tief wird, und, nachdem Ihr still und entspannt geworden seid, die

Tagesereignisse in Eurem Kopf verblaßt sind. Es ist eine Feenzeit des Daseins, in der Ihr von Eurem Inneren Selbst alle möglichen Botschaften erfragen könnt und, wenn Ihr gewillt seid zuzuhören, werden sie Euch in Traumform überreicht werden. Es ist die Zeitspanne, in der ich nach Lösungen gefragt und sie erhalten habe — in Geldangelegenheiten, Gesundheitsproblemen, in der ich wiederkehrende Träume veränderte, schöpferische Einfälle für meine Arbeit hatte, mit Margaret, meiner Beraterin, in Verbindung stand und Verbindung aufnahm mit anderen Zeitepochen in meinem Zyklus von wiederkehrenden Leben.

Entdeckt Biofeedback durch Eure Finger und eine Kristallkugel.
Es gibt einen ganz simplen aber wirkungsvollen Weg, Botschafen aus dem Inneren Selbst zu erhalten durch etwas, was ich Biofeedback der Finger nenne. Jede Frau wurde einzeln darin unterrichtet, am ersten Tag, als sie an Bord des Raumschiffes trat, denn dadurch konnte sie die Tiefe ihrer Trance-Zustände kennenlernen — ob es ein Alpha-, Theta- oder Delta-Zustand war — und ebenfalls die innere Verfassung ihres Wesens. Diese Technik kann auch für vorhersagende Informationen, die die Zukunft betreffen, angewandt werden, solange Ihr, die Informationssuchenden, Euch über die Macht der Willensfreiheit im klaren seid. Die Macht der Willensfreiheit gibt Euch die Freiheit und die Wahl, zukünftige Ereignisse zu verändern. Eure Zukunft wird keinesfalls von den Sternen bestimmt, von Eurem bestimmten Kismet oder Karma oder dem irgendeines anderen Menschen. Ihr allein bestimmt Eure Zukunft durch Willensfreiheit und Bewußtsein. Seid Euch immer darüber bewußt, daß alles, was sich an der Oberfläche einer Kristallkugel spiegelt, verändert werden kann, solltet Ihr den Wunsch dazu haben.

Die Fingertechnik, die für Biofeedback Botschaften angewandt wurde, stammte aus Leslie LeCrons Buch: „Self Hypnosis: The Technique and Its Use in Daily Living". Sie war für neue Reisende, denen es schwerfiel, auf andere Art Verbindung mit ihrem Inneren Selbst aufzunehmen, besonders nützlich. Es handelt sich um eine wunderbare kleine Technik. Ihre Botschaften sind so zutreffend wie die aus den aufwendigen Maschinen der Biofeedback Laboratorien und ganz präzise. Sie spiegelt auch die Entwicklung eines Individuums wieder, das heißt, die erhaltenen Antworten werfen ein Licht auf die Bereitschaft oder die Unwilligkeit des objektiven Selbst, auf Botschaften des Inneren Selbst zu hören.

Dieselbe Art Botschaft, die Ihr durch Eure Finger erhalten könnt, kann man auch mittels einer Kristallkugel bekommen, einem Pendel, das an einer schwingenden Kette hängt. Einige Reisende, die zuerst Schwierigkeiten hatten, ihr objektives Selbst zu überwinden, damit die Botschaften ihres Inneren Selbst in ihre Finger gelangen konnten, erzielten mit der Kristallkugel eine schnellere Wirkung. Die Botschaften, die man erhält, sind dieselben, die Art, in der die beiden Medien angewandt werden, ähnelt sich.

Obwohl das Wirkungsvermögen der Botschaften, die Ihr von Eurem Inneren Selbst mittels Eurer Finger erfragen könnt, unbegrenzt ist, bleibt die Art der Beantwortung auf vier Reaktionen beschränkt:

1. Ja
2. Nein
3. Ich weiß die Antwort nicht, das heißt, die übermittelte Nachricht war unklar. Eine unklare Nachricht wäre „wird es gut für mich sein, meine Arbeit zu kündigen?" „Gut" bleibt in dieser Frage unklar, da gut sich auf Geld, Gesundheit, Beziehungen oder viele andere Seiten im Leben einer bestimmten Person beziehen kann.
4. Ich will nicht antworten, das heißt, das objektive Selbst ist nicht bereit, die Information aus dem Inneren Selbst anzunehmen.

Im Kapitel über „Macht-Techniken" werdet Ihr spezifische Angaben zur Fingertechnik und zur Anwendung der Kristallkugel finden.

Wie Suzanne entdeckte. Anfangs wandten die Frauen der Reise die Fingertechnik an, um Antworten über die Ursachen ihrer Menstruationsstörungen zu bekommen. Sie fragten auf folgende Art:

„Haben meine Menstruationsprobleme psychologische Ursachen? Physiologische? Beruhen sie auf spiritueller Unstimmigkeit? Handelt es sich um eine Verbindung von Seele-Körper-Geist?"

Von acht Frauen erhielten sieben die Botschaft

„Ja, deine Menstruationsprobleme zeigen psychologische Unstimmigkeit."

Die achte war Suzanne. Ihr Inneres Selbst sagte: „Ja, die Ursprünge deiner Menstruationsprobleme sind physiologisch, dein Körper ist un - wohl."

Drei Tage später wurde Suzanne schwerkrank ins Krankenhaus eingeliefert und wegen Verdacht auf Eierstockstumor operiert. Es handelte sich „nur" um einen vergrößerten Eierstock. „Viel vernarbtes Gewebe", sagte ihr der weiß maskierte Chirurg und nähte sie wieder zu. Es verfolgt mich immer noch. Ich glaube nach wie vor daran, daß sie unnötigerweise operiert wurde, daß die Disharmonie in ihrem Körper dadurch verstärkt wurde. Ich glaube ebenfalls, daß sie in sich die Fähigkeit besaß, die Geisteskraft, um die Heilung herzustellen, die ihren Trip auf den chirurgischen Altar verhindert hätte. Ich wußte auch, daß sie die Wahl getroffen hatte, in ihrem Körper Bedingungen herzustellen, die deutlich sagten, ich will keine Kinder haben, weder jetzt noch später, und ich fühle mich als Frau nicht wohl. An dem Tag, an dem ihr Inneres Selbst ihr die Ursachen ihrer Körperbedingungen mitteilte, hatte sie mir gesagt, daß sie niemals Kinder haben wollte. Sie konnte mir nie sagen, wie unangenehm sie es empfand, eine Frau zu sein, weder da noch zu irgendeinem anderen Zeitpunkt im Laufe der sechs Monate, in denen sie bei der Reise auf- und absprang. Beim zweitenmal, als ihr Inneres Selbst eine physiologische Bedingung anzeigte, möglicherweise einen zweiten Eierstockstumor, sagte sie: „Genug. Ich habe genug von Krankenhäusern, Chirurgen, Pillen. Dieses Mal werde ich mich selber heilen." Dadurch, daß sie die Weisheit ihres Inneren Selbst heranzog, war sie fähig, ihren Körper zu heilen, ein Umstand, der später von ihrem Arzt bestätigt wurde. Die Heilung wurde durch das Horchen auf die heilenden Botschaften, die sie in einer Trance von ihrem Inneren Selbst bekam, vervollständigt, indem sie die Macht des Geistes und die Macht der farbigen, heilenden Lichter anwandte.

Wie Lily entdeckte. Lily erhielt in ihren „Ja" und „Nein" Fingerreaktionen gleichzeitig deutliche Botschaften, „wie elektrische Ströme", sagte sie, „die von meinem Kopf durch meine Arme in meine Finger hineinfließen", als sie ihr Inneres Selbst fragte, ob sie, jetzt oder später, Kinder haben wollte. Sie wartete, scheinbar Ewigkeiten lang, den Bruchteil einer Sekunde in kosmischer Zeit, bis die elektrischen Ströme gleich stark als Ja und Nein zu fließen begannen. Langsam, langsam dann stieg die Ja-Energie an, fiel die Nein-Energie ab. Sie fuhr fort, ihrem Inneren Selbst Fragen zu stellen und Botschaften durch diese spezielle

Biofeedback-Fähigkeit der Finger zu erhalten.

„Bin ich geistig und spirituell bereit, Kinder zu haben? Ist mein Körper physiologisch bereit, Kinder zu haben? Sind meine Eierstöcke jetzt fähig zu arbeiten?"

Wesentliche Fragen für Lily, auf die sie jedesmal starke Ja-Antworten erhielt. Lily hatte Clomiphenzitrat benutzt, um „Fruchtbarkeit herzustellen". Es ist nicht bekannt, wie die Medikamente, die den Eisprung anregen, tatsächlich arbeiten. Die Arzneimittelhersteller geben an, daß sie ihre Wirkung an der Hirnanhangdrüse entfalten. Es scheint wahrscheinlicher, daß sie am Hypothalamus, in Verbindung mit der Hirnanhangdrüse eingreifen, und daß es eine entsprechende Wirkung an der Hirnrinde gibt. Die Hirnanhangdrüse steuert die Hormonbildung in den Eierstöcken. Die Arbeit der Hirnanhangdrüse wird vom Hypothalamus gesteuert. Hypothalamus und Hirnanhangdrüse arbeiten auf vielschichtige Art mit komplizierten Rückkoppelungs- und negativen Rückkoppelungssystemen als Regulierung. Die Hirnrinde ist das Zentrum des Glaubens und der Gedanken und des Bewußtseins. Aufgrund der offensichtlichen Beziehung zwischen Glauben und Körperfunktionen, die sich als Ergebnis des sechsmonatigen Forschungsprojekts herausstellte, ist anzunehmen, daß Medikamente, die die Tätigkeit der Eierstöcke anregen, vorrangig an der Hirnrinde wirken, indem sie den Einfluß von hemmenden Vorstellungen aufheben. Die Wahrscheinlichkeit, daß eine Beziehung zwischen inneren Überzeugungen und dem Hormonhaushalt besteht, könnte die Ursache dafür sein, daß eine große Anzahl Frauen heimlich nach einer Abtreibungsmöglichkeit sucht, oft in der 6. Schwangerschaftswoche, nachdem sie durch die Einnahme von Medikamenten, die den Eisprung anregen, schwanger geworden sind.

Und wie Lily schwanger wurde. Nachdem Lily Clomiphenzitrat eingenommen hatte, wurde sie schwanger, eine Befruchtung, aus der eine Embryonalmole entstand, ein Tumor, der zu Krebs führen kann. Da die Embryonalmole das Ergebnis einer Befruchtung ist, eine Verbindung von Same und Ei, scheint es, daß die Überzeugungen des einen Partners ebenso wichtig sind, wie die Überzeugungen des anderen, und daß beide gleichermaßen mit ihrem Inneren Selbst nicht in Berührung stehen. Lily war der Überzeugung, daß Kinder eine zu große Last und Verantwortung bedeuteten, eine Überzeugung, die ihr nicht bewußt war, und eine Last, die sie sich nicht eingestehen wollte, während sie Chlomiphenzitrat einnahm. Es war eine Überzeugung, die wir auf unserer langen Reise in den Weltraum zusammen entdeckten. Erst einige Zeit nachdem das Raumschiff wieder an seinen Ankerplatz zurückgekehrt war, erfuhr ich von den Vorstellungen ihres Partners, Vorstellungen, die so beschaffen waren, daß auch sie die vollkommen ungestörte harmonische Verbindung von Same und Ei deutlich ablehnten.

Die Vermutung, daß es einen Zusammenhang zwischen den eigenen Überzeugungen und einer Befruchtung, aus der eine Embryonalmole entsteht, gibt, stammt von mir. Sie ist mit anerkannten wissenschaftlichen Maßstäben schwer zu beweisen. Wenn ich dabei bin, Vermutungen anzustellen, so denke ich auch über die Beziehung der rechtsseitigen und der linksseitigen Gehirnfunktion nach, und welche Seite die stärkere Kontrolle auf den Hypothalamus ausüben könnte. Untersuchungen für zukünftige Reisen. Ich hebe die Frage für später auf, damit unsere Reise sich auf veränderte Zeiten, unterschiedliche Wahrnehmungen, Wirklichkeiten, die durch Trance geschaffen werden, hinbewegen kann.

Begebt Euch in veränderte Bewußtseinszustände. Die Veränderung der Wahrnehmung war ein wesentlicher Teil der Reise, ein Zugang zu Unbekanntem, der Torweg zum Land der Blaugeflügelten Libellen, magischer Trank der farbigen Lichter. Wir zogen Hypnose, ein dreischichtiges Hinabgleiten im Fahrstuhl, der Magie anderer Einreisemöglichkeiten in diese fantastischste aller Welten vor. Zen, Meditation, Yoga, Marihuana und Peyote sind andere Mittel, um den Aufstieg in andere Dimensionen zu erreichen mit der letztendlichen Absicht, das Innere Selbst mit dem Universalen Selbst zu verbinden.

Hypnose. Hypnose. Das Wort allein ließ in den Köpfen der Reisenden die Erwartung von kribbelnden Körpern, unbekannten Sensationen, Atemlosigkeit, Furcht und Manipulation entstehen. Nichts davon trifft zu. Wenn es irgendetwas ist, so ist es in erster Linie ein zur Ruhe kommen, ein Lösen von Körper-Kopf-Spannungen, um dem Spirituellen in der Körper-Seele-Geist Beziehung mehr Raum zu gewähren.

Hypnose. Hier und jetzt. Nehmt eine weiche Liege oder versinkt in einem gemütlichen Sessel. Legt Euch unter schattige Palmen, in feinen Sand gebettet, oder treibt auf einer azurblauen Salzsee dahin und begebt Euch dann, unter Anwendung von

Macht-Techniken mit uns in eine andere Wirklichkeit. Kommt mit uns ins Land der Goldenen und Violetten Lichter oder bewegt Euch in Galaxien Eurer eigenen Ordnung. Die Reisen, die Ihr jetzt unternehmen könnt, nachdem Ihr gelernt habt, Euch selber in einen anderen Bewußtseinszustand zu begeben, sind nur soweit begrenzt, wie Eure Vorstellungskraft begrenzt ist.

Auf unserer Reise ins Land Jenseits wurden die mitreisenden Frauen eingangs in der Anwendung der Selbst-Hypnose unterrichtet, um ihren objektiven Verstand umgehen und ihrem Inneren Selbst direkt positive Heilungssuggestionen übermitteln zu können. Als wir in die unbekannten Dimensionen weiterreisten, wandten die Frauen Hypnose an, um in ihre Zufluchtsstätten zurückzukehren, sich mit ihren Beraterinnen zu besprechen, um die Macht der heilenden, farbigen Lichter zu entdecken, und eine Frau trat dadurch in andere Zeitdimensionen ein.

Den objektiven Verstand zu umgehen ist nur dann möglich, wenn der objektive Verstand dem zustimmt. Sonst kann er nicht überwunden werden, nicht einmal in der tiefsten hypnotischen Trance. Es gibt vier Bewußtseinszustände, nach Biofeedback definiert, die sich auf die Länge der Gehirnwellen beziehen. Ein Alpha-Zustand ist ein leichter Trancezustand, der Zustand des Tagträumens, in den man sich während langer Aktivitätsspannen, die wenig Anregung von außen haben, wie beim Autofahren, oft spontan hineinbegibt. Der Theta-Zustand ist ein mittlerer Trancezustand. Der Delta-Zustand ist ein sehr tiefer hypnotischer Trancezustand, von dem man nur wenig Information bei der Rückkehr in den „normalen" Bewußtseinszustand, den Beta-Zustand, in Erinnerung behält. Auf der Reise übertrugen wir die Gesamtheit der erreichbaren Tiefe in einem Trancezustand auf ein Metermaß. Die Auswertung der tatsächlichen Tiefe wurde mit der Fingertechnik oder der Kristallkugel bestimmt. So entsprachen beispielsweise 1 bis 35 cm dem Alphazustand, 35 bis 70 cm dem Thetazustand und 70 bis 100 cm entsprachen dem Deltazustand.

Wie Leah sich in Hypnose begab. Leah ging rasch und leicht in einen tiefen Thetazustand über. Sie konnte sich in andere Zeitabschnitte begeben und so werden, wie sie während einer bestimmten Zeit gewesen war, im Gegensatz dazu, wie sie sich in Erinnerung hatte. Einmal als sie sich in Trance befand, forderte ich sie auf, etwas Positives über ihre Mutter herauszufinden, etwas, das sie an ihr mochte. Die Gründe dafür werde ich später erklären. Sie widersetzte sich meinem Vorschlag heftig. „Es gibt nichts, was ich an meiner Mutter mag. Ich hasse sie. Sie versuchte mehrere Male, mich umzubringen. Wenn es irgendetwas gab, das ich an ihr mochte, als ich jünger war, so wiegt das, was sie in den Jahren danach getan hat, weit schwerer als irgendetwas Gutes aus der Vergangenheit."

Und so war es. Sie ging in eine Zeitspanne zurück, als sie sieben Jahre alt war, in eine Zeit, als sie vier und eine Zeit, als sie zwei war und griff immer Gelegenheiten heraus, in denen ihre Mutter abwesend war. In keiner Trance fand sie etwas, das ihr an ihrer Mutter hätte gefallen können. Schließlich gelang es ihr, in ihrem üblichen Bewußtseinszustand. Es änderte nichts an Leahs Gefühlen ihrer Mutter gegenüber. Leahs Mutter versuchte, sie umzubringen, als Leah achtzehn war. Sie schloß Leah in ihr Schlafzimmer ein und setzte das Haus in Brand. Leahs Zimmer lag nach steilen zerklüfteten Klippen hinaus, in die sie hinabsprang, um einem Flammentod zu entgehen.

„In gewisser Weise war es eine Erleichterung", schrieb sie in ihr Heft. „Von da an wußte ich, daß sie, nicht ich verrückt war." Obschon ihre Mutter damals irrsinnig war und sich immer noch in einem Irrenhaus aufhält, hat sich Leah hartnäckig geweigert, ihr zu verzeihen. Aber es ist wichtig, daß sie es tut, ihr verzeihen, sie verstehen, sie lieben. Wie Ihr Euch selber als Frauen leiden mögt, ist eng damit verknüpft, wie Ihr Eure Mutter mögt, die Frau, die jede von uns auswählt, um am Anfang des Lebens wie sie zu sein, wenn unser Leben selbst davon abhängt, wie sie uns behandelt, wie sehr sie uns liebt und wie sehr wir uns in späteren Jahren dafür entscheiden, uns selber so zu sehen, wie sie uns sah.

Für die meisten reisenden Frauen waren die Gefühle, die sie ihrer Mutter gegenüber hatten, ein Schlüsselkonzept für die Schwierigkeiten, die sie mit dem Menstruationszyklus hatten und dafür, wie sie sich selber als Frau fühlten. Wir werden zu der Beziehung von Müttern und Menstruationszyklus zurückkehren, denn das war eine wesentliche Entdeckung auf unserer Reise. Zuerst müssen wir noch über andere Bewußtseinszustände sprechen, damit das Raumschiff die Zufluchtsstätte verlassen und sich in andere Wirklichkeiten bewegen kann.

Kurz-Meditation. Kurz-Meditation. Für mich ist sie eine Quelle einer augenblicklichen, stark aufladenden Energie. Es war eine Technik, die sich die Frauen, deren Verstand auf Hochtouren lief, nur mit Mühe erwarben, denn ein Meditationszustand ist von der Fähigkeit abhängig, den fast gleichmäßigen Gedankenfluß des objektiven Verstandes auszublenden. Ich selber erreichte den Zustand, der für eine kurze Meditation notwendig ist durch einen Vorgang, den ich „gespanntes Horchen" nenne. Ich bewege mich in „gespanntes Horchen" hinüber, indem ich mir sage, daß ich jetzt äußerst aufmerksam auf eine Information horche, die lebenswichtig für mich sein wird, und daß ich, weil sie so wichtig ist, ihr meine vollständige und umfassende Aufmerksamkeit schenken muß. Andere Definitionen würden von einer zentralen Verbindung sprechen, das heißt davon, daß die gesammelte Aufmerksamkeit auf den Augenblick oder auf eine bestimmte Person gerichtet wird. Es ist ein Ausblenden der inneren und äußeren Anregungen, um eine Einheit mit Anderen Wesen oder mit dem Universalen Selbst zu erreichen. Wenn dieser Zustand der Einheit erreicht ist, stelle ich mir als nächstes vor meinem inneren Auge vor, was ich mir wünsche, die dazugehörige Energiefarbe und -form und das Endergebnis. Beim Schreiben, zum Beispiel, stelle ich mir violette Energie vor, die sich durchs Weltall bewegt, durch meinen Körper, aus meinen Fingerspitzen in die Schreibmaschine fließt, zuerst als starkes Strahlenbündel, dann in einem etwas breiteren Fluß. Ich denke an Worte, die aufs Papier fließen, schöpferisch in ihrem Gehalt, leicht aus meinen Gedanken kommend. Dann stelle ich mir das Endergebnis vor, was auch immer es sein mag, vollständig, in seiner endgültigen Form, ein Buch, ein Gedicht, einen Brief, die Schöpfung einer Reise in den Weltraum. Der ganze Vorgang dauert ein oder zwei Minuten. Die gewonnene Energie ist enorm. Für mich ist es fast unmöglich, nicht zu schreiben, sobald der Energiestrom einmal ausgelöst worden ist. Wenn ich ein Schreibprojekt beginne, das beträchtliche Zeit und Konzentration in Anspruch nehmen wird, wende ich die Minitrance dreimal für die Dauer von 3 bis 8 Stunden an. Danach wird es überflüssig sein, sie zu wiederholen, es sei denn, mein Schreiben wird für ein oder zwei Wochen unterbrochen.

Die Anwendung des Trancezustandes, der durch die Mini-Meditation erreicht wird, hat, wie jeder veränderte Bewußtseinszustand unbegrenzte Reserven. Auf der Reise wandte ich sie an, wenn ich mich eingangs zentral auf eine Beziehung mit einer reisenden Frau einstellte, mich in ihre Person und in ihr Wesen einstimmte, mein eigenes Wesen ausblendete. War eine Übereinstimmung erreicht, so folgte die Verbindung mit dem Universalen

Energie-Strom. Das ermöglichte mir, mein Inneres mit ihrem zu verbinden, so daß sie die Erfüllung ihres Ziels besser erreichen konnte. Es ermöglichte mir auch, die Macht des Universalen Selbst anzurufen, um eine Weisheit, die größer war als meine eigene und um die Macht der farbigen, heilenden Lichter. Die Frauen wandten diesen Zustand wie ich individuell an, um kraftvolle, positive Energiezustände zu schaffen.

DANN WERDET IHR EUCH IN EINKLANG MIT DEM WELTALL BEFINDEN UND DIE FÄHIGKEIT ERLANGT HABEN, EUCH SELBER ZU HEILEN

Es gibt viele unveränderte Bewußtseinszustände und viele Wege, sie zu erreichen, die zu Eurer Selbstheilung wachgerufen werden können, oder um einen Entspannungszustand herbeizuführen oder einen kraftvollen, positiven Energiezustand zu erschaffen. Es waren nur wenige Methoden, die wir auf der Reise anwandten. In erster Linie machten die Frauen von der Selbsthypnose Gebrauch, als Weg in die vielen unerforschten Gebiete, die sie während der Reise erkundeten.

Die Macht, die sie zur Selbstheilung nutzten, leiteten sie vom Inneren Selbst ab, von der Vereinigung des Inneren Selbst mit dem Universalen Selbst und durch das Erkennen des Unbekannten.

Mit dem Inneren Selbst in Verbindung zu treten, erfordert die Schläue des Fuchses, die Geschicklichkeit des Bibers und die Kühnheit des schwarzen Adlers. Solltet Ihr es wagen, die schroffe Oberfläche eines kahlen Berges zu erklimmen, allein, ohne Führung eines sterblichen Wesens, so werdet Ihr die Mittel, mit denen Ihr den Gipfel bezwingen könnt, am Weg finden. Ihr werdet an der ersten Kreuzung, gleich nachdem Ihr die Brücke der Weinenden Blumen überquert habt, die Intuition finden. Während Ihr über die gezackten Klippen höher und höher klettert, werdet Ihr plötzlich zu Alices Garten der Träume gelangen. Seltsame Geschöpfe verweilen darin. Geht sie tapfer an, denn die Furchtsamen werden den Pfad dahinter nie erreichen. Grüßt sie mit den folgenden Worten — sie enthalten die spezielle Losung für den Garten.

ICH BIN DIE TRÄUMERIN
ICH ALLEIN ERSCHAFFE EUCH
ICH KANN EUCH VERÄNDERN UND EUCH ZÄHMEN
ICH KANN EUCH ROT FÄRBEN WENN
DAS MEIN WUNSCH IST

Geht mutig weiter. Ihr werdet den Pfad finden, der zur Inneren Wirklichkeit führt, gerade nach der letzten weißen Rose, es sei denn, natürlich, Ihr habt sie violett angemalt.

Geht jetzt sachte vorwärts. Das ist eine andere Welt als die, die Ihr zuvor erschaffen habt. Hypnose. Meditation. Zen. Alle sind darin enthalten. Beta, Alpha, Delta und Theta, die Jungfräulichen Göttinnen des Tals der Inneren Wirklichkeit werden Euch bei Eurem Eintritt begrüßen und jeder von Euch Blumenkränze für Euer Haar geben, Orchideen als Nahrung, Leuchtkäfer, die Euch den Weg erhellen und Euch auf die Höhe des Berges bringen sollen.

Schaut jetzt nach oben. Breitet Eure Schwingen aus und gleitet hoch empor. Horcht. Hört Ihr die Musik der Erzengel zu Euch emporsteigen?

Wir verlassen Euch jetzt, in den Ekstasen, die aus Euch selber stammen. Es ist Zeit für unser silbernes Raumschiff, weiterzufliegen. Wir sind lange in der Galaxie der geistigen Aktivität verblieben, haben sie nur schnell verlassen, als wir kurz in die Galaxie der Spirituellen Energie, die unsere Zufluchtsstätte enthielt, eintauchten. Wir werden zu unseren geliebten Zufluchtsstätten zurückkehren, bevor die Reise zu Ende ist. Jetzt ist es Zeit, uns in die Galaxie der Körperlichen Wahrnehmungen hineinzubegeben, damit die Frauen daraus Erkenntnisse ziehen und die Macht, die für jede aus solchen Erkenntnissen kommt, leichter gewinnen können.

WEITERE UNTERSUCHUNGEN

Damit Ihr weiterlesen, Eure eigenen Ziele abstecken könnt, wurden die folgenden Hinweise zu Eurer Information zusammengestellt. Ihr werdet auch Angaben finden, die sich auf Physiologie und Pharmakologie beziehen.

1. Leslie LeCron, Self Hypnosis: Its Technique And Its Use In Daily Living, 1964, Prentice-Hall, Inc., Englewood, New Jersey. Deutsch: Selbsthypnose. Ihre Technik und Anwendung, Goldmann, 1973.
2. Betty S. Bergersen, Pharmacology In Nursing, 13th ed., 1973, C.V. Mosby Co., Saint Louis, Missouri.
3. Arthur C. Guyton, Textbook of Medical Physiology, 4th ed., 1971, W.B. Saunders Co., Philadelphia.
4. Der Hinweis auf die Beziehung zwischen Fruchtbarkeitsdrogen und Abtreibungen ist klinischem, unveröffentlichtem Material entnommen.
5. Betty B. Brown, New Mind, New Body, Biofeedback: New Directions For The Mind, 1974, Harper & Row Co., East 53d Street, New York 10022. Die erste größere Arbeit über Biofeedback, ausgezeichnete Erörterung der Alpha-, Theta-, Delta- und Betastadien.
6. Rene Spitz, ,,Anaclitic Depression'', Psycho Analytic Study Of The Child, Vol. 2, 1946, S.313-341.

7. Kapitel

DIE SCHÖNHEIT KÖRPERLICHER WAHRNEHMUNGEN

Das silberne Raumschiff bewegte sich in die Galaxie der körperlichen Wahrnehmungen. Dort sollten die Frauen ihren Körper und seine Funktionsabläufe erkennen und die Beziehung von körperlichen Funktionen zu den früher erworbenen Machtprinzipien verstehen lernen.

Auf der Reise mit den sechzig Frauen hatte ich entdeckt, daß es keine signifikante Beziehung zwischen dem Bildungsgrad einer bestimmten Frau und der Genauigkeit von Informationen gab, die sie über ihren Körper hatte, es sei denn, ihre Ausbildung lag in einem verwandten Gebiet wie Krankenpflege, Physiologie oder Medizin. Was ich auf der früheren Reise entdeckt hatte, bewahrheitete sich bei den acht Frauen. Obschon der Bildungsgrad von mittlerer Reife bis zum Universitätsabschluß reichte, wußten die Frauen kaum über die Funktionen ihres Körpers Bescheid, und die Kenntnisse über ihren Menstruationszyklus waren spärlich.

In den Bereichen, die wir vorher gestreift hatten, hatten die Frauen einige Kenntnisse über den Menstruationszyklus erworben. Es war wichtig, daß sie mehr lernten, weil wir uns auf einer Fahrt in Unbekannte Räume befanden – entworfen, geplant und in Gang gesetzt aufgrund der physischen und emotionalen Belange, die jede hinsichtlich ihres Menstruationszyklus hatte. Das Erzählen dieser Geschichte stellt die Art, in der die Frauen Wissen über die Heilungsmethodologie erwarben, nicht genau dar, weil es eine lineare Erzählweise ist. In Wirklichkeit verlief die Aneignung des Wissens in einem unaufhörlich sich ausdehnenden, spiralförmigen Prozeß. Bei jeder Sitzung lernten die Frauen etwas aus der Anatomie und Physiologie des Menstruationszyklus, ein bißchen aus der Philosophie der Methodologie, ein wenig über deren Prinzipien. Dann wurde dieses Wissen, wie es bei allen lehrenden – lernenden – mitteilenden Prozessen wie dem unsrigen der Fall ist, bei jeder nachfolgenden Sitzung verstärkt und erweitert. Das Wissen, das ich hier weitergebe, ist vielschichtiger und detaillierter als ich es den Frauen in den einzelnen Sitzungen vermittelt habe, aber um der Klarheit willen soll es hier in seiner Gesamtheit dargestellt werden. Die Verstärkung und Vereinheitlichung wird in den späteren Kapiteln erfolgen.

WIR LANDETEN IN DER EBENE DES AFFENBROTBAUMES

Das silberne Raumschiff landete sanft auf einem wolkenverhüllten Planeten, dunstig und regnerisch, mit Regenbögen, die weit hinten, hell am Horizont der Täler schimmerten und Berge widerspiegelten, die zu steil waren, um einen Aufstieg zu wagen. Wir wählten eine weiche, grasbewachsene Ebene aus, den Schutz eines riesigen Affenbrotbaumes, der uns beherbergen und nähren sollte, während ich die Frauen über die Vielfältigkeit des weiblichen Körpers unterrichtete.

„Erzähle uns von unserm Körper, der Vielschichtigkeit seiner Arbeitsweise", baten mich die Frauen. „Gib uns Mittel, mit denen wir mehr Weisheit erlangen können; denn ist es für uns nicht eine Frage der Macht, der Macht des Geistes über die Materie, der Macht des Geistes über unsere Körper?"

Die acht Frauen waren bereits über ihre Körper unterrichtet, so, wie es alle Frauen bis zu einem gewissen Grad sind. Es ging vor allem darum, daß es ihnen nicht gelungen war, an ihr Wissen zu glauben, und sie mußten noch einmal an das, was sie bereits wußten, erinnert werden, damit ihr Wissen erweitert, ausgebaut und verstärkt werden konnte. Mit ihrer Frage nach Wissen über Körper und seine Funktionsweise hatten die Frauen ein wichtiges Prinzip berührt: daß es wichtig ist, zuerst über die Materie an sich Bescheid zu wissen, um die Materie meistern zu können.

Bei diesem unserem Aufenthalt in der Ebene des Affenbrotbaumes wünschten die Frauen, Macht über ihren Körper zu erlangen, allgemeine Kenntnisse in der Anatomie und Physiologie der weiblichen Fortpflanzungsorgane und der sexuellen Organe zu erwerben, spezifische Informationen über den Menstruationszyklus, Techniken, um den Eisprung zu bestimmen und hypnotische Formeln, um den gestörten Ablauf ihrer Körperfunktionen in einen harmonischen zu verwandeln.

Ich begann mit Physiologie und Anatomie, damit alle Frauen dieselbe Grundlage hatten. Diese verstärkte ich mit Diagrammen und Zeichnungen, so daß die Frauen sich ein genaues Bild machen konnten. Denn Visualisierung ist ein wichtiges Machtprinzip, von dem Ihr später, wenn das silberne Raumschiff ins Land der Magie eintaucht, erfahren werdet.

Für meine Zeichnungen benutzte ich die große, flache Außenseite des Affenbrotbaumes. Die Ebene schenkte uns ihre Pflanzen, Farben, mit denen ich die graphischen Darstellungen verschönern konnte. Blau von der alten Indigopflanze. Rot aus der Wurzel der Krapp-Pflanze. Gelb, eine Mischung aus der Färberdistel und den Blättern des Pfirsichbaumes. Moschusgrün vom Kraut der Karotten. Purpur aus der Schale der Purpurschnecke. Goldenes Orange der Ringelblume. Die geschuppte rote Schildlaus flog herbei und bat darum, daß von ihrem Rot ebenfalls genommen werde, weil sie den Wunsch hatte, zum Lernen der Frauen etwas beizusteuern. Zauberstäbe aus Farbe, mit denen die noch folgenden graphischen Darstellungen veranschaulicht wurden.

DIE SCHÖNHEIT DER INNEREN ANATOMIE ZU LERNEN

Der weibliche Körper ist auf einzigartige Weise dafür ausgestattet, die Funktion der Fruchtbarkeit und Empfängnis zu erfüllen, unterrichtete ich die Frauen, und im Weiteren, falls eine Empfängnis stattfindet, die wachsende Frucht in der Gebärmutter zu nähren und zu halten. Außerdem gibt es viele verschiedene Bereiche für sexuelle Anregung, Sinnlichkeit und Vergnügen. Für das sexuelle Vergnügen einer Frau sind alle gleich wichtig, natürlich unter Berücksichtigung dessen, was eine bestimmte Frau individuell vorzieht.

Die inneren Organe und Gewebe, die diese Funktion erfüllen, sind schön in ihrer anatomischen Form, vielfältig und vielschichtig in ihrer physiologischen Fähigkeit, die Funktionen von Empfängnis, Fortpflanzung und Sexualität aufrechtzuerhalten und zu tragen. Von der Gesamtheit der physiologischen Vielschichtigkeit ist bis jetzt erst ein Teil erfaßt. Was jedoch die Macht, nach der Ihr sucht betrifft — Eure körperlichen Funktionen zu heilen und lenken — so werden die offen gebliebenen Fragen Eure Suche

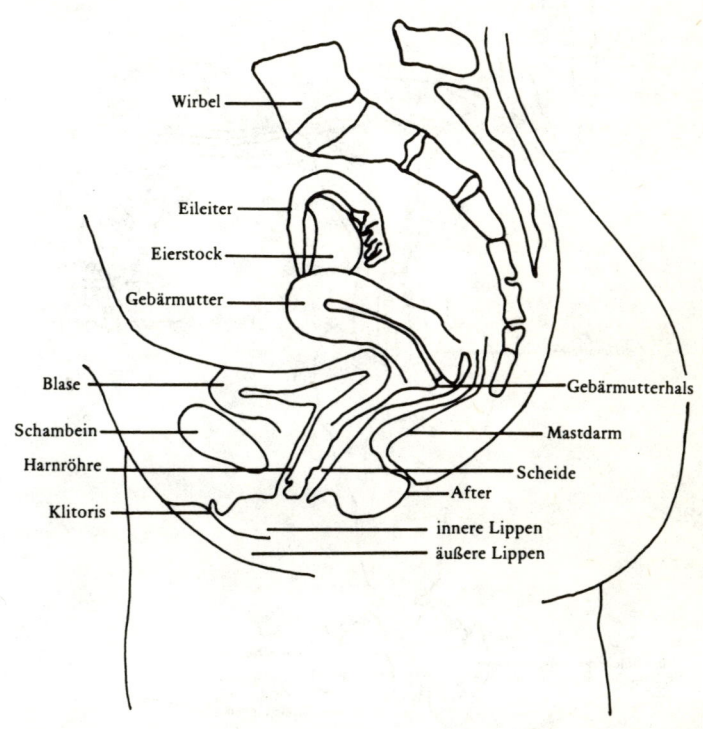

Wirbel

Eileiter

Eierstock

Gebärmutter

Blase

Schambein

Harnröhre

Klitoris

Gebärmutterhals

Mastdarm

Scheide

After

innere Lippen

äußere Lippen

VORDERANSICHT DER INNEREN ANATOMIE

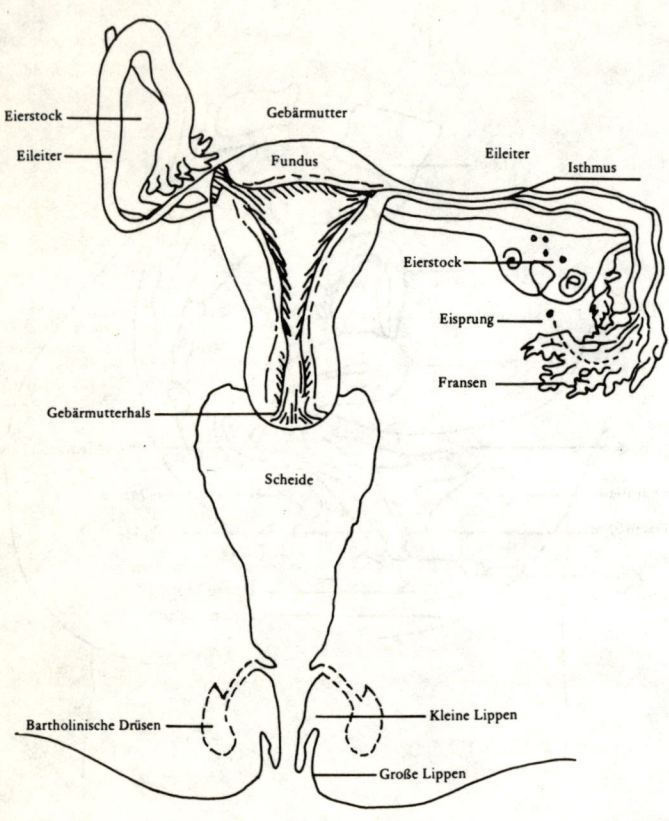

Eierstock

Eileiter

Gebärmutter

Fundus

Eileiter

Isthmus

Eierstock

Eisprung

Fransen

Gebärmutterhals

Scheide

Bartholinische Drüsen

Kleine Lippen

Große Lippen

nicht verzögern. Es ist in erster Linie wichtig, daß Ihr wißt, wie Euer Körper arbeitet, wenn seine Funktionen harmonisch und aufeinander abgestimmt verlaufen, damit Ihr nicht aufgrund falscher Informationen eine Disharmonie herstellt. Denn falsche Informationen können zu Überzeugungen führen, die Funktionsstörungen schaffen — daß der Eisprung nicht stattfindet und die Menstruation ausbleibt. Diese Zusammenhänge werden später bei unserem Aufenthalt unter dem Affenbrotbaum hergestellt werden.

Stellt Euch bildlich vor, wie Eure Beckenhöhle durch die blassen, elfenbeinfarbenen Beckenknochen gestützt und abgeschirmt und von einer dunkelgelben Schicht Fettgewebe gepolstert wird. Innerhalb dieser beschützenden Strukturen liegen zwei Eierstöcke (Ovarien), zwei Eileiter (Tuben), die Gebärmutter (Uterus) und die Scheide (Vagina). Die Eileiter sind mit der Gebärmutter verbunden, und diese wiederum mit der Scheide. Die Scheide erstreckt sich bis in die äußeren Geschlechtsorgane und wird zu einem Teil davon.

Die Eierstöcke sind kleine, mandelförmige Organe, die über 300 000 Eier enthalten. Beim 30 Wochen alten Embryo beträgt deren Anzahl über 7 Millionen. Diese enorme Anzahl geht im Verlauf des Alters- und Reifeprozesses einer Frau zugrunde. Bei jedem Menstruationszyklus reifen einige Ei-Bläschen (Follikel) heran, vielschichtige Strukturen, in denen sich die Eier befinden, obwohl gewöhnlich nur ein Ei-Bläschen sprungreif wird, durch Vorgänge, die noch unbekannt sind. Die Eierstöcke besitzen die einzigartige Fähigkeit, nach dem Platzen eines Ei-Bläschens (Eisprung, Follikelsprung, Ovulation), eine neue Struktur zu bilden, die Gelbkörper (Corpus luteum) heißt und aus gelb gefärbtem Gewebe besteht. Er baut Gelbkörperhormon (Progesteron) und Östrogen auf und sondert diese ab. Die Eierstöcke malten wir zartrosa, denn das ist ihre natürliche Färbung. Ein gelber Fleck an der Außenseite zeigte die Bedeutung des Gelbkörpers und den Eisprung an.

Die Eileiter sorgen für den Transport des reifen Eies. Ihr Ende ist wie ein Trichter geformt und hat ausgefranste Ränder. Es hängt frei in der Bauchhöhle. Achtet genau auf die Beziehung von den Eierstöcken zu den Eileitern und der Gebärmutter. Sie sind nicht direkt miteinander verbunden. Beim Eisprung wird das Ei in die Bauchhöhle hinausgeschleudert und vom Fransentrichter aufgefangen. Das Ei wird durch die wellenförmigen Bewegungen der Fransen (Fimbriae) und den es umgebenden Schleim durch den Eileiter bewegt. Die Eileiter sind dunkler gefärbt als die Eierstökke, beinahe in einem düsteren Rot, das der tiefen Farbe der Gebärmutter entspricht.

Die Gebärmutter ist ein relativ kleines und teilweise hohlförmiges Organ von ungefähr 10 cm Länge. Einige sagen, sie habe die Größe und Form einer reifen Birne. Sie besteht aus einer äußeren Hülle von serösem Gewebe, einer ganz starken Schicht von glatter Muskulatur und innen aus einer Schleimhaut, die Endometrium heißt. Der hohe Kollagengehalt im Gewebe, der sich während einer Schwangerschaft entwickelt, macht es der Gebärmutter möglich, sich weit zu dehnen. Die Gebärmutterschleimhaut (Endometrium) ist es, die sich während des Menstruationszyklus aufbaut und zunimmt, und die dann als Menstruationsblut abgestoßen wird, wenn keine Einnistung eines befruchteten Eies stattgefunden hat. Die Gebärmutter kann sich bei sexueller Erregung um 50 bis 100 % vergrößern, weil sich ihre Blutgefäße füllen. Beim Orgasmus ziehen sich die Muskeln der Gebärmutter immer wieder in rhythmischen Bewegungen zusammen. Sie nehmen zahlenmäßig und in ihrer Intensität bei steigender sexueller Spannung zu. Die Kontraktionen beginnen an der Gebärmutterkuppel und verlaufen durch die Gebärmutter nach unten bis zum Gebärmutterhals.

Die Scheide besteht aus straffem Bindegewebe, glatter Muskulatur und elastischen Fasern. Ihre Dehnfähigkeit ist sehr groß, so daß bei einer Entbindung der kindliche Kopf hindurchtreten kann. Das Säure-Base-Milieu der Scheide ändert sich als Reaktion auf verschiedene Faktoren wie Sperma, Infektionen und Menstruationsblut. Normalerweise besteht in der Scheide ein saures Milieu mit einem pH von 4.0 bis 5.0. Es wird durch ein ziemlich regelmäßiges Abschilfern der oberen Zellschicht in der Scheidenschleimhaut aufrechterhalten. Da der Säure-Base-Gehalt der Scheide die Beweglichkeit der Spermien beeinflußt, ist dieser ein wichtiger Faktor bei der Steuerung von Empfängnis und/oder Verhütung. Die optimale Bedingung für die Beweglichkeit der Spermien und also für die Fruchtbarkeit, ist das normale Säuremilieu der Scheide.

DIE SCHÖNHEIT DER ÄUSSEREN ANATOMIE

Wir gehen jetzt zur Visualisierung der äußeren Anatomie über, und Ihr werdet ihre vielen Merkmale kennenlernen. Die äußeren und die inneren Lippen (Labia majora und Labia minora), die Öffnung der Scheide, die Harnröhre, die Klitoris und ihre Umgebung und der Venushügel (Mons pubis), ebenfalls die Bartholinischen Drüsen, schleimabsondernde Drüsen, die in die Innenfläche der kleinen Lippen münden.

Die folgende Darstellung zeigt die Anordnung der äußeren anatomischen Organe:

DIE ÄUSSERE ANATOMIE

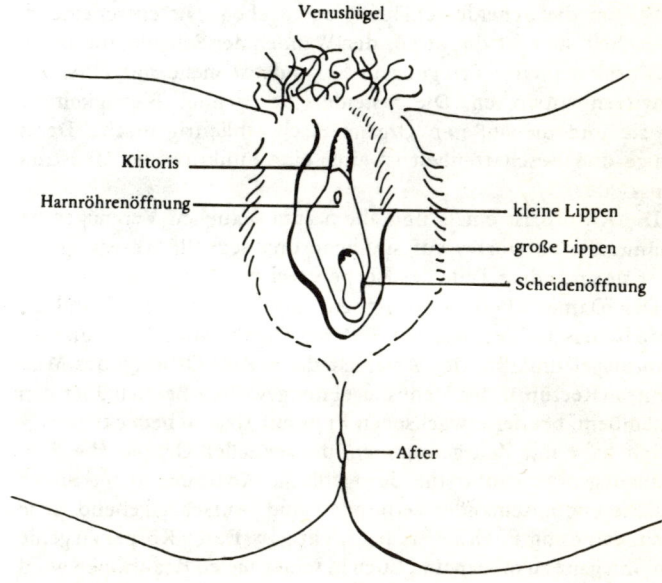

113

Die äußeren Lippen sorgen für den Schutz der inneren Lippen, der Öffnung der Scheide und der Harnröhre. Bei sexueller Anregung werden die äußeren Lippen dünner und verflachen sich zum Damm hin, um den kleinen Lippen und der Scheide, die anschwellen, sich mit Blut füllen und weit ausdehnen, Platz zu machen. Sie werden auch bei einer Entbindung ganz dünn, um dem Kind das Herauskommen zu erleichtern. Beim Höhepunkt sexueller Erregung verändern die kleinen Lippen ihre Farbe von rosa über hellrot bis zu tiefem weinrot und färben fast den ganzen Dammbereich und die Klitoris. Die Farbveränderungen finden kurz vor dem Orgasmus statt. Dunklere Töne treten eher bei Frauen auf, die schon entbunden haben oder die dunkelhäutig sind. Die äußeren Geschlechtsorgane bekommen auch während der Schwangerschaft eine dunklere Farbe, genau wie der Hof um die Brustknospen herum.

Die Bartholinischen Drüsen, die sich auf jeder Seite der kleinen Lippen befinden, sondern erst spät bei sexueller Anregung eine geringe Menge Schleim ab. Diese Absonderung genügt jedoch nicht, um die Scheide schlüpfrig zu machen. Die entscheidende Flüssigkeit stammt direkt aus den Wänden der Scheide, die auf jede Form sexueller Erregung in Sekundenschnelle mit einer Art schwitzen antworten. Die Scheide gibt reichlich Flüssigkeit ab, die sie und die äußeren Organe rasch schlüpfrig macht. Deren Menge und Beschaffenheit ist auch eine Funktion des Menstruationszyklus.

Die Klitoris ist einzig und allein zum sexuellen Vergnügen bestimmt. Sie antwortet auf sinnliche und sexuelle Anregung und leitet sie an andere Teile des Körpers weiter.

Der Damm (Perineum) ist ein allgemeiner Begriff und beschreibt das Gebiet, das die äußeren Organe vom After bis zum Venushügel umfaßt. Der After ist die äußere Öffnung des Mastdarmes (Rectum), der Venushügel der gewölbte Bereich über dem Schambein, bei der erwachsenen Frau mit Haaren bedeckt.

Ich habe mir Zeit genommen, die sexuellen Organe, die Fortpflanzungsorgane und die dazugehörige Anatomie zu erläutern, weil sie eng miteinander verbunden sind. Ausschlaggebend ist jedoch, daß es für Euch als Frauen wichtig ist, Euren Körper zu genießen, ihn ganz zu mögen und Euch in seinen vielen Reaktionen wohlzufühlen. Über Euren Körper Bescheid zu wissen ist ein erster Schritt dahin, ihn zu mögen und zu genießen. Es ist ebenfalls ein erster Schritt dahin, Euch selber als weibliches Wesen zu mögen.

DIE VIELFÄLTIGKEIT DES MENSTRUATIONSZYKLUS

Als die Dunkelheit sich herabzusenken begann und die Intensität unserer Tagesaktivitäten unter den Ästen des majestätischen Affenbrotbaumes zur Ruhe kommen ließ, fuhr ich fort, die Frauen zu unterrichten. Das Lernen war streng gewesen, und es war nötig, damit fortzufahren, bevor wir die Ebene des Affenbrotbaumes auf der Suche nach anderer Weisheit und weiteren Fertigkeiten verließen, weil es immer noch Vieles über den Menstruationszyklus zu lernen gab.

Die Regelmäßigkeit Eures Menstruationszyklus hängt von der Regelmäßigkeit Eures Eisprungs ab, sagte ich den Frauen, denn die Zeit zwischen Eisprung und Menstruation, die Gelbkörperphase (Corpus-Luteum-Phase) heißt, wird kaum bei allen Frauen gleichmäßig 14 Tage betragen. Eine kurze Gelbkörperphase ist ein häufiger Faktor für Unfruchtbarkeit, und man spricht von einem kurzen „Lutealphasen-Syndrom". Man führt es auf eine nicht ausreichende Gelbkörperfunktion zurück.

Menstruelle „Regelmäßigkeit" ist an und für sich ein eigentümliches Phänomen. In fast allen Literaturhinweisen wird erklärt, daß der durchschnittliche Zyklus einer Frau, sowohl in seiner historischen als auch mythologischen Vorrangigkeit, wie auch vom Wort durchschnittlich her, 28 Tage betrage. Es wäre schwierig, einen durchschnittlichen Zyklus und eine durchschnittliche Frau zu definieren, oder selbst nur die Bedeutung des Wortes „durchschnittlich" hinsichtlich seiner vielen Verwendungen in Unterlagen über den Menstruationszyklus zu bestimmen. Aber es ist wichtig, daß ein solches Fehlkonzept klargestellt wird; denn ich stellte sowohl auf der Reise mit den 60 Frauen als auch mit den 8 Frauen fest, daß viele Frauen „durchschnittlich" falsch verstanden und es mit „normal" gleichsetzten und dann glaubten, jeder Zyklus von einer anderen Länge als von 28 Tagen sei unregelmäßig und/oder unnormal.

Um das klarzustellen: ein regelmäßiger Zyklus ist tatsächlich jeder Zyklus, der — mit geringen Schwankungen — im gleichen Zeitabstand immer wiederkehrt. Es gibt jedoch viele Faktoren, die den Rhythmus des hormonellen Gleichgewichts durcheinanderbringen und einen verlängerten oder verkürzten Zyklus verursachen. Physischer und emotionaler Streß, Licht, Geräusche, Gerüche, Verhütungspillen, Steroidpräparate und Schmerzen sind bekannte und wohldokumentierte Faktoren, die auf den Hormonkreislauf und demzufolge auf die Regelmäßigkeit einwirken (Catt, 1971).

Ein unregelmäßiger Zyklus wäre dann vorhanden, wenn die Zeitschwankungen mehr als einige Tage betragen. Ein unregelmäßiger Zyklus, bei dem keine unüblichen Streßfaktoren vorkommen, ist wahrscheinlich unregelmäßig, weil kein Eisprung stattfindet; denn der Eisprung wird durch Ereignisse ausgelöst, die zeitlich aufeinander abgestimmt sind und dadurch den Menstruationszyklus in richtig bestimmter Regelmäßigkeit halten.

Frühere historische und mythologische Beispiele widerlegen den 28-Tage-Zyklus, und die Wurzeln seiner Ursprünge scheinen wirklich merkwürdig. Tausend und abertausend Jahre, bevor es elektrisches Licht oder selbst Gaslicht gab, als die Menschen des Erdenplaneten Ackerbau betrieben oder jagten oder fischten, lebten sie beim Licht der Sonne und der Mondin. Weil es kein künstliches Licht gab, das ihre Zyklen verfälschte, ist die Behauptung aufgestellt worden, daß die Frauen ihren Eisprung hatten, wenn die Mondin voll war und zur Zeit der neuen Mondin menstruierten wenn diese den Höhepunkt des 29 1/2 Tage-Mondzyklus erreicht. (Lacey, 1975). Es ist bekannt, daß Licht bei Tieren den Eisprung beeinflußt. Zum Beispiel sollen Hühner eine beträchtlich höhere Anzahl Eier legen, wenn in Brutkästen das Licht, auf einer kontinuierlichen Basis von 24 Std./Tag, eingeschaltet bleibt. Es ist auch bekannt, daß in einigen sogenannt ,,primitiven" Gesellschaften, Gesellschaften ohne künstliches Licht und ohne Stress der ,,modernen" Lebensweise, alle Frauen eines bestimmten Dorfes jeden Monat zur gleichen Zeit in die Menstruationshütten gingen. Es ist natürlich möglich, daß andere Faktoren eine Wirkung auf die Gleichzeitigkeit ihrer Zyklen ausübten, denn bekanntlich ist es sogar heute noch so, daß Frauen, die für längere Zeit unter demselben Dach wohnen, ebenfalls ihre Zyklen zeitlich aufeinander abstimmen. Die Wirkung des Mondlichts scheint jedoch noch eine besondere Bedeutung, die dem modernen Forscher entgangen ist, zu haben, eine Bedeutung, die nur in den alten Mythen enthalten ist.

Die Mythen längst vergangener Zeiten sprechen von der Anbetung der Mondin, von Mondgöttinnen, von der Beziehung der Mondin zur Fruchtbarkeit, von der Verehrung und Achtung, die Frauen der Mondin entgegenbrachten, von Mondritualen, davon, daß Frauen vor langer Zeit der Mondin und nächtlichen Vorgängen den Vorzug gaben und daß sie die Sonne und die Dinge des Tages der maskulinen und männlichen Sphäre zuordneten. Ist es dann vielleicht natürlicher, daß die Menstruationszyklen der Frauen der Vorlage der Mondin folgten? Kannten die Frauen vergangener Zeiten die Beziehung vom Mondkreislauf zum Menstruationskreislauf und folglich zu Fruchtbarkeit, und beruht ihre Verehrung der Mondin und von Mondgöttinnen teilweise darauf? Konnten sie die Präzision ihrer Eisprung-Zyklen nutzen, um ihre Fruchtbarkeit zu steuern? Das sind meine eigenen Vermutungen, aber meine Fragen beruhen auf den Mythen, die von den großen, matriarchalen Kulturen berichten, die es vor mehr als 10 000 Jahren gab, großartige Kulturen, die vor dem Patriarchat existierten, und über die erst jetzt Beweise zutage gefördert werden, durch die Ausgrabungen in der Türkei. Da das Patriarchat Werte wie Abstammung und Vererbung so betont, aber alle Werte zerstörte die Frauen ihren eigenen Ritualen und sogar ihrer eigenen Biologie zugeordnet hatten, wurden Praktiken wie Kindestötung zum grausamen Ersatz für das Wissen über Geburtenkontrolle, über das Frauen vor vielen Äonen sicherlich verfügten.

Als ich meine Vermutungen anstellte, fragte ich mich, ob diejenigen von den 60 und den 8 Frauen, die ihre Zyklen präzise steuern wollten, Überzeugungen in sich wachriefen, die ihren Ursprüngen nach althergebracht waren, archetypischen Glauben, den sie in der Weisheit ihrer Körper mit sich führten.

DIE HORMONE DES MENSTRUATIONSZYKLUS

Die Hormone des menstruellen Zyklus, ihre Biochemie, ihre Zusammensetzung innerhalb des Körpers, wie sie umgewandelt werden und wie sie arbeiten – das betrifft verschiedene Kenntnisse aus mehreren wissenschaftlichen Bereichen, unter denen Wechselwirkungen bestehen. Es ist in erster Linie wichtig, daß Ihr einen allgemeinen Eindruck bekommt, wie Hormone in Beziehung zu Eurem Menstruationszyklus arbeiten und welche Wechselbeziehungen zwischen dem Hormonhaushalt und den Faktoren, wie Stress, bestehen, die das Gleichgewicht stören. Später werdet Ihr erfahren, wie das, woran Ihr glaubt, Stress hervorruft und die Funktionen Eures Körpers durcheinanderbringt.

Hormone sind chemische Wirkstoffe, die innerhalb bestimmter Gewebe gebildet, von dort in den Blutkreislauf ausgeschüttet werden und auf andere Gewebe, die man Zielgewebe nennt, in charakteristischer Weise einwirken. Grundsätzlich wirkt ein Hormon als Katalysator, um eine bestimmte Wirkung auszulösen.

Chemisch gesehen gibt es drei Arten von Hormonen:

1. Proteinhormone, die aus Aminosäuren bestehen,

2. Steroidhormone, die grundsätzlich ähnliche chemische Strukturen haben, jedoch im Körper ziemlich unterschiedliche biologische Aktivitäten entfalten und

3. Hormone, die Abkömmlinge von Fettsäuren sind, wie Prostaglandine.

Die Steroidhormone, die für den Menstruationszyklus besonders wichtig sind, sind das Progesteron und die Östrogene, speziell Östradiol, das wirksamste der menschlichen Östrogene. Östrogene werden hauptsächlich in den Eierstöcken gebildet, geringe Mengen auch in der Nebennierenrinde.

Tropische Hormone sind Hormone, die in einer übergeordneten Drüse hergestellt werden (zum Beispiel in der Hirnanhangdrüse), um dem untergeordneten Organ (zum Beispiel dem Eierstock) seine Arbeit und den Aufbau von Hormonen zu ermöglichen. Das Follikelreifungshormon (FSH, Follicle stimulating hormone) ist beispielsweise für das Follikelwachstum im Eierstock verantwortlich. Das luteinisierende Hormon (LH) bewirkt die volle Ausreifung des Follikels, löst den Eisprung aus und regt die Bildung des Gelbkörpers an. Beide Hormone (FSH und LH) werden im Vorderlappen der Hirnanhangdrüse (Hypophyse) gebildet. Diese ist dem Hypothalamus untergeordnet. Dort werden Freigabehormone gebildet (releasing hormone), die die Abgabe von FSH und LH aus der Hirnanhangdrüse bestimmen.

DIE BEZIEHUNG VON NERVENSYSTEM UND GEHIRN ZUM MENSTRUATIONSABLAUF

In den letzten Jahren hat die Forschung ihr wachsendes Interesse auf die vielschichtigen Wechselwirkungen gerichtet, durch die das Gehirn den Vorderlappen der Hirnanhangdrüse steuert. Besondere Aufmerksamkeit gilt dem Verhältnis von physiologischen Faktoren zu solchen wie Streß, Ernährung, Aktivität und Krankheit, und wie diese Faktoren auf die Beziehung Hypothalamus – Hirnanhangdrüse – Eierstöcke wirken. Die folgende Erörterung faßt die Befunde von Speroff, Glass und Kase (1973), Rose Frisch (1974); von Powell, Brasel, Raiti und Blizzard (1967); von Ano, Kenugosa, Yamamoto, Miyake und Kurachi (1975); und von Kandel (1970) zusammen.

Diese Befunde zeigen, daß es keine direkte anatomische Verbindung zwischen dem Gehirn und der Hirnanhangdrüse gibt. Die Verbindung kommt durch nervale Überträgerstoffe (Neurotransmitter) zustande, die das Gehirn ausschüttet. Sie wirken auf den Hypothalamus, und dieser sondert Freigabehormone (releasing hormone) ab, die dann vom Pfortadersystem zu speziellen Zellen im Vorderlappen der Hirnanhangdrüse befördert werden. Die Richtung des Blutstroms verläuft vom Hypothalamus zur Hirnanhangdrüse.

Das Zentralnervensystem kann die Sekretion der Hirnanhangdrüse dank der Freigabe von Neurotransmittern präzise regulieren. Ein spezifisches Freigabehormon, das auf die Zellen der Hirnanhangdrüse gerichtet ist, ist das LRF (LHRH, luteinizing-hormone-releasing-factor). Diese Substanz ist ein Tripeptid, das (chemisch) isoliert, dessen Sequenz festgestellt werden konnte, und das bereits künstlich hergestellt wird.

Verschiedene ähnlich verlaufende Vorgänge werden noch für eine mögliche Anwendung in der Geburtenkontrolle überprüft. Die Reaktionen der Hirnanhangdrüse auf die Freigabehormone des Hypothalamus erfolgen rasch, innerhalb von Minuten.

Die Gleichzeitigkeit der Feed-back-Systeme (Rückmeldesysteme)

Bei der Zusammenfassung neuerer Forschungsergebnisse über den Menstruationszyklus stellten Speroff, Glass und Kase (1973) fest, daß die Regulierung des Menstruationszyklus in erster Linie vom LRF-Spiegel abhängt. Bei der Regulierung spielen mehrere wechselseitige Faktoren eine Rolle, wie beispielsweise die Neurotransmitter aus höheren Zentren des Zentralnervensystems und die positiven und negativen Rückmeldungen der zirkulierenden Hormone. Positive Rückmeldungen regen die Hormonausschüttung an, negative Rückmeldungen bremsen sie. Rückmeldungen, die an der Gehirnrinde eintreffen, am Hypothalamus und an der Hirnanhangdrüse, bewirken eine Ausschüttung von Follikelreifungshormon und luteinisierendem Hormon. Die Ausschüttung wird hauptsächlich von den Neurotransmittern Dopamine und Norephinephrine hervorgerufen und, in geringerem Maße, von Serotinin und Melatonin. Die wichtigsten Hormone des Hypothalamus sind die Freigabestoffe (releasing factors) oder Freigabehormone.

Negative Rückmeldungen treten durch den Östradiol- und Progesteronspiegel ein, der die Sekretion der Hirnanhangdrüse verhindert und zusätzlich eine hemmende Wirkung am Hypothalamus und der Gehirnrinde ausübt.

Positive anregende Rückmeldungen wirken am vorderen Bereich des Hypothalamus durch Östradiol, das den zyklischen Anstieg von LH, der für den Eisprung nötig ist, anregt. Progesteron übt am Hypothalamus negative Rückmeldungen aus, die von einem positiven Östradiolreiz nicht überwunden werden können. Deshalb kann Progesteron in der Mitte des Zyklus den für den Eisprung nötigen LH-Gipfel bremsen. Progesteron verlangt jedoch nach dem Vorhandensein von Östradiol, um die Sekretion der tropischen Hormone zu mindern.

Obwohl sich die Endokrinologen über die Exaktheit der betreffenden Mechanismen streiten, scheinen sie darin übereinzustimmen, daß die Übertragung von Rückmeldewirkungen auf der Ebene des Hypothalamus ein Dopamine-Norephinephrine-System, mit einschließt. Catt (1971) vertritt die Auffassung, daß die Wechselwirkungen zwischen dem endokrinen System (Drüsensystem)und dem Zentralnervensystem wichtig sind, um die einheitliche Regulierung der hormonellen Sekretion aufrechtzuerhalten, daß sie dabei den Anforderungen des Menstruationszyklus entsprechen und gleich bedeutend sind für die Steuerung der Reaktionen auf äußere und emotionale Anreize. Die graphische Darstellung auf der nächsten Seite zeigt die positiven und negativen Rückmeldesysteme und die Beziehung von Gehirn, Zentralnervensystem zu Hypothalamus, Hirnanhangdrüse und Eierstöcken.

DIE PHASEN DES MENSTRUATIONSZYKLUS

Der menstruelle Zyklus kann in zwei Phasen eingeteilt werden. Der Eisprung findet ungefähr in der Mitte, zwischen den beiden

POSITIVES UND NEGATIVES RÜCKKOPPELUNGS-SYSTEM DES MENSTRUATIONSZYKLUS

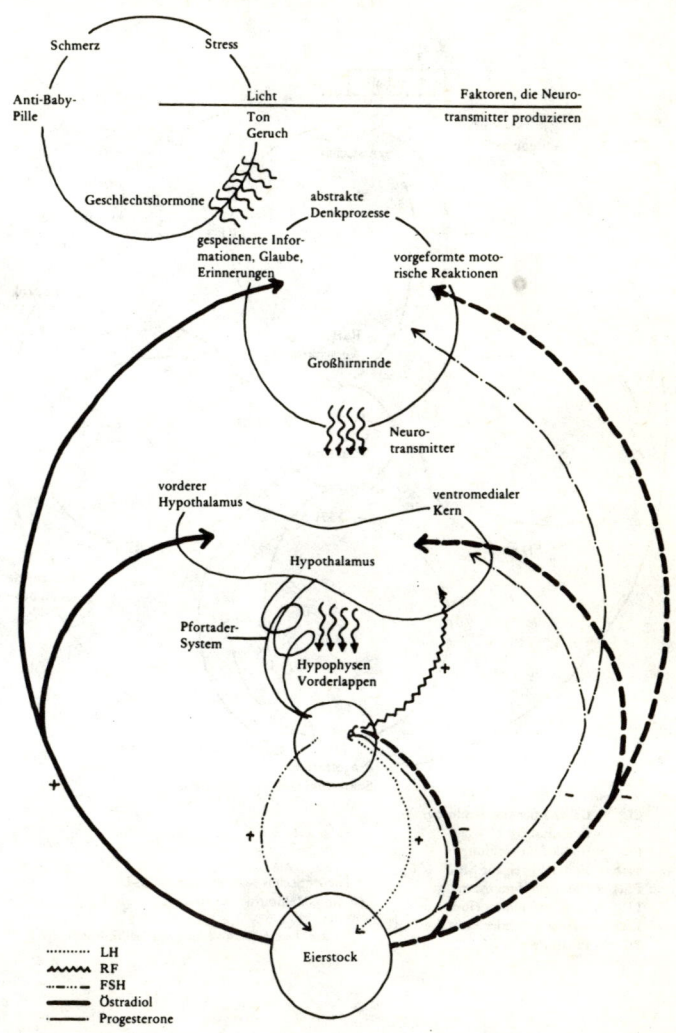

Schmerz

Stress

Anti-Baby-Pille

Licht
Ton
Geruch

Faktoren, die Neurotransmitter produzieren

Geschlechtshormone

abstrakte Denkprozesse

gespeicherte Informationen, Glaube, Erinnerungen

vorgeformte motorische Reaktionen

Großhirnrinde

Neurotransmitter

vorderer Hypothalamus

ventromedialer Kern

Hypothalamus

Pfortader-System

Hypophysen Vorderlappen

Eierstock

.... LH
∿∿∿ RF
– ‧ – FSH
▬▬ Östradiol
——— Progesterone

INEINANDERGREIFEN DER MENSTRUATIONS-ZYKLUSHORMONE*

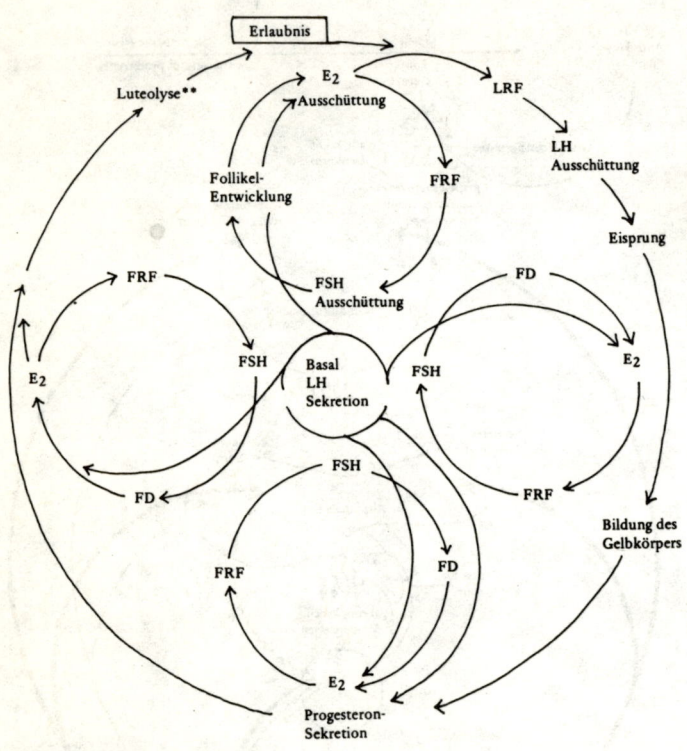

CL = Gelbkörper (corpus luteum)
E_2 = Östradiol E_2
FD = Follikelentwicklung
FRF = Follikel Freigabe Stoff
FSH = Follikelreifungshormon
LH = Luteinisierendes Hormon
LRF = Luteinisierender Freigabe-Stoff
PG = Prostaglandin F2

* Theoretisches Konzept von Dr. J. D. Goding, Melbourne, Australien

** Luteolyse = Rückbildung des Gelbkörpers

Phasen statt. Die Darstellung auf S. 122 zeigt den Anstieg und Abfall der Hormone, die hier erörtert werden.

Obschon die Diskussion dahin tendiert, nachzuweisen, daß die Phasen linear verlaufen, ist es wichtig, daran zu erinnern, daß die Veränderungen, die sich abspielen, zyklisch sind. Sie überlappen sich, gehen ineinander über und sind voneinander abhängig. In der graphischen Darstellung auf S. 121 wird die Wechselbeziehung der zyklischen Geschehnisse beim Menstruationsablauf veranschaulicht.

Die erste Phase des Zyklus ist die Follikelreifungsphase. Sie beginnt am 1. Tag der Blutung. In dieser Phase fängt eine Anzahl Ei-Bläschen (Follikel) zu wachsen an, und gewöhnlich reift eins davon aus. Der Follikel ist die funktionale Einheit der Eierstöcke und besteht aus einer Eizelle und zwei Zellschichten, die diese umgeben. Die eine setzt sich aus Granulosazellen, die Progesteron aufbauen, zusammen. Die andere ist eine Bindegewebsschicht (Theca interna) und baut Östrogen auf. In der ersten Zyklushälfte wird Progesteron an die Follikelflüssigkeit abgegeben und leitet wahrscheinlich die Östrogenproduktion ein. Die Follikel produzieren überwiegend Östrogen (Catt, 1971).

In der ersten Zyklushälfte steigt der Spiegel des Follikelreifungshormons (FSH) und regt das Wachstum der Follikel an. Der Östradiolspiegel verändert sich in den ersten 6 oder 7 Tagen des Zyklus kaum. Im Progesteronspiegel gibt es während der ersten 13 oder 14 Tage keine Veränderung.

Östradiol, das von den Zellen der Theca interna gebildet wird, beginnt am 7. oder 8. Zyklustag langsam anzusteigen und ist am Tag vor dem LH-Gipfel, etwa am 13. Tag, am höchsten. Ein Östradiolanstieg übt eine negative oder hemmende Wirkung auf das Follikelreifungshormon (FSH) aus und eine positive oder anregende Wirkung auf das luteinisierende Hormon (LH). In der Mitte des Zyklus, wenn der Östradiolspiegel am höchsten ist, wird das Follikelreifungshormon leicht gebremst. Das heißt, das Östradiol vom Eierstock aus der Hirnanhangdrüse signalisiert, daß der Eisprung stattfinden kann. Die Hirnanhangdrüse leitet dann den Eierstöcken luteinisierendes Hormon (LH) zu, um den Eisprung anzuregen. Der Follikel muß im „richtigen" Reifezustand sein, der vom Östradiolspiegel signalisiert wird, um auf den Reiz des luteinisierenden Hormons (LH) antworten zu können. Der LH-Gipfel und die Follikelreifung müssen aufeinander abgestimmt sein, damit der Follikel platzen und das Ei hinausgeschwemmt werden kann. Speroff, Glass und Kase behaupten (1973), daß der Follikel gewöhnlich 16 bis 24 Stunden nach dem LH-Gipfel platzt.

In der zweiten Zyklushälfte, der Gelbkörperphase, die unmittelbar nach dem Eisprung beginnt, werden die Granulosazellen größer, der leere Follikel bildet sich zum Gelbkörper (corpus-luteum) um, den die Blutgefäße, die ins Granulationsgewebe einwandern, vergrößern und anreichern. Die Granulosazellen sind die Zellen, die nach dem Platzen des Follikels zurückbleiben. Während der Gelbkörperphase werden von den Granulosazellen große Mengen Progesteron gebildet.

Die Lebensdauer des Gelbkörpers hängt von einem niedrigen LH-Spiegel ab und von der Produktion von Choriongonadotropin (HCG), einem Schwangerschaftshormon, das in der Gebärmutterschleimhaut (Endometrium) gebildet wird, wenn sich ein befruchtetes Ei eingenistet hat. Wenn keine Einnistung stattfindet, bildet sich der Gelbkörper rasch zurück, etwa zwei Wochen nach dem Eisprung. Bei jedem Eisprung-Zyklus wird der Gelbkörper neu aufgebaut.

Östradiol spielt in den vielschichtigen Prozessen des Menstruationszyklus durch die Übertragung positiver und negativer Rückmeldungen eine Schlüsselrolle. Es ist für die Beziehung zwischen Hypothalamus und dem reifenden Follikel wichtig und ebenso für die Wirkung, die es im reifenden Follikel entfaltet. Jeder Faktor, der die Östrogenproduktion beeinflußt, wird den Rhythmus des menstruellen Zyklus stören.

DAS ZUNEHMEN UND ABNEHMEN DES MENSTRUELLEN GEWEBES

Die Menstruation hängt von der Entwicklung der Schleimhaut ab, die die Gebärmutter auskleidet (Endometrium). In dieser Entwicklung können folgende Phasen unterschieden werden: Die Proliferationsphase, die Sekretionsphase, in der sich die Gebärmutterschleimhaut auf die Einnistung des befruchteten Eies vorbereitet und die letzte Phase, in der der Zusammenbruch dieser Schleimhaut erfolgt.

Während der Proliferationsphase, die zwischen Menstruation und Eisprung liegt, wird das Gewebe, das durch die Blutung abgestoßen wurde, unter der Wirkung von Follikelreifung und Östrogenproduktion wieder aufgebaut. Aus dem Schleimhautrest baut sich Drüsenephitel auf. Die Drüsenschläuche werden länger und verbinden sich miteinander. Das Bindegewebe wandelt sich von einer dichten zu einer lockeren Zellmembran, die von einem Netz spiraliger Blutgefäße durchflochten wird. Die Gebärmutterschleimhaut vergrößert sich in diesem Stadium um das Vierfache, von 0.5 mm bis zu etwa 5.0 mm und besteht aus neuem Gewebe, Salz, Wasser und Aminosäuren.

Während der Sekretionsphase, die ungefähr 7 Tage nach dem Eisprung beginnt, verdichtet sich das Netz von Blutgefäßen, das sich während der Proliferationsphase ausbreitete, so daß die Gebärmutterschleimhaut sich stark mit Blut anfüllt.

Vom achten bis zum 14. Tag nach dem Eisprung ereignen sich zusätzliche Gewebsveränderungen, die die Gebärmutterschleimhaut auf die Einnistung vorbereiten. Das hauptsächliche Merkmal ist die Entwicklung einer starken, dichten Schicht Bindegewebszellen.

In der letzten Phase erfolgt der Zusammenbruch der Gebärmutterschleimhaut in Form der menstruellen Blutung, die 14 Tage nach dem Eisprung stattfindet. Die menstruelle Blutung ist das Ergebnis mehrerer Faktoren. Der Östrogen- und Progesteronspiegel ist durch die Zurückbildung des Gelbkörpers gesunken. Ohne ausreichende Versorgung von Steroidhormonen kann sich der Mutterboden der Gebärmutterschleimhaut nicht mehr aufrechterhalten. Vierundzwanzig Stunden vor der menstruellen Blutung beginnen die Blutgefäße, sich rhythmisch zusammenzuziehen und auszudehnen. Als Ergebnis wird die Gebärmutterschleimhaut abgestoßen. Die menstruelle Blutung ist eine Verbindung von Blut, das aus den Kapillaren austritt, Drüsensekret und Zelltrümmern. Die Blutung hört auf, wenn das Gewebe ganz abgestoßen ist und aufgrund der fortgesetzten und verlängerten Gefäßzusammenziehung.

Die Absonderung von Östrogen hat eine heilende Wirkung, weil sie an den verletzten Enden der Blutgefäße der Gebärmutterschleimhaut die Bildung von Blutgerinnseln erleichtert. Die folgenden Darstellungen zeigen den Aufbau der Gebärmutterschleimhaut, die Abstoßung und die Gewebsgröße vor dem Aufbau.

PHASEN DER SCHLEIMHAUTVERÄNDERUNGEN

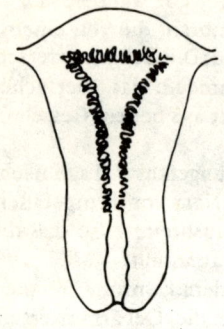

Aufbau der Gebärmutter-
schleimhaut kurz vor der
Menstruation.

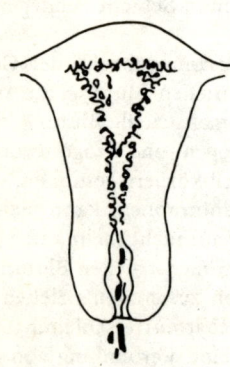

Menstruation – Ausstoßen
der Schleimhaut.

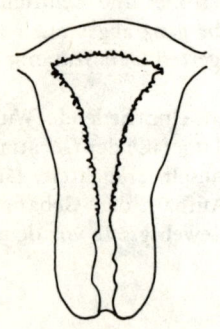

Gebärmutterwand bevor
sich die Schleimhaut wie-
der aufbaut.

UND MACHT-TECHNIKEN, UM DEN MENSTRUATIONS-
ABLAUF ZU LENKEN

Es schien, als hätten wir uns lange unter dem riesigen Affenbrotbaum aufgehalten und daß unsere Diskussionen detailliert
und nachdrücklich gewesen waren, vielleicht allzusehr. Aber es
war ein notwendiger Wissenszuwachs gewesen; denn unsere Reise
hatte mehrfache Ziele. Eisprung, Empfängnis, Verhütung, Befreiung von physischen und emotionalen Menstruationsbeschwerden,
alles, was weiblich sein bedeutete, in physischer, emotionaler, sexueller und spiritueller Hinsicht zu genießen und zu akzeptieren.
Die einzelnen Anliegen setzten wir in Beziehung zum Ganzen. Das
Ganze war vielschichtig, und zwischen den einzelnen Bereichen
gab es gegenseitige Beziehungen.

Nachdem sie die Kompliziertheit ihres Menstruationszyklus
und die Art seines Ablaufs verstanden hatten, waren die Frauen
bereit, neue Techniken zur Machterweiterung aufzunehmen, nämlich die Weisheit ihres Körpers mit geistiger zu verbinden. Ich unterrichtete sie in den folgenden Techniken, damit jede das erwor-
bene Wissen für ihr individuelles Ziel anwenden konnte.

Anzeichen des Eisprungs. Die Menstruation ist, wie Ihr Euch
erinnern werdet, vom Eisprung abhängig. Die Ereignisse, die den
Eisprung auslösen und diejenigen, die danach stattfinden, stimmen die Hormone aufeinander ab und erhalten ihren Rhythmus
und ihre Harmonie. Zwei einfache, aber genaue klinische Messungen des Eisprungs sind die Veränderungen, die im Muttermundschleim (Zervixschleim) und die Veränderungen, die in der Aufwachtemperatur (Basaltemperatur) stattfinden. Außerdem können manche Frauen fühlen, wie das Ei herausspringt, durch einen
kurzen, plötzlichen Schmerz in der unteren Hälfte des Bauches,
ein Schmerz, der Mittelschmerz genannt wird, weil er in der Mitte
des Zyklus auftritt.

Veränderungen im Muttermundschleim. Ihr werdet während
Eures Menstruationszyklus eine Reihe von Veränderungen bei
Schleimabsonderungen feststellen, weil die Drüsen des Gebärmutterhalses (Zervix) Schleim absondern, der auf Schwankungen im
Östrogenspiegel Eures Körpers reagiert. Veränderungen im Muttermundschleim zeigen genau den Östrogenspiegel und folglich
die Phase Eures Zyklus an.

Die folgenden Informationen beruhen auf einem 29 1/2-Tage-

Zyklus, wobei ich mich an das ältere, mythologische Konzept halte, daß Eisprung und Menstruation mit den Mondphasen übereinstimmen. Der erste Tag der Menstruation wird als Tag eins angenommen. Die Veränderungen im Muttermundschleim können anhand der Veränderungen, die Ihr am Ausfluß der Scheide feststellt, beobachtet werden. Grundsätzlich gibt es folgende Veränderungen: 1) menstruelle Blutung, 2) trockene Tage, 3) flockiger Schleim, 4) farbloser, glasiger Schleim, der den Eisprung anzeigt, 5) dicker, zähflüssiger, undurchsichtiger Schleim (Billings, et. al., 1972).

Die menstruelle Blutung dauert drei bis fünf Tage, bei einem 29 1/2-Tage-Zyklus, obschon die Dauer etwas kürzer oder länger sein kann.

Trockene Tage: Nach der Blutung sondern die Drüsen des Gebärmutterhalses einige Tage lang keinen Schleim ab. Deshalb heißen diese Tage trockene Tage. Sie dauern bei einem 29 1/2-Tage-Zyklug ungefähr vom 5. bis zum 9. Tag. Wenn Euer Zyklus kürzer ist, werden es weniger trockene Tage sein, wenn er länger ist, mehr.

Flockiger Schleim: Die Schleimabsonderung beginnt mit flockigem Schleim (wie Hüttenkäse), dessen Menge schnell ansteigt, meistens 6 1/2 Tage vor dem Eisprung, was in einem 29 1/2-Tage-Zyklus vom 9. Tag bis zum Tag 15 1/2 ist.

Farbloser, glasiger Schleim: Die Erscheinung von farblosem, glasigem, dünnflüssigem Schleim, der wie rohes Eiweiß aussieht, zeigt an, daß der Eisprung stattgefunden hat. Der Schleim bleibt ein oder zwei Tage so, vom Tag 15 1/2 bis zum Tag 17 1/2 des Zyklus. Er erleichtert den Spermientransport in die Gebärmutter und in die Eileiter. Es können sich auch Blutstreifen im Schleim befinden, als Anzeichen, daß das Ei herausgesprungen ist.

Dicker, undurchsichtiger, klebriger Schleim folgt dem glasigen, dünnflüssigen Schleim des Eisprungs und hält an, bis die Blutung erneut einsetzt.

Die folgende graphische Darstellung zeigt die Veränderungen im Muttermundschleim im Verhältnis zum Östrogenspiegel und zu den Tagen Eures Zyklus.

Eure Aufwachtemperatur (Basaltemperatur). Wenn Ihr die Veränderungen der Aufwachtemperatur zur Feststellung Eures Eisprungs anwenden möchtet, müßt Ihr die Temperatur jeden Morgen beim Aufwachen, vor jeglicher Tätigkeit messen. Das ist die tiefste oder basale Temperatur Eures Körpers. Hinweise zur An-

VERÄNDERUNGEN IM MUTTERMUNDSCHLEIM

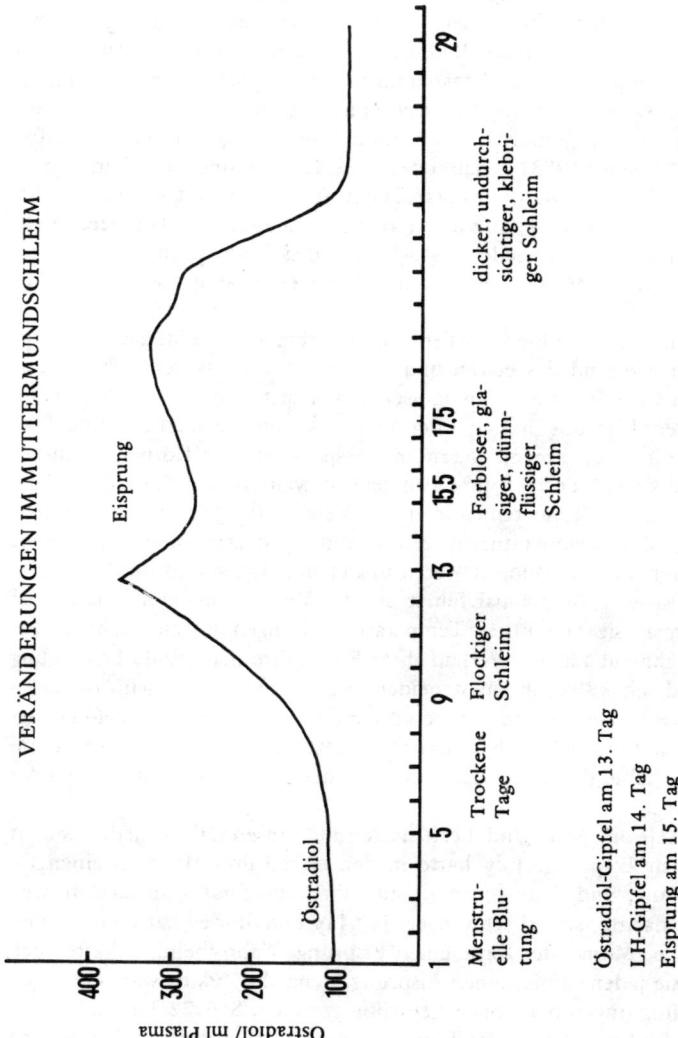

Östradiol-Gipfel am 13. Tag

LH-Gipfel am 14. Tag

Eisprung am 15. Tag

wendung der Aufwachtemperatur sind unter „Macht-Techniken"
zu finden.

Die Aufwachtemperatur reagiert sehr empfindlich auf den Progesteronanstieg nach dem Eisprung. Weil das Wärmeregulations-Zentrum im vorderen Bereich des Hypothalamus auf Progesteron sehr empfindlich und fast unmittelbar reagiert, wird eine graphische Darstellung der Aufwachtemperatur-Kurve fast gleich verlaufen wie die graphische Darstellung einer Progesteronkurve. Hafez und Evans (1973) behaupteten, daß der Eisprung nach dem Beginn des Temperaturanstiegs stattfindet. Tsuei behauptete, daß der Eisprung in den 24 Stunden stattfindet, in denen die Temperatur abfällt und gleich wieder ansteigt, und daß der Eisprung als sicher erscheint, wenn die Temperatur einen gleichmäßigen Anstieg beibehält.

Die acht Frauen wurden gebeten, ihre Aufwachtemperatur täglich während des ersten und des letzten Monats der sechsmonatigen Forschungsreise zu messen, um feststellen zu können, ob sie einen Eisprung hatten oder nicht. Alison, Jesse, Leah und Lily wurden zunehmend daran interessiert, wie ihr Körper arbeitete, und sie fuhren fort, ihre Temperatur während der Gesamtzeit, die sie an der Reise teilnahmen, zu messen. Jay Jay und Shirley maßen ihre Temperatur im ersten und im letzten Monat. Suzannes Temperaturmessungen waren ungleichmäßig, wie es der Rest ihrer Reise war. Manchmal führte sie die Messungen durch, manchmal vergaß sie sie. Elsies Temperaturmessungen waren ebenfalls bezeichnend für den Verlauf ihrer Reise, ihre mangelnde Beteiligung und schließlich ihr Ausscheiden. Sie konnte sich nie ganz daran erinnern, daß sie ihre Temperatur messen sollte, und schließlich sagte sie mir, daß sie ihr Kurvenblatt verloren und keine Aufzeichnungen habe, die nachwiesen, ob sie einen Eisprung gehabt hatte oder nicht.

Alison, Jesse und Leah hatten auf unserer Reise jeden Monat einen Eisprung. Lily hatte in den ersten drei Monaten einen Eisprung, und dann hörte sie auf, ihre Temperatur zu messen, weil sie dachte, sie sei schwanger. Jay Jay und Shirley hatten im 1. und im 6. Monat der Reise einen Eisprung. Wahrscheinlich hatte auch Elsie jeden Monat einen Eisprung, denn ihr Zyklus war sehr regelmäßig und war immer regelmäßig gewesen. Seit 22 Jahren kam ihre Blutung alle 29-30 Tage. Suzanne hatte wahrscheinlich keinen Eisprung. Ihre Zyklen waren unregelmäßig, manchmal lagen drei Monate dazwischen, manchmal mehr, zuweilen weniger. Bei ihr war auch ein chirurgischer Eingriff vorgenommen worden wegen vergrößerter und vermutlich zystischer Eierstöcke, die für die Dauer des Forschungsprojektes von Bindegewebswucherungen umgeben waren. Suzanne wollte, wie Ihr Euch erinnern werdet, keine Kinder haben, niemals, sie wollte weder menstruieren noch einen Eisprung haben oder überhaupt weiblich sein. Suzannes Schwierigkeiten mit ihren Eierstöcken schienen ein Hinweis für gestörte Körperfunktionen zu sein, die auftreten, wenn der Geist seine Macht auf der Grundlage spärlicher und ungenauer Informationen gebraucht.

Fruchtbare Tage

Für die Frauen, die Kenntnisse zur Geburtenkontrolle erwerben wollten, wie es Jesses Hauptziel war, oder um schwanger zu werden, wie Lily es wünschte, war das Wissen über die Lebensdauer von Eizelle und Sperma im weiblichen Körper eine entscheidende Information, ein notwendiger Teil unseres Aufenthalts in der Galaxie der Körperlichen Wahrnehmungen.

Ich fuhr fort mit dem Wissen, das die Frauen wünschten. Was das Leben der Eizelle und die Lebensdauer von Sperma betrifft, sobald es sich in den Strukturen des weiblichen Körpers befindet, so gehen die Meinungen auseinander. Die zuverlässigsten Informationen scheinen in Hafez' und Evans Daten über menschliche Fortpflanzung (1973) gesammelt worden zu sein, und ihrem Buch sind die folgenden Informationen entnommen:

Nach dem Eisprung bewegt sich das Ei rasch zum Isthmus (engste Stelle des Eileiters) und erwartet die Befruchtung. Dort wird es zwei bis zweieinhalb Tage von starken Kontraktionen zurückgehalten, die es daran hindern, sich aus dem Eileiter wegzubewegen. Falls keine Befruchtung stattfindet, bewegt sich das Ei danach zur Gebärmutter und schließlich zur Scheide hinaus. Das Ei wandert in drei Tagen, vom Eisprung an gerechnet, bis zur Gebärmutter.

Sperma lebt ungefähr 48 Stunden, möglicherweise länger, im weiblichen Körper. Es bewegt sich schnell zur engsten Stelle des Eileiters hinauf, um auf die Ankunft des Eies zu warten oder sich damit zu verbinden. Es gibt drei Phasen des Spermatransports, die schnellste dauert 1 1/2 bis 10 Minuten, die längste 30 Minuten. Sperma kann sich in 1 1/2 Minuten durch den Muttermund bewegen und den Eileiter in 2 Minuten erreichen.

Bezogen auf die Lebensdauer von Ei und Sperma erstrecken sich die fruchtbaren Tage wahrscheinlich von 2 Tagen vor dem Eisprung bis zweieinhalb Tage nach dem Eisprung, möglicherweise etwas länger.

NACH EINEM RÜCKBLICK AUF DIE KÖRPERLICHEN WAHRNEHMUNGEN GING DIE REISE WEITER

Die Nacht hatte sich viele Male auf die Große Ebene des Affenbrotbaumes gesenkt, seitdem unser silbernes Raumschiff leicht auf ihren grünen und goldenen Wiesen gelandet war. Die Frauen hatten einiges Wissen über den Ablauf ihrer Menstruation erworben. Sie hatten gelernt, daß ihre anatomischen Strukturen vollkommen und schön sind, und daß sie eine Vielfalt von Reaktionsmöglichkeiten haben – zur Empfängnis, zur Fortpflanzung, zum sexuellen Vergnügen. Insbesondere hatten sie folgende Auskünfte über ihren Menstruationszyklus erhalten:

Bei jedem Eisprung-Zyklus bildet sich im Eierstock eine neue anatomische Struktur, die Gelbkörper heißt und Progesteron herstellt. Auch die Gebärmutter wird mit neuem Gewebe ausgekleidet. Dieses Gewebe besteht aus vielschichtigen Zellstrukturen, Wasser, Salz und Aminosäuren. Es ist mit einem komplizierten Netz spiraliger und eng verschlungener Blutgefäße ausgestattet, um ein wachsendes Embryo zu ernähren, falls eine Befruchtung stattfinden sollte.

Wenn keine Befruchtung stattfindet, sinkt der Progesteronspiegel, und der Mutterboden der Gebärmutterschleimhaut kann sich nicht mehr aufrechterhalten. Wellenförmig verlaufende Bewegungen verengen und behindern den Blutstrom, lassen das Gewebe zusammenfallen und stoßen es mit dem menstruellen Fluß ab. Ein neuer Zyklus beginnt. Östrogen hilft, die offenen Blutgefäße durch die Bildung von Blutgerinnseln an ihren Enden zu heilen, und die menstruelle Blutung hört auf.

Für die Frauen, die lernen wollten, die Vorgänge in ihrem Körper mit der Macht ihres Geistes zu lenken, war es vielleicht am Wichtigsten zu erfahren, welche Beziehung zwischen Neurotransmittern und den aufeinander abgestimmten positiven und negativen hormonellen Rückmelde-Systemen bestand. Denn es sind die

Rückmelde-Systeme, die das Gleichgewicht zwischen den Ereignissen des Eisprung-Zyklus und des Menstruationszyklus erhalten. Neurotransmitter, von höheren Gehirnzentren hergestellt, können das Gleichgewicht zwischen den Hormonen, die im Hypothalamus, der Hirnanhangdrüse und den Eierstöcken gebildet werden beeinflußen. Wirkstoffe wie Dopamine und Norephinephrine werden als Reaktion auf physischen und emotionalen Stress gebildet und können den Rhythmus und das Gleichgewicht des Zyklus unterbrechen und dafür sorgen, daß der Eisprung nicht stattfindet (Anovulation), daß die Menstruation schmerzhaft ist (Dysmenorrhoe) und andere Störungen auftreten.

Diese Zusammenhänge hatten, von all dem Wichtigen, das sie auf unserer Reise in Unbekannte Räume erfuhren, die größte Bedeutung; denn die 8 Frauen glaubten an vieles, das schwerwiegenden Stress auslöste. Jeder Zyklus ließ den jeweiligen Glauben erneut wirksam werden, stellte ihre Reaktionen auf Eisprung und Menstruation von neuem her. Bei jeder Frau war die Reaktion anders. Bei Alison, Leah, Shirley und Elsie waren es heftige, behindernde Schmerzen, Schwermut und tiefe Angstgefühle. Bei Lily war es das Ausbleiben des Eisprungs. Bei Suzanne das Ausbleiben des Eisprungs und die Bildung von Eierstockgewebe, das vergrößert, fasrig und wahrscheinlich zystisch wurde. Jesse und Jay Jay machten Schmerzen und Schwermut durch, wenn auch in geringerem Maße als die anderen Frauen. Die Frauen reagierten auf Reize, die außerhalb des Menstruationszyklus auftraten, Reize, die höchsten Stress in ihnen hervorriefen. Dazu gehörte weiblich sein, eine erwachsene Frau sein und der Wunsch, Kinder oder keine Kinder zu haben, ein Wunsch, der in Konflikt mit anderen, wichtigen Menschen ihres irdischen Daseins geriet. Angst vor Blut, die Erwartung von Schmerzen, Bedrückung und die Peinlichkeit, die sie mit Menstruation verbanden, waren andere Faktoren, die bei den Frauen eine heftige Stressreaktion hervorriefen.

Der Glauben jeder Frau gehörte einem anderen Bereich an. Ich wußte, daß ich mich allein mit diesen Zusammenhängen auseinandersetzen mußte, indem ich das, woran sie glaubten und die physiologischen Reaktionen mit den Machtprinzipien verband, die sie bereits kannten und mit denjenigen, die sie sich noch aneignen mußten. Ich wußte auch, daß es noch weitere Macht-Techniken gab, die die Frauen zu erlernen hatten, bevor sie Einfluß auf ihren Körper nehmen konnten. Sie hatten gelernt, ihre Aufwachtemperatur zu messen und die Veränderungen in ihrem Muttermundschleim zu erkennen. Sie benötigten die Erfahrung mit hypnotischen Formeln, um eine Veränderung ihrer körperlichen Reaktionen auf die Ereignisse des Menstruationszyklus einzuleiten. Techniken für eine andere Zeit. Ich benötigte Raum zum Nachdenken. Meine Suche war auf Integration ausgerichtet, eine Suche, die der Einsamkeit bedurfte, des Alleinseins und der Klarheit.

Ich ließ die Frauen im Schutz des mächtigen Affenbrotbaumes zurück und steuerte das silberne Schiff in die Schwärze des Unermeßlichen Jenseits hinaus, nur von blinkenden Lichtern ferner Planeten und einer inneren Intensität geleitet, die mich in meiner Suche nach Unbekanntem Wissen vorantrieb. Als würde es von einem Anderen Wesen gelenkt, einer Kraft, die mächtiger war als meine eigene, schien das silberne Schiff auf mysteriöse Weise weiter und weiter nach außen gezogen zu werden und glitt rasch an Planeten vorbei, die mich mit der Pracht ihrer Städte anlockten, der Schönheit ihrer Menschen, der Verführung ihrer Musik. Nach einer Zeitspanne, die mir wie Äonen von Lichtjahren erschien, gelangte das Schiff ins Reich der Ruhe, einem obskuren Planeten. Es schwebte dicht über dem Kamm eines Berges mit granitenen Wänden, die auseinanderglitten als Antwort auf nie gesehene Energiekräfte. Im Inneren befand sich eine weite und stille Marmorhalle. Ich wußte, daß ich zur äußeren Reichweite gereist war. Ich wußte ebenfalls, daß ich meine Suche nach Integration in der Einsamkeit ihrer abgeschiedenen Räume erfüllen konnte.

ICH STAND ALLEIN IN MARMORHALLEN
UND ERLEBTE EINSAMKEIT

Allein, mitten in der marmornen Pracht fühlte ich mich, als stünde ich am Scheideweg. Ich war voll darauf gefaßt, daß der granitene Berg, der meine Einsamkeit ermöglichte, vom Blitzstrahl getroffen und entzwei gespalten werden würde. Seit Monaten hatte ich, anhand der Daten dieser meiner dritten Reise über die Zusammenhänge von Gedanken und Glauben und den physiologischen Abläufen des Menstruationszyklus nachgedacht. Ich hatte beharrlich über die Vielschichtigkeit des Menstruationszyklus nachgegrübelt, die Kompliziertheit seiner positiven und negativen

Rückmeldesysteme, seines Auf und Ab und wurde im Verlauf dieser Entwicklung nervös, entfremdete mich meinen Mitbewohnerinnen, sonderte mich ab und wurde einsiedlerisch, um Bezüge herzustellen, die in die Domäne anderer zu gehören schienen.

Es war ein ehrfurchtsgebietender Augenblick, und ich hatte Angst. Welchen wissenschaftlichen Wert hatten meine Entdeckungen? Meine Forschungsarbeit war ungewöhnlicher Natur gewesen, meine Entdeckungen konnte man eher einem klinischen als einem labortechnischen Prozess zuordnen. Meine Subjekte waren menschlich, keine genetisch gezüchteten Tiere. Die Variablen waren eher vielschichtig und unendlich als endlich und deshalb weniger kontrollierbar. Mein Ziel war, Fragen zu finden und aus den Fragen heraus eine Heilweise. Es begann mit Unbekanntem, und die Ergebnisse wurden von Unbekanntem bestimmt. Wegen der Natur der Forschungsarbeit beruhte meine Raumfahrt mit 8 Frauen auf Intuition und war deshalb meinen subjektiven Neigungen ausgeliefert. Weil eher der Prozess den Inhalt bestimmte als — wie sonst üblich — umgekehrt, der Inhalt den Prozess vorschreibt, fragte ich mich, ob die Daten für diejenigen einen Wert haben würden, die nicht an der Entwicklung teilgenommen hatten. Insbesondere fragte ich mich, ob andere Frauen Erfolg haben würden bei der Anwendung der Heilungsmethodologie, die sich aus dem Prozess entwickelte.

Sechs Frauen, die sechs, die für die Gesamtdauer von 6 Monaten an der Reise teilnahmen, erreichten die Erfüllung ihrer Ziele. Sie hatten sorg-lose menstruelle Zyklen ohne emotionale und physische Schmerzen. Ihr Eisprung war regelmäßig, und sie konnten die Länge ihrer Zyklen präzise lenken.

Dennoch ist die Methodologie ein vielschichtiger Prozess. Er verlangt innere Erforschung, persönliches Wachstum und Zeit. Am meisten von allem fordert er die persönliche Beteiligung einer individuellen Frau; denn sie muß die Verantwortung für ihre eigene Heilung übernehmen. Das Endergebnis ist die Erlangung persönlicher Macht, der Macht, mit der Ihr Euren Körper heilen könnt. Ich frage mich, wieviele Frauen die Verantwortung für ihre eigene Heilung übernehmen, die erforderliche Zeit aufbringen, um die Methodologie zu erlernen und die damit verbundenen Gefahren in Kauf nehmen würden. Die Methodologie ist keine bequeme Lösung, wie Pillen bequem sind, aber sie ist magisch in ihrer Wirksamkeit. Aber selbst Magie erfordert das Mischen der Arznei, das Brauen des Tranks, den Prozess des Nachdenkens und

Zeit, um die nötige Weisheit zu erlangen. Wieviele Frauen, fragte ich mich, würden die Methodologie als brauchbar für ihre eigenen Menstruationsprobleme erachten und könnten eine Beziehung zu dem Fantastischen, das sie hervorbrachte, aufnehmen?

MIT DER ICH DIE NOTWENDIGE INTEGRATION HERSTELLEN KONNTE

Die Erreichung der Macht, mit der Ihr Euch selbst heilen könnt, hängt von einem Verknüpfen verschiedener Kenntnisse ab. Integrieren und vermischen. Sie erfordert das Wissen über einen Menstruationszyklus, der hormonell vollkommen ausgewogen und abgestimmt ist, im Zusammenhang mit dem Wissen von Glaubenssystemen und darüber, wie diese das physiologische Gleichgewicht beeinflussen und verändern können. Eine Veränderung kommt zustande, wenn Kenntnisse der physiologischen Faktoren und der Glaubenssysteme mit den Machtprinzipien und Macht-Techniken verbunden werden.

Die Vielfalt einer Person, die sie von einer anderen Person unterscheiden läßt, ist in den beiden Halbkugeln (Hemisphären) des Gehirns gespeichert, in der grauen und gewundenen Großhirnrinde, die alle Prozesse in Gehirn- und Nervensystem steuert. Die Großhirnrinde ist für motorische Bewegungsabläufe verantwortlich, für abstrakte Denkprozesse und für gespeicherte Informationen wie Erinnerungen, Glaubenssysteme und Wertsysteme. Der Zusammenhang zwischen Denkprozessen, gespeicherten Informationen und dem Menstruationszyklus interessierte mich am meisten; denn was wir glauben, wird aus bewußt aufgenommenen Meldungen gespeichert und neigt dann dazu, automatisch zu funktionieren, in automatischen Reaktionen. In der Terminologie von Ivan Pavlow, dem russischen Physiologen, könnten wir sagen, daß ein Reiz an der Großhirnrinde ankommt, auf den eine Reaktion erfolgt, die die physiologischen Abläufe, in diesem Fall den Menstruationszyklus beeinflußt, und daß diese Antwort jedesmal, wenn der Reiz erfolgt, von neuem ausgelöst wird. Solche Reaktionen werden endlos fortgesetzt werden bis zu dem Zeitpunkt, an dem entweder der Reiz oder die Reaktion verändert wird.
Wenn es jedoch darum geht, menschliches physiologisches Verhal-

ten zu verändern, ist sehr viel mehr im Spiel als bei dem vergleichsweise unkomplizierten Reiz-Reaktion-Mechanismus tierischen Verhaltens. In physiologischer, psychologischer und kultureller Hinsicht gibt es vielschichtige Variablen, die ebenso berücksichtigt werden müssen wie die ethischen und spirituellen Seiten.

Menschliche Wesen haben, anders als tierische Wesen, die Fähigkeit, differenzierte Urteile zu bilden, auf logische und lineare Art zu denken, Mitteilungen aus einer Anzahl verschiedener Quellen zu verstehen und gleichzeitig aufzunehmen und aus erweiternden und spiralförmigen Denkweisen zu lernen. Sie haben die Fähigkeit, Zukünftiges vorauszusagen, was dahin führen kann, daß die gegenwärtige Art von Beziehungen, des Denkens und des Verhaltens verändert wird. Das Konzept der Willensfreiheit und die Wahrnehmungen und Lebenserfahrungen einer bestimmten Person sind mit diesen Prozessen verbunden und in sie eingefügt. Diese Lebenserfahrungen werden darüber hinaus von kulturellen und sozialen Einflüssen gefärbt.

Aufgrund dieser vielfältigen Variablen könnte es schwierig, wenn nicht unmöglich scheinen, Schlüsse aus den Daten zu ziehen, die ich auf meiner Reise mit den acht Frauen zusammentrug. Aber es gibt einen physiologisch-kulturell-psychologischen Zusammenhang, der zum Tragen kommt und von dem sich bestimmte Schlüsse ableiten lassen.

Die Großhirnrinde ist sowohl für die Steuerung autonomer und automatischer Körperreaktionen verantwortlich, als auch für vielschichtige Denkprozesse. Der Heilung des Körpers aus der Macht des Geistes liegt die Beziehung von Denkprozessen zu den automatischen Reaktionen zugrunde. Das betrifft hauptsächlich die physiologischen Reaktionen von Gebärmutter, Eierstöcken, Eileiter, Hirnanhangdrüse und Hypothalamus auf die physiologischen Reaktionen der Nervenzellen in der Großhirnrinde. Diese reagieren auf Streß, der durch das, was wir glauben, entsteht. Was wir glauben, wird in der Großhirnrinde gespeichert und in Form von Gedanken aktiviert, die die intensiven Gefühle der Angst, der Schwermut, des Ärgers und des Zorns verursachen. Diese Gefühle lösen dann die Ausschüttung von Neurotransmittern aus, die im Hypothalamus die Steuerung der Hirnanhangdrüse und der Eierstöcke beeinflussen.

Die Ausschüttung von Neurotransmittern, ausgelöst durch die Geist-Körper-Reaktion, kann durch eine Vielzahl von Reizen hervorgerufen werden. Bei den Frauen des Forschungsprojektes handelte es sich um Überzeugungen, die Streß hervorriefen. Alisons

Überzeugungen und die Lebenserfahrungen, von denen sie hergestellt wurden, veranschaulichen am deutlichsten, wie das, was wir glauben, die Geist-Körper-Stress-Reaktion herbeiführen kann.

Bei Alison diente alles als Reiz für die Auslösung der Geist-Körper-Stress-Reaktion, was ihren Glauben wachrief, weiblich zu sein sei negativ, ihren Glauben, daß sie immer abgelehnt wurde, weil sie eine Frau war und ihren Glauben, niemand könne sie schätzen, solange sie eine Frau war. Ihre Erinnerung war, daß sie bei der Geburt von ihren Eltern, ihrer Religion, ihrer Gemeinde abgelehnt wurde. Sie erinnerte sich an die Gebete der Männer in der Synagoge, die Gott dankten, daß sie als Mann und nicht als Frau geboren wurden, Erinnerungen, die sie quälten. Sie sprach bitter über ihre Hochzeit und darüber, wie sie ihrem Mann beigefügt und zu einem Teil von ihm gemacht wurde durch eine Hochzeitszeremonie, an der sie keinen Anteil hatte, bis die Formalitäten von den Männern der Synagoge erledigt worden waren. Ihr Glauben wurde all die Jahre über verstärkt durch die Gebete und Feierlichkeiten, die ihre Gemeinde und Synagoge bei der Geburt eines männlichen Kindes veranstaltete, während sie die Geburt eines weiblichen Kindes betrauerte oder zumindest dadurch ignorierte, daß keine Feierlichkeiten abgehalten wurden. Dieser Glauben und die Erinnerungen lösten Schuldgefühle in ihr aus, daß sie als weibliches Wesen zur Welt gekommen war, Ablehnung von all den Menschen, die ihr jemals wichtig gewesen waren und existentielle Angst.

Leahs intensives Mißbehagen über ihre Weiblichkeit vermischte sich noch mit anderen Überzeugungen. Der Anblick von Blut löste in ihr die Überzeugung aus, sie sterbe, Erinnerungen an einen Unfall in ihrer Kindheit, bei dem sie einen enormen Blutverlust erlitten hatte. Ihre Angst zu sterben, löste intensive Gefühle der Panik in ihr aus, die jedesmal, wenn sie menstruelles Blut sah, wieder in ihr aufstiegen.

Panik, Furcht, Schuld, Ablehnung und Angst sind Gefühle, die eine Adrenalinausschüttung hervorrufen. Es ist die physiologische Stress-Reaktion des Körpers auf jede Situation, die das Individuum als bedrohlich empfindet. Neurotransmitter wie Dopamine und Norephinephrine werden dann von den Nervenzellen der Großhirnrinde als Teil der Streß-Reaktion freigegeben. Darauf werden die Neurotransmitter von der Großhirnrinde zum Hypothalamus weitergeleitet und übers Pfortadersystem zur Hirnanhangdrüse.

Diese setzen negative oder positive Rückmelde-Reaktionen in Gang. Eine Reaktion wäre die Hemmung des LRF (luteinizing-hormone-releasing-factor).

Wird das LRF gebremst, so wird der LH-Gipfel in der Mitte des Zyklus, der für den Eisprung nötig ist, verhindert. Östradiol nimmt, wie Ihr Euch erinnern werdet, in der Übermittlung positiver und negativer Rückmeldungen eine Schlüsselrolle ein. Es ist auch notwendig, um die Empfindlichkeit des Follikels, in dem das Ei heranreift, auf tropische Hormone sicherzustellen. Diese werden von der Hirnanhangdrüse abgesondert. Östradiol ist ebenfalls für die Beziehung zwischen Follikel und Hypothalamus notwendig. Es muß in zeitlicher Übereinstimmung mit den Veränderungen in den Eierstöcken ansteigen und sinken. Wenn der Östradiolspiegel zu niedrig ist, um positive Rückmeldungen zum Hypothalamus zu signalisieren, wird der LH-Gipfel nicht eintreten.

Die chemische Reaktion über eine Nervensynapse (Umschaltstelle zur Erregungsübertragung im Nervensystem) kann auch positiv oder negativ verlaufen. Das heißt, ein Neurotransmitter kann einen Nervenimpuls hervorrufen sowohl um eine Nervenbotschaft zu beschleunigen als auch, um sie zu bremsen. Physiologisch gesehen sind diese Konzepte wichtig, um Überzeugungen zu verändern, um Reaktionen auf bestimmte Reize zu verändern und ebenso für den Prozess des Umlernens.

Nachdem ich Wissen mit Wissen verbunden hatte, wurde es Zeit für mich, die Marmorhallen der Integration zu verlassen und zu den Frauen, die ich im Schutz des riesigen Affenbrotbaumes zurückgelassen hatte, zurückzukehren. Die Zusammenhänge zwischen Störungen des Menstruationszyklus und dem, was wir glauben und denken, war hergestellt, ebenso wie die Erkenntnis, daß lernen und umlernen über dieselben Nervenbahnen abläuft, obwohl es zwei getrennte Prozesse sind. Deshalb scheint es, daß Veränderungen stattfinden können, ohne unbedingt eine nervale Reaktion in anderen vielschichtigen Gedankenvariablen hervorzurufen.

Was das Heilen anbetrifft, ist jedoch viel wichtiger, als Individuum bereit zu sein, den Glauben und die Gedanken zu identifizieren, die die nervale Reaktion anregen, als die präzisen Nervenmechanismen die daran beteiligt sind. Ebenso wichtig ist die Bereitwilligkeit, sie zu verändern.

Als ich schnell durch die Unermeßlichkeit der äußeren Reichweite, in die ich eingetreten war, zurückkreiste, durchquerte ich eine vielschichtige Galaxie, in der sich ein großer Planet befand, der vollständig von einer eindrucksvollen Bergkette umschlossen war. Ich wartete, bis sich die Reisenden sicher an Bord des silbernen Raumschiffes befanden, bevor ich den Versuch machte, sein Gebiet zu erforschen; denn ich wußte, daß es eines der wichtigsten Gebiete war, das wir zusammen erforschen sollten.

Als ich mit den Frauen zu den Massiven Bergen des Mantra zurückkehrte, umkreiste das silberne Raumschiff die schroffen und eindrucksvollen Strukturen, kreiste schwebend für eine lange stille Zeit, während wir nach einem passenden Durchgang durch ihr gewaltiges Äußeres Ausschau hielten. Wir suchten gründlich unter den Abgründen und den Gipfeln der Berge, ihrer Täler und Schatten und stießen auf einen kristallklaren See, den ich den Teich der Winden nannte, denn er hatte eine Form wie die fünf Kelchblätter der Winde, und sein schimmerndes Wasser wandelte sich sanft von rosa über blau zu lavendelfarben wie die immerwechselnden Farben der Dämmerung.

Wir landeten mitten in den Kelchblättern des Teiches. Unsere Aufgabe war, den Glauben, der die Frauen jeweils gefangen hielt, zu durchbrechen, Formeln zu finden, um ihre gestörten Zyklen zu heilen, weiblich zu fantasieren.

WEITERE UNTERSUCHUNGEN UND ANGABEN

Die aufgeführten Bücher und Artikel wurden in diesem Kapitel zitiert oder verwendet, um den Inhalt zu bestimmen. Sie sind alphabetisch nach Bereichen geordnet.

ANTHROPOLOGIE
1. Johann Jakob Bachofen, Mutterrecht und Urreligion, Kröner 1954.
2. Robert Briffault, The Mothers, 1927, Macmillan Co., Riverside, New Jersey 08075.
3. Sir Galahad: Mütter und Amazonen, Non Stop Verlag 1975.
4. Louise Lacey, Lunaception, 1975, Coward, McCann & Geoghegan, Inc., 200 Madison Avenue, New York 10016.

PHYSIOLOGIE – ANATOMIE

5.   T. Aono, T. Kinugasa, T. Yamamoto, A. Miyake and K. Kurachi, Assessment of gonadotrophin secretion in women with anorexia nervosa, Acta Endocrinologica, Vol. 80, 1975, S. 630-641.

6.   E.L. Billings, J.J. Billings, J.B. Brown and H.G. Burger, Symptoms and hormonal changes accompanying ovulation, Lancet, February 5, 1972, S. 282-284.

7.   Gillian D. Bryant, Martin E. A. Panter and Teodor Stelmasiak, Immunoreactive relaxin in human serum during the menstrual cycle, Journal of Clinical Endocrinology and Metabolisms, December, 1975, Vol. 41, No. 6, S. 1065-1069.

8.   K.J. Catt, An ABC Of Endocrinology, 1971, Little, Brown and Co., Boston.

9.   Rose E. Frisch and Janet W. McArthur, Menstrual cycles: fatness as a determinant of minimum weight for height necessary for their maintenance or onset, Science, Vol.185, 13 September 1974, S.949-951.

10.   William F. Ganong, Review Of Medical Physiology, 6th ed., 1973, Lange Medical Publications, Los Altos, California.

11.   Arthur C. Guyton, Textbook of Medical Physiology, 4th ed., 1971, W.B. Saunders Co., West Washington Square, Philadelphia, Pa. 19105.

12.   E.S.E. Hafez and T.N. Evans, editors, Human Reproduction: Conception and Contraception, 1973, Harper & Row, San Francisco.

13.   W. Henry Hollinshead, Textbook Of Anatomy, 1972, 3d ed., Harper & Row, San Francisco.

14.   Eric R. Kandel, Nerve cells and behavior, Physiological Psychology, readings from scientific American, July 1970, W.H. Freeman and Co., San Francisco.

15.   William R. Keye, Jr., Basil Ho Yuen, and Robert B. Jaffe, New concepts in the physiology of the menstrual cycle, Clinics in Endocrinology and Metabolism, Vol. 2, No. 3, November, 1973, S. 451-467.

16.   William H. Masters and Virginia E. Johnson, Human Sexual Response, 1966, Little, Brown and Co., Boston. Deutsch: Die sexuelle Reaktion, Akademische VG, 1967 .

17.   John F. O'Connor, Edward M. Shelley and Lenore O. Stern, Behavioral rhythms related to the menstrual cycle, Biorythms and Human Reproduction, 1974, John Wiley &

Sons, 605 3d Avenue, New York, New York 10016.

18. Bert W. O'Malley and William T. Schrader, The receptors of steroid hormones, scientific American, February 1976, Vol. 234, No. 2, S. 32-43.

19. Alan S. Parkes, Sexuality and reproduction, Perspectives in Biology and Medicine, Spring, 1974, S. 399-410.

20. G.F. Powell, J.A. Brasel, S. Raiti, and R.M. Blizzard, Emotional deprivation and growth retardation simulating idiopathic hypopituitarism, II. Endocrinologic evaluation of the syndrome, New England Journal of Medicine, Vol. 276, No. 23, June 8, 1967, S.1279-1283.

21. Mike Samuels, M.D., and Hal Bennett, The Well Body Book, 1973, Random House/Bookworks, Berkeley, California 94710.

22. Leon Speroff, Robert H. Glass and Nathan G. Kase, Clinical Gynecologic, Endocrinology and Infertility, 1973, Williams & Wilkens Co., 428 East Preston St., Baltimore, Maryland 21202.

23. Julia J. Tsuei and Yiu-Fun Lai, Induction of labor by acupuncture and electrical stimulation, Obstetrics-Gynecology, Vol. 43, No. 3, March 1974, S.337-342.

PFLANZEN UND FÄRBEN

24. Dye Plants and Dyeing, A Handbook, Vol. 20, No. 3. Natural Plant Dyeing, A Handbook, Vol. 29, No. 2. Beide Bücher von: Brooklyn Botanic Garden Record, Plants and Gardens, 2601 Sisson Street, Brooklyn, New York 11225.

8. Kapitel

WEIBLICH FANTASIEREN

WENN IHR DER BOTSCHAFT EURER GEDANKEN ZUHÖRT

Euer Glauben hat Euch über lange Zeit gefangen gehalten, sagte ich den Frauen, als wir uns am klaren und funkelnden Teich der Winden ausruhten. Und wie es bei den Mantra-Bergen war, für die wir soviel Zeit brauchten, den Durchgang zu finden, so müßt auch Ihr einen Durchgang durch Eure Berge finden. Euer Mantra ist die Macht Eures Geistes. Ihr nennt es Gedanken. Hört der Geschichte, die ich Euch erzählen werde, genau zu; denn sie wird Eure Berge aufschließen, so daß Ihr Euch von Euren Problemen befreien könnt, jenen Problemen, die Ihr bei Eurem Menstruationszyklus erfahren habt.

Vor langer, langer Zeit lebten weise alte Frauen und andere, die nicht so alt waren, und sie wußten über Heilkräfte Bescheid. Man sagte, daß ihre Kräfte in ihren Kräutern und ihren Arzneien lagen, in der Wirksamkeit ihrer Drogen. Und da waren einige, die ihnen nachfolgten in die Wälder und zu den Flüssen und die die Kräuter sammelten, wie die Frauen sie sammelten, damit auch sie die Heilkräfte erlernen konnten, mit denen die Frauen begabt wurden. Oh, es trugen sich aber seltsame Dinge zu, als andere die Kräuter benutzten. Sie stellten fest, daß ihre Kräuter weniger wirksam als die jener Frauen waren. Da sie unfähig waren, so zu heilen wie die Frauen heilten, glaubten manche, die Frauen seien Hexen und als Hexen im Besitz von Heilkräften, die gewöhnlichen Menschen unbekannt waren. Richtig. Sie besaßen wirklich die Kenntnis von Heilkräften. Ihre Kräfte stammten weder aus ihren Kräutern, noch lagen sie in ihren Arzneimitteln verborgen, obschon die Kräuter bestimmte Ingredienzen enthielten, die den Körper in der Selbstheilung unterstützen. Die Heilfähigkeit der weisen Frauen lag in der Macht ihres Geistes begründet und in der Art, wie sie gelernt hatten, diese anzuwenden, so wie auch Ihr gelernt habt, die Macht Eures Geistes anzuwenden.

Der nächste Schritt auf Eurer Suche nach Macht besteht darin zu erkennen, welcher Glauben Euren Menstruationszyklus in seinen gestörten Rhythmen festgehalten hat. Hört Euren Gedanken zu. Schreibt sie in Euer Heft. In einigen Monaten, wenn der Teich der Winden seine dunkelste Färbung zeigt, tiefstes Indigo, und ein dünnes Eislaken seine funkelnde Oberfläche bedeckt, werdet Ihr den Durchbruch durch Eure Berge bewältigt, ein mächtigeres Mantra erschaffen haben, und Euer Körper wird voller Harmonie singen und mit der Musik der Erzengel verschmelzen.

Es dauerte viele Monate, bis die Frauen den Glauben ermittelt hatten, der ihren Menstruationszyklus jeweils beeinträchtigte, bis sie die Fertigkeit des Zuhörens lernten. Die Kunst des Zuhörens erwies sich als das Schwierigste von allem, schwieriger als jedes andere Prinzip der Macht, das sie sich aneigneten und schwieriger als jede andere Fertigkeit, die sie während unseres planetarischen Auftrags erlernten. Wochen geduldigen Übens vergingen, bis sie die Spur eines Gedankens von seinem Beginn bis zu dem Gefühl oder der Handlung, die er auslöste, nachzeichnen konnten. Die Ergebnisse bestanden in der Verwirklichung ihrer Ziele, der Erfüllung ihrer Visionen.

Hinhören und erkennen war intensive Arbeit, Arbeit, die jede Frau allein bewältigte, während sie am Ufer des tiefen Sees, in dem das Raumschiff vor Anker lag, entlangwanderte. Dies waren jedoch nur die ersten Schritte in der Entwicklung. Lange Perioden der Versenkung und Meditation kamen hinzu, damit sie einen Zusammenhang herstellen konnten zwischen ihren Gedanken und dem Glauben, in dem diese Gedanken wurzelten. Glaubensarten, die Belastung, Anspannung, Angst und Schmerz erzeugten. Ich stand jeder Frau nur in ihrer Entwicklung bei, war ihr behilflich, die Zusammenhänge herzustellen, die ihr erlaubten, die Muster ihres Glaubens zu erkennen.

Es gab manchen Glauben, der eine Streßantwort hervorrief und den gestörten Menstruationszyklus der Frauen auslöste. Jeder einzelne wird haargenau und sorgfältig untersucht werden, damit alle, die unsere Raumfahrt verfolgen, ihre eigenen Fahrten durch das Wissen, das wir entdeckt hatten, erhellt finden. Es mag wichtig sein, Euch noch einmal an die Definition des Glaubens zu erinnern, da wir lange bei diesem äußerst wichtigen Thema verweilen werden. Woran Ihr glaubt, ist für Euch persönlich wahr. Es sind Eure Überzeugungen und Eure Meinungen. Es sind Werte, die Ihr bewußt angenommen, und die Ihr intellektuell gebilligt habt. Für jede von Euch gilt, daß das, woran Ihr glaubt, gewichtig und bedeutungsvoll für Euch ist.

Und entdeckt, daß Ihr gar nicht sicher seid, ob Ihr weiblich sein mögt

Früher, bei den ersten Gesprächen mit Kandidatinnen, die für den Weltraumflug infrage kamen, stellte ich fest, daß die scheinbar simple Frage: ,,Wie fühlst du dich als Frau?"eine ausgesprochen negative Reaktion auslöste, und so wurde sie für alle, die mit mir reisten, ein Bestandteil im Lernprozess des Zuhörens. Als die Frauen an Bord des Raumschiffes traten, bat ich jede von ihnen, ,,weiblich, feminin, Dame und Frau" zu definieren. Das war ein Mittel, um herauszufinden, was sie von sich selber glaubten; denn dieser Glauben war es, der die Grundlage ihrer Identität formte. Es gab keine ,,richtigen" oder ,,falschen" Definitionen. Ich beabsichtigte herauszufinden, ob sie es − ungeachtet ihrer Definitionen − positiv oder negativ bewerteten, eine Frau zu sein, und ob das Verhältnis zu ihrer eigenen Weiblichkeit belastet und deshalb gestört war. Wenn die Frauen glaubten, daß es in irgendeiner Weise negativ oder von Nachteil sei, so war mein Ziel, sie bei der Veränderung dieses Glaubens durch die Erschaffung eines anderen, der Weiblichkeit positiv bewertete, zu unterstützen.

Ich definierte weiblich im biologischen Sinne. Das heißt, weiblich sein bedeutet, bestimmte anatomische und genetische Gewebe zu haben, die sich, zusammen mit ihren physiologischen Funktionen, von den männlichen unterscheiden. Die Worte ,,Dame, feminin und Frau" haben bestimmte soziale und kulturelle Bedeutungen, die positiv bewertet werden können oder nicht, je nachdem, wie eine bestimmte Person darüber denkt oder sich darauf bezieht. Jede Definition war akzeptabel, solange eine Frau der Überzeugung war, sie sei für sie und für ihre eigene Lebensart von Nutzen.

Diejenigen, von den acht Frauen, die es negativ bewerteten, weiblich zu sein, sahen darin etwas Unakzeptables oder Beleidigendes, das ihnen oder anderen Schaden oder Schmerz zufügte. Bei den meisten Frauen stellte sich heraus, daß es ursprünglich andere gewesen waren, die eine Frau für etwas Unakzeptables hielten. Diesen Glauben hatten sie allmählich übernommen, und der Schmerz richtete sich meist gegen sie selber.

Die Ursprünge dieses Glaubens lagen in der frühen Kindheit. Bei Alison, Leah und Suzanne nahm die negative Bewertung der eigenen Weiblichkeit möglicherweise bei der Geburt ihren Anfang, obwohl sie bei Leah und Suzanne sogar schon bei der Empfängnis zu beginnen schien, da sie sowohl ungewollte Kinder als auch ungewollte Mädchen waren, Ergebnis unerwarteter und ungeplanter Schwangerschaften.

„Meine Eltern mußten heiraten", schrieb Suzanne in ihrem Tagebuch. „Ich wurde fast unmittelbar danach geboren. Nach mir kam ein anderer Sohn zur Welt." Ein anderer Sohn. Ich fragte mich, ob sie sich selber als Sohn und als männlich und auch als ungewollte Tochter betrachtete, als ungewolltes Kind. Sie konnte nur andeuten, daß sie lieber der Sohn, den ihr geliebter Vater wollte, gewesen wäre, als die Tochter, die er sogar jetzt noch „Charlie" nannte. Sie sagte deutlich, daß ihre leibliche Mutter und ihre Stiefmutter sie nicht haben wollten. Sie schwankte zwischen Wut und Verzweiflung über die Art, mit der alle sie behandelt hatten.

Leah wurde geboren, als ihre Mutter vierzig war, bereits wahnsinnig, ihr Vater sechsundfünfzig. Fernfahrer, oft von zuhause weg. Sie erinnerte sich, daß man von ihrem Vater sagte, er sei „der hübscheste Satansbraten im Bezirk, und alle Frauen seien hinter ihm her" — eine Vorstellung, die in ihrer Mutter Eifersucht und Elend auslöste.

Als ich sie fragte, was es für sie für ein Gefühl sei, eine Frau zu sein, fauchte sie: „Welche Wahl habe ich schon?" Später, nach dreimonatiger Reise im Sonnensystem sagte sie: „Ich sehe mich selbst an der Grenze zum Neutrum." Im vierten Monat der Weltraumfahrt fragte ich sie, ob sie sich als Frau gerne wohler fühlen möchte. „Tja", gab sie zurück und lachte etwas nervös, „solange ich darauf festgelegt bin, wäre es ganz schön." Am Anfang hatte sie „weiblich" als das Gegenteil von „männlich" definiert. „Feminin" war eine Mischung zwischen einer Dame der Régencezeit (1811-1820) und einer feingliedrigen Modepuppe.

Eine Dame definierte sie als eine Person, die ihre Nase hoch trägt und Tee mit gekrümmtem kleinen Finger trinkt. „Frau"bedeutete einen biologischen Zustand, eine Definition. Eine Definition wovon konnte sie nicht sagen.

Alison, die von jüdischen Eltern abstammte, wurde als Frau von ihren Eltern, ihrer Religion und ihrer Gemeinde abgelehnt.

Als ich sie fragte, wie sie sich als Frau fühlte, erwiderte sie mit Hilflosigkeit in der Stimme: „Welche Auswahlmöglichkeiten gibt es denn?" Später, am selben Tag, als sie unsere einstündige Sitzung verließ, fragte sie: „Vielleicht lehne ich es ab, eine Frau zu sein?" Als wir uns in der folgenden Woche wieder trafen, konnte sie sich nicht daran erinnern, diese Frage gestellt zu haben. Während der ersten drei Monate im Weltraum trat bei Alison augenblicklich eine schwere Migräne auf, sobald ich versuchte, mit ihr über Weiblichkeit zu diskutieren. Sie war nicht in der Lage, „weiblich, feminin, Dame oder Frau" zu definieren. Auf jede Frage konnte sie nur antworten: „Ich weiß es nicht. Ich weiß es nicht. Ich weiß es nicht." Und schließlich: „Die Periode haben, nehme ich an."

Nach drei Monaten konnte Alison über sich als Frau sprechen, ohne Kopfschmerzen zu bekommen. Zu diesem Zeitpunkt sagte sie: „Eigentlich ist es traurig, wenn Frauen es ablehnen, eine Frau zu sein, oder?"

„Ja", erwiderte ich, „eigentlich ist es traurig. Möchtest du denn akzeptieren können, daß du eine Frau bist?"

„Ich möchte schon", entgegnete sie, „aber ich werde mich nie darin wohlfühlen."

Da Alisons Selbstverständnis und ihre weibliche Identität in engem Zusammenhang mit den Rollen, die sie erfüllte, zu stehen schienen, bat ich sie, ihre verschiedenen Rollen zu definieren. Sie definierte sie alle mit Begriffen, die eine Erwartung ausdrückten.

„Eine Tochter ist eine Person, die für Mutter und Vater zur Verfügung steht. Kinder haben ihren Eltern jederzeit zur Verfügung zu stehen. Ich sollte nie erwachsen werden oder Verantwortung tragen lernen, um später für ein eigenes Kind sorgen zu können. Sie erwarten von mir, daß ich ständig etwas für sie tue, um alles, was sie für mich geleistet haben, wiedergutzumachen."

Alison war von Beruf Sozialarbeiterin und definierte sich in der Hinsicht „als eine Person, die auf die Schwierigkeiten anderer Menschen einzugehen hat und in Beziehung mit ihnen in ihre Angelegenheiten eingreift."

„Von einer Ehefrau wird erwartet, daß sie für alles, was ihr Mann will, zur Verfügung steht." Alison hatte ein noch sehr kleines Kind. Sie definierte sich in ihrer Mutterrolle als „eine Person, die dazu da ist, alle Bedürfnisse des Kindes zu erfüllen. Eine Hausfrau ist eine Person, die für alles, was im Haus benötigt wird, zuständig ist." Als sie den Begriff Hausfrau definierte, sagte Alison:

„Ist es nicht lächerlich? Aber das ist es, was ich glaube. Eine Frau muß stets verfügbar sein, wann immer sie gewünscht wird, für alles, was jeder von ihr verlangt."

„Jedesmal, wenn ich fantasiere", fuhr sie fort, „sehe ich mich allein, ohne Verantwortung für ein Kind oder einen Ehemann. Für mich ist es eine Falle, eine Frau zu sein. Ich werde in einer unterwürfigen Stellung gehalten, ohne Freiheit oder Unabhängigkeit."

Jay Jay schob meine Frage beiseite, ging nie richtig darauf ein, wenn ich sie fragte, wie sie sich als Frau fühlte. Nach drei Monaten erzählte sie mir, wie schwierig es für sie gewesen sei, über sich als Frau zu sprechen und mir zu sagen, daß sie keine Frau sein wollte. Sie definierte weiblich als grammatisches Geschlecht. Sie definierte feminin als weibliche Geschlechtszugehörigkeit und Verhaltensweisen, „Es betrifft in erster Linie all das, was ein artiges Mädchen nicht tut", sagte sie, „wie zum Beispiel: Ein artiges Mädchen trägt keine Hosen, Mädchen müssen Röcke und Kleider tragen. Artige Mädchen toben nicht auf dem Spielplatz umher. Jungs tun es. Es bedeutet, höflich Ja, Frau Sowieso und Nein, Frau Sowieso zu sagen. Eine Dame ist ein älteres Mädchen. Es heißt, sich benehmen. Eine Frau ist jede Person, die weiblich ist."

Drei Monate nach Beginn unserer Reise durch die Milchstraße teilte sie mir mit, daß sie es nicht leiden konnte, eine Frau zu sein, und daß sie Vorurteile gegen Frauen gehabt hatte, weil sie glaubte, daß sie tratschten, ihr den Freund ausspannten und Männern intelligenzmäßig unterlegen wären. Die Art von Veränderungen, an denen Männer interessiert waren, hatte sie lieber gemocht, weil Frauen nur Interesse für Kinder und Kleider zu haben schienen.

Jay Jays Mutter hatte wieder geheiratet, als Jay Jay sieben war. Später sagte man ihr, daß ihr leiblicher Vater homosexuell war, geisteskrank und ein pathologischer Lügner. „Ich glaubte auch", sagte sie mir, „daß es bedeutet hätte, homosexuell zu sein wie mein leiblicher Vater, wenn ich Frauen und ihre Art von Aktivitäten gemocht hätte. Hatte ich also keine Freundinnen, dann würde es keine Möglichkeit geben, homosexuell zu werden."

Trotz ihrer Angst traf Jay Jay bewußt die Entscheidung, ihren Glauben über Frauen zu ändern, Frauen kennenzulernen, Freundinnen zu gewinnen und, als Wichtigstes, sich selber zu mögen. Nach drei Monaten definierte sie weiblich folgendermaßen: „Weiblich sein heißt für mich, meine Geschlechtszugehörigkeit anzuerkennen und froh zu sein, daß ich Frau bin und mich darin wohl-

zufühlen. Es bedeutet, daß ich es ohne wenn und aber akzeptiere. Es heißt, wenn möglich die Meinung anderer Leute über Frau-
en zu ändern. Es ist eine Fähigkeit, die Dinge innerhalb meiner
jetzigen Beziehungen, mit Frauen und mit Männern, zu verändern." Sie hatte ihre Furcht, homosexuell zu werden, verloren und
mit verschiedenen Kolleginnen am Krankenhaus enge Freund-
schaft geschlossen.

Und glaubt, daß es überhaupt kein Spaß ist, erwachsen zu sein

Wenn Ihr nie erwachsen werden und nie die Verantwortungen einer Erwachsenen, Eurer Geschlechtlichkeit und für Kinder übernehmen wolltet, und wenn Ihr nie wirklich die Wahl getroffen
habt, ein Kind zu sein — selbst damals nicht, als Ihr tatsächlich
Kinder wart — und wenn der Beginn Eurer Menstruation Euch
klar und deutlich sagte: „Jetzt bist du eine Frau" — dann werdet
Ihr verstehen können, warum die 8 Frauen es so anstrengend
empfanden zu menstruieren. Bei jeder Menstruation wurden sie
deutlich daran erinnert, daß sie Frauen waren, daß sie schwanger
werden konnten und daß sie schließlich die Verantwortung für ihr
eigenes Leben und vielleicht für die Leben anderer würden übernehmen müssen.

Da sie diese Verantwortung ablehnten, schufen sie in ihren
Körpern Bedingungen, die die Ursache ihrer Qual scheinbar aus-
merzten. Sie erkannten nicht, daß die Ursache nicht in ihrem
Menstruationszyklus verborgen war, sondern in dem, was sie
glaubten.

Von den 8 Frauen waren die meisten der Ansicht, daß Menstruation einen Durchgang zum Erwachsensein darstellte, ein Ritual, dem ihre Mütter Bedeutung verliehen. „Du bist jetzt eine
Frau", vernahmen sie. „Es war ein gutes Gefühl", schrieb Jesse in
ihr Tagebuch. „Ich war stolz, als meine Mutter mir sagte, ich sei
eine Frau." Bei anderen traten Angstgefühle auf beim Gedanken
an die „schwerwiegende Verantwortung, Kinder haben zu können." Bei Elsie war es mehr als Angst. Es bedeutete das Ende ihrer Freiheit als Kind. Sie wollte weder menstruieren noch wollte
sie erwachsen werden.

Elsie erzählte mir, daß sie mit 25 ungeheuer gelitten hatte, weil
sie unter großer Anstrengung herauszufinden versuchte, was der
Sinn des Lebens war, was sie vom Leben wollte, in welche Rich-

tung sie ging und was sie zukünftig tun würde. „Die Zukunft dehnte sich endlos vor mir aus", sagte sie. „Das verursachte eine unerträgliche Beklemmung. Da ich unfähig war, der Angst, über meine Zukunft zu entscheiden, ins Gesicht zu sehen, beschloß ich, meine Freiheit aufzugeben und zuhause zu bleiben. Ich wollte, ich hätte im Alter von 20 stehenbleiben können und brauchte nichts zu tun außer Tennis spielen, so oft ich will." Mit 35 hatte sie ihre Wünsche erfüllt. Ihr Vater legte das Geld an, das sie als Lehrerin verdiente und erledigte ihre Steuerangelegenheiten. Ihre Mutter kochte für sie und sorgte für ihre Kleidung. Sie spielte Tennis und gab ihr Geld für Dinge aus, die sie nicht wirklich wollte. Wenn Elsie nicht jeden Monat menstruiert hätte, hätte sie vergessen können, daß sie eine Erwachsene war. Sie ließ sich gerne umsorgen, mochte es, weiblich und feminin zu sein. Letzteres definierte sie als sanftes Sprechen und Damenhaftigkeit. Während der Menstruation behandelte sie sich selber als unnormal; denn mehr als alles andere betrachtete sie Menstruation als eine „unnormale Zeit im Leben eines Mädchens."

Manchmal hätte auch Shirley es vorgezogen, immer noch ein Kind zu sein, obwohl sie sich zu anderen Zeiten auch darüber freute, erwachsen zu sein. Sie glaubte, Menstruation sei ein „sehr ernstes Thema, das ernsthaft und mit Achtung behandelt werden sollte. Es ist sehr persönlich und etwas, um das mein Leben kreist", notierte sie in ihrem Tagebuch. Mit 10 menstruierte sie zum erstenmal. Sie erinnert sich genau an ihre Gedanken darüber. „Ich bin jetzt wirklich anders. Ich bin jetzt eine Frau. Ich kann ein Kind bekommen, und das bedeutet eine große Verantwortung."

Shirleys Wunsch, ein Kind zu bleiben, hing hauptsächlich damit zusammen, daß sie sich danach sehnte, von ihrem Vater, der sie als kleines Kind wegen einer langen Serie von Liebesaffairen vernachlässigt hatte, geliebt zu werden. Weil er sich geweigert hatte, für sie zu sorgen, als sie Kind war, hatte sie immer noch das Gefühl, daß er ihr die Fürsorge, die er ihr früher nicht gegeben hatte, noch schuldete. Sie suchte immer noch danach, grämte sich deswegen, tröstete sich selbst mit Essen, so wie ihre Mutter sie früher getröstet hatte, wenn ihre Sehnsucht unerträglich geworden war.

Shirley fühlte sich unwohl als Frau, und als Kind hatte sie Jungen um ihre Freiheit beneidet. Ihre Definition von weiblich schien ein genaues Porträt ihres Glaubens und ihrer Beziehung zu Männern zu sein.

„Eine Frau ist die zweite Hälfte eines Mannes", sagte sie mir. „Sie ist die Trägerin des Mannes. Zuzeiten ist sie die Partnerin des Mannes. Körperlich ist sie schwächer als ein Mann. Sie ist jemand, die sich mit einem Mann identifiziert und nicht weiß, wer sie ist, weil weiblich und männlich so ähnlich klingen. (Bezieht sich auf die engl. Begriffe female = weiblich und male = männlich.) Sie weint schneller als Männer und ist empfindsamer."

Und immer glaubtet, Schmerz sei normal

Shirley hatte bei ihren ersten zwei Menstruationen keine Schmerzen, obwohl sie ihr peinlich waren und sie es nicht ausstehen konnte, Binden zu tragen. Nach den ersten beiden Malen litt sie an so einschneidenden Schmerzen, daß sie gezwungen war, aus der Schule nach Hause zu gehen. Ihre Mutter ging mit ihr zu einem Arzt, der sie untersuchte und sagte, es sei alles in Ordnung. Da er nichts unternahm und ihr nichts gegen die Schmerzen verabreichte, und ihre Mutter nichts unternahm und niemand über die Heftigkeit der Schmerzen bestürzt war, nahm sie an, daß es normal sei, Schmerzen zu erdulden. Vor unserer Landung hinter den Bergen des Mantra hatte Shirley 26 Jahre lang schlimmste Schmerzen bis zur Untauglichkeit durchgemacht.

In ihrem Tagebuch schrieb Shirley: „Ich habe schmerzhafte Krämpfe, weil mein Körper sich dem ganzen Ablauf widersetzt. Er fühlt, daß er für etwas bestraft wird, wofür ich die Gründe nicht weiß."

„Vom prämenstruellen Syndrom angefangen", fuhr sie fort, baut mein Körper seine Verteidigung gegen die Menstruation auf oder er trotzt, weil er nicht standhalten kann. Der Menstruationsablauf ist überwältigend, und mein Körper kann sich dieser Gewalt nicht widersetzen. Mein Körper ist überwältigt und verwirrt."

Elsie erzählte mir während einer Sitzung, bevor das Raumschiff die Erdgalaxie verlassen hatte, Schmerzen und Unwohlsein seien während ihrer Menstruation so schlimm, daß sie am liebsten „alles herausnehmen lassen möchte". Auch ihr war von einigen Ärzten weisgemacht worden, daß nichts gegen ihre Schmerzen getan werden könne. Es sei normal, gab man ihr zu verstehen. Sie habe sich damit abzufinden und müsse lernen, damit zu leben. Ihre Mutter stimmte dem zu und verstärkte den Fluch, den man über sie ausgesprochen hatte, eine böswillige Verwünschung, die tatsächlich eine wahre Doppelbindung darstellte; denn wann immer eine Person mit einer bestimmten Bedingung leben muß, bedeutet das Umgekehrte davon zu sterben, wenn die Bedingung aufgegeben wird.

Elsie glaubte, daß der Grund für ihre Schmerzen darin bestand, daß „drinnen alles anschwillt und der Fluß unterbrochen wird. Wenn mein Fluß aufhört", sagte sie zu mir, „entstehen die schweren Krämpfe."

Und nie die Verantwortung für Kinder wolltet

Ich habe mich oft über Lily gewundert und über den Glauben, der sie davon abhielt, einen Eisprung zu haben. „Ich habe mich als Frau immer wohl gefühlt", schrieb sie in ihrem Tagebuch und beschrieb es folgendermaßen:

„Eine Frau sein heißt eine Periode haben, schwanger werden können, Brüste haben. Es ist der sexuelle Unterschied von männlich und weiblich, Männer haben einen Penis. Frauen haben eine Scheide. Daß Frauen schwächer als Männer sein sollen, ist eine kulturbedingte Auffassung. Sie brauchen nicht schwächer zu sein."

„Ich genieße es, feminin zu sein, aber ich bin dankbar, daß ich in einem Zuhause aufwuchs, wo alle gleichwertig behandelt wurden." Lily war die Älteste von 5 Kindern, zwei Mädchen, drei Jungen. Es gab bei uns zuhause nichts derartiges wie Mädchenarbeit oder Jungenarbeit. Es gibt mir ein gutes Unabhängigkeitsgefühl zu wissen, daß ich Bauarbeiten machen, autowaschen und grundsätzlich ein Auto warten und harte, manuelle Arbeit verrichten kann. Ich glaube nicht an die Vorstellung von hilfloser Weiblichkeit, aber ich genieße es auch, freundlich behandelt zu werden, anderen zu helfen und für Dinge und Menschen zu sorgen. Es macht Spaß, sich schön zu machen, und ich mag hübsche Dinge sehr gerne. Ich finde es auch toll, soviele Streicheleinheiten zu bekommen, weil ich feminin bin, und deshalb fühle ich mich als Frau so gut."

Lily definierte „feminin" als „sanftmütig, freundlich und anmutig, Locken tragen und hübsch aussehen". „Es sind Adjektive," sagte sie. „Eine Dame verfügt nur über einen begrenzten sozialen Rahmen, ist selbstbeherrscht, nicht aggressiv und widerspricht nicht. Eine Frau ist eine Verbindung der drei Vorstellungen."

Lily schien unentschlossen zwischen verschiedenen Glaubenshaltungen zu stehen und von ihnen neutralisiert zu werden. Haltungen, die sie dann daran hinderten, einen Eisprung zu haben. Sie stand zwischen dem, was sie über den Wert, gleichberechtigt zu sein und feminin zu sein glaubte, so wie sie Gleichberechtigung und Feminität definierte. Genauso schien sie zwischen ihren Vorstellungen über Kindheit und Erwachsensein zu stehen.

Die Bewertung ihrer Kindheit hatte mit ihrer Mutter zu tun. Sie hatte mir von der Abneigung, die sie in ihrer Jugend der Mutter gegenüber verspürt hatte erzählt, von den Spielen, die diese gespielt hatte — von zuhause wegzulaufen, Lily den Haushalt und die Versorgung der jüngeren Geschwister überlassend. Dann rief sie an und versuchte, ihre Stimme zu verstellen und fragte: „Ist deine Mutter zuhause?" — womit sie Lily zu Wutausbrüchen brachte. Es schien, daß Lily nie ein Kind gewesen war und daß sie die Kindheit, zumindest während ihrer frühen Jahre, negativ bewertete. Es schien auch, daß sie immer wie eine Erwachsene hatte handeln müssen, sogar als sie tatsächlich ein Kind gewesen war. Ich fragte mich, ob sie jemals die Freiheit der Kindheit gekannt hatte, ob sie jemals endlose Stunden damit verbracht hatte zu träumen, ohne etwas tun zu müssen, ohne für etwas verantwortlich zu sein.

Ich fragte mich, ob Lily jemals geglaubt hatte, es sei etwas Besonderes, ein Kind zu sein und etwas Besonderes, ein weibliches Kind zu sein. Ich fragte mich, ob sie wußte, daß sie die Wahl hatte zu glauben, was auch immer sie über sich glauben wollte, und daß sie die Vorstellungen, die andere von ihr hatten, nicht akzeptieren mußte, noch nicht einmal die, die sie als Kind betrafen.

Ich habe Lily diese Fragen nicht gestellt; denn sie sind erst beim Schreiben in mir aufgetaucht und dadurch, daß ich noch weitere Überzeugungen betrachte, die sie davon abhielten, einen Eisprung zu haben. Doch ich vermute, daß die Antworten in den Fragen selbst liegen, und daß es für Lily sehr schwierig gewesen wäre, sie klar zu beantworten, ohne Spinnweben auf ihrem Spiegel.

Auf unseren Streifzügen in der Milchstraße und weiter hinaus, in Galaxien jenseits davon, entdeckten wir, Lily und ich, daß sie glaubte, Kinder wären eine schwerwiegende Verantwortung und eine Last, von der sie nicht sicher sagen konnte, ob sie sie auf sich nehmen wollte. Sie wollte nicht von Kindern überwältigt werden, wie ihre Mutter überwältigt worden war. Um Lilys Haltung Kindern gegenüber zu verändern, wofür sie sich entschied, diskutierten wir über Beziehungen mit Kindern, die sich von der, die sie zu ihrer Mutter hatte, unterschieden: daß es genußvoll sein kann, mit Kindern zusammenzusein, zu beobachten, wie sie heranwachsen, Anteil an den Wundern der Kindheit, die für erwachsene Augen meist verschüttet sind, zu haben, die Freuden, die ich mit meinen eigenen Kindern erlebt hatte. Ich erinnerte sie auch daran, daß Kinder haben nicht kontrollieren oder von ihnen kontrolliert werden bedeutet, wie es die Wahl ihrer Mutter gewesen war. Elternschaft heißt, Kindern beizustehen, erwachsen zu werden. Ich sagte ihr auch, daß Elternschaft vor allem andern heißt, Kinder in ihrer Art zu belassen; denn Kinder sind weise und liebevolle und verantwortungsvolle Menschen, es sei denn, daß die Eltern, wie es nur allzuoft vorkommt, in die natürliche Entwicklung eingreifen und Kinder dann im Glauben heranwachsen — was bei den 8 Frauen der Fall war — daß es falsch oder schlecht sei, so zu sein, wie sie geworden waren.

Oder die Verantwortung für Euer Geschlechtsleben

Jedesmal wenn ich versuchte, sexuelle Angelegenheiten mit den Frauen zu besprechen, schien eine seltsame Aura die Berge des Mantra zu umgeben. Eine Wolke erhob sich dann und gab, verhüllend und verbergend, unseren Gesprächen eine „als-ob" Haltung, eine gewisse Unwirklichkeit. Es war, als ob sie wüßten, daß etwas nicht stimmte, aber sie waren sich weder sicher, was dieses „etwas" war, noch, was es verfälschte. Den Glauben, der hinter ihren Gefühlen stand zu identifizieren, war eine langandauernde, zögernde, aufrührende Entwicklung. Oft war aus dem, was sie stillschweigend zugrunde legten, mehr zu entnehmen, als aus dem, was sie mitteilten. Ihre Ansichten über Sexualität wurden mehr von ihren Religionen versteckt und getarnt, mehr durch traditionelle kulturelle Werte und Verbote bestimmt, die ihnen als junge Frauen auferlegt worden waren, als durch alles, was sie über akzeptables oder unakzeptables Sexualverhalten gehört hatten.

Alle acht Frauen wußten, daß Menstruation in Beziehung zum Eisprung und daß der Eisprung in Beziehung zu Schwangerschaft stand. Dieses Wissen erwarben sie sich entweder zur Zeit ihrer ersten Menstruation oder kurz danach. Doch es hatte fast den Anschein, als ob ihre Ansichten über alles Geschlechtliche so erdrükkend waren, große Beklemmung und Furcht oder eine zu große Verantwortung mit sich brachten, daß alles, was sie tatsächlich über Schwangerschaft wußten, davon überschattet wurde.

Lilys Aufzeichnungen zeigen am deutlichsten, wie zwiespältig die Ansichten der Frauen über Sexualität waren: „Es erschreckt mich immer wieder, wie unsere Kultur und die sozialen Normen auf eine Person abfärben, sogar ohne direkten Unterricht. Der weiße Ritter. Die große wahre Liebe. Und von da an lebten sie glücklich und zufrieden bis an ihr Ende. Kein vorehelicher Geschlechtsverkehr. Das waren alles Dinge, die ich glaubte, ob ich es mir eingestehen wollte oder nicht, als ich mit dreiundzwanzigeinhalb heiratete. Alle diese sozialen Säulen sind langsam ins Wanken geraten, was manchmal schmerzhaft, manchmal angenehm ist. Ich habe dadurch ein neues Freiheitsgefühl bekommen. Aber mit diesen neuen Freiheiten fängt das ganze Spiel von vorne an, einiges davon kann ich handhaben, einiges nicht."

„Mir liegt viel daran, berufstätig und dadurch unabhängig zu sein und meinen eigenen Bereich zu haben. Es war etwas, was ich entwickeln mußte, weil ich zuerst dachte, daß mein Leben um meinen Mann kreisen müßte, und ich fühlte mich verletzt, als er darauf bestand, daß ich meine eigenen Dinge tun sollte. Ich genieße es, einen ehemaligen Freund zu besuchen, wieder mit ihm herumzurennen, mit und ohne meinen Mann."

„Ich bringe es nicht fertig, nackt vor anderen Menschen herumzulaufen, selbst wenn es alte Freunde sind oder bei Anlässen wie nackt baden. Mit außerehelichem Geschlechtsverkehr komme ich nicht klar, auch nicht mit Dingen wie, sagen wir mal einer homosexuellen Erfahrung. Ich mißbillige Nacktheit oder außereheliche Geschlechtsverkehr überhaupt nicht und gebe keine Werturteile darüber ab. Ich bin einfach nicht frei genug, um mich an solchen Aktivitäten zu beteiligen."

Jesse, Jay Jay und Shirley wuchsen in den Südstaaten als Baptistinnen auf, einer fundamentalistischen Sekte, die auf strenger Bibelgläubigkeit beruht, das Christentum wörtlich interpretiert und es mit strikten moralischen Einschränkungen im sexuellen Bereich versieht. Jungfräulichkeit und Monogamie wurden hoch bewertet. Sie sagten mir, daß ein Versagen in der Einhaltung dieser Vorschriften als Sünde galt, und daß es ihr Leben nach dem Tod aufs Spiel setzen würde. Für diese Frauen war es vielleicht noch wichtiger, welche Verdammung sie von ihren Familien und ihren Gemeinden zu spüren bekommen würden, wenn sie im Gegensatz zu ihren religiösen Glaubenssätzen handelten.

Alison war jüdischen Glaubens, und dieser war ebenso einschränkend wie Leahs, die als Spiritualistin aufwuchs und wie Elsies, die Katholikin war.

Der religiöse Glaube jeder Frau beeinträchtigte in irgendeiner Weise ihre Sexualität, ihre Vorstellungen über sich als Frau und folglich den ungestörten Menstruationsablauf.

Als junge Frau glaubte Shirley, daß sie schwanger würde, wenn ein Mann ihre Brüste berührte. Ein Glaube, der nicht in Frage gestellt wurde, da Familie und Kirche es als unschicklich und unmoralisch ansahen, sexuelle Angelegenheiten zu diskutieren. Es war ein Glaube, der ebenso für Jesse, Jay Jay, Leah und Alison galt. Ihre Familien gingen davon aus, daß ihr religiöser Glaube mächtig genug sei, um sie von sexuellen Aktivitäten fernzuhalten bis sie heirateten. Zu dem Zeitpunkt sollten sie sich dann auf magische Weise von allen Einschränkungen freimachen und sich an ihrem Körper, ihrer Weiblichkeit und ihrer Sexualität erfreuen. Für Leah, Shirley, Alison und Elsie war der religiöse Glaube tatsächlich eine mächtige und einschränkende Kraft und blieb es auch, als sie an Bord des silbernen Raumschiffes traten. Leah kannte weder sexuelle Freuden noch Wünsche. Alison begrenzte ihre sexuelle Aktivität auf die sieben oder acht Tage im Monat, an denen sie sich „normal" fühlte und empfand es nur als „einigermaßen genußvoll". Shirley und Elsie hatten keine sexuellen Erfahrungen und glaubten, es sei sündhaft oder falsch, welche zu haben, da sie nicht verheiratet waren. Elsie hatte keine intimen Beziehungen, und Shirley brach jede ab, die intim zu werden drohte.

Jay Jay wurde kurz vor Schulabgang schwanger. Es war ihre einzige sexuelle Erfahrung mit einem langjährigen Freund. Sie wußte, daß sie schwanger werden würde, weil die Voraussage ihrer Mutter „eines Tages werde sie schwanger werden und die Familie entehren" zu einem Teil ihrer inneren Überzeugungen geworden war. Die Voraussage ihrer Mutter beruhte auf Jay Jays Weigerung, die Zeiten einzuhalten, die ihr vorgeschrieben wurden – nicht aber ihrem Bruder. Einschränkungen für sie als Frau, die von Kirche und Gemeinde verstärkt wurden.

Jesse war gerne eine Frau und betrachtete sich selbst als Feministin. Aber ihre Ansichten über Weiblichkeit waren tief in den eher traditionellen Auffassungen der Frau als Gattin, Mutter und Hausfrau verwurzelt, Auffassungen, die ihre feministischen Überzeugungen weitgehend aufhoben. Sie war in der Tradition des

Südens aufgewachsen, einer kulturellen und religiösen Umgebung, die Verhaltensweisen verordnete, die einer Dame angemessen sein sollten, im Gegensatz zu dem, was man als unmoralisch und unanständig ansah.

Jesse definierte „Dame" als anständige, sich wohlverhaltende Frau und „feminin" als niedlich, hübsch und gepflegt. Beschreibungen, die genau auf Jesse zutrafen, obwohl es Definitionen ihrer selbst waren, bei denen sie lieber nicht hinhörte, wenn sie in ihren Gedanken auftauchten. „Weiblich" definierte sie jedes weibliche Lebewesen mit weiblichen Fortpflanzungsorganen. Eine Frau war ein weiblicher Mensch über 25, „die ihren Kopf beisammen hatte" und über eine gewisse Reife verfügte. Ihrer Ansicht nach war das Alter der ausschlaggebende Faktor zwischen einem Mädchen und einer Frau. Mit 26, sagte Jesse, sie betrachte sich selber nicht als Frau.

Jesses Ziel war, ihren Menstruationszyklus präzise auf 29 1/2 Tage einzustellen, um jedesmal zu wissen, wann ihr Eisprung war. Geburtenkontrolle war die vorrangige Überlegung dabei, ein Ziel, das sie rasch und leicht erreichte. Die Tabelle ihrer Aufwachtemperatur zeigte an, daß sie jeden Monat einen Eisprung hatte. Obwohl Jesse unsicher war, ob sie Kinder haben wollte oder nicht, wußte sie, daß es, gemessen an ihren eigenen und mehr noch an den elterlichen Maßstäben wie ein Fluch gewesen wäre, schwanger zu werden ohne verheiratet zu sein. Seit drei Jahren lebte Jesse mit einem Mann zusammen, den sie liebte und zu dem sie seit zehn Jahren eine enge Beziehung hatte. Während der ersten vier Jahre hatte sie häufig mit ihm geschlafen ohne schwanger zu werden, obwohl sie keine Methode der Empfängnisverhütung anwandte. Sie glaubte, daß die Furcht vor der Mißachtung ihrer Familie sie daran gehindert hatte, schwanger zu werden.

Das Zusammenleben mit einem Mann, mit dem sie nicht verheiratet war, prangerte Jesses religiösen Glauben, ihre Familie und ihre traditionelle südliche Herkunft offen an. Das offenbarte sich in einem hartnäckigen Hautproblem, das sie „ausbrechen" nannte, eine Erscheinung, die ihren Anfang nahm, als sie mit ihrem Freund zusammenzog. Sie hatte viele Behandlungsarten ausprobiert, alle ohne Erfolg. Als ich sie aufforderte, darauf zu achten, was sie sich selber während des Beischlafs sagte, zeigten die Ergebnisse den starken Einfluß ihres Glaubens.

„Als wir oral verkehrten", schrieb sie in ihrem Tagebuch, dachte ich an einen Mann im Krankenhaus, der Syphilis hat. Beim

Orgasmus blitzte vor meinem geistigen Auge plötzlich das Bild eines langen weißen Spitzenkleides auf" — die Vorstellung, die Jesse im Geist von einem Hochzeitskleid hatte.

Jesse wollte nicht akzeptieren, daß es ihr eigener Aufbruch aus traditionellen Rollen sein konnte, der ihr Gesicht veranlaßte auszubrechen. Ein Aufbruch, der ihren eigenen Glauben und den ihrer Familie verletzte.

Sie hatte das Gefühl, ihren Partner, der gegen die Ehe und traditionelle weibliche Rollen eingestellt war, verlassen zu müssen, wenn sie den Zusammenhang zwischen ihren Vorstellungen und ihrem Hautproblem akzeptierte. Der Gedanke, ihn zu verlassen, erfüllte sie mit tiefer und unerträglicher Angst. Ihr Gesicht blieb dabei auszubrechen trotz starker und eindringlicher Botschaften an ihr Inneres Selbst, trotz eindrücklicher bildlicher Vorstellung von einer klaren, makellosen Haut. Ihr Glaube, ihre Überzeugung, daß es falsch und unmoralisch sei, mit einem Mann zusammenzuleben, ohne mit ihm verheiratet zu sein, blieb neueren, sexuell freieren Ansichten gegenüber vorrangig.

Und lieber Eurem Vater als Eurer Mutter ähnlich sein möchtet

Wie ich bereits erwähnte, war das Verhältnis der Mütter zur Menstruation eine wesentliche Entdeckung auf meiner Reise in unbekannte Bereiche. Was die Mütter der 8 Frauen ihren Töchtern über Menstruation erzählt hatten, erwies sich als weniger wichtig als das, was die Mütter über ihre Töchter als Frauen dachten und glaubten. Wichtig war, wie die Töchter die charakteristischen Merkmale der Mütter und die Rollenmodelle, die sie aufgestellt hatten, sahen.

Mehrere Frauen betrachteten ihre Väter als Träger positiver Merkmale, waren gerne mit ihnen zusammen und wollten ihnen sehr gerne ähnlich sein. Wie auch immer die väterlichen Eigenschaften beschaffen sein mochten, diese waren in ihren Augen von männlicher oder maskuliner und demzufolge positiver Qualität. Im Gegensatz dazu sahen sie ihre Mütter auf negative Art und wollten nicht wie sie werden, obwohl sie der Überzeugung waren, viele gleiche Eigenschaften zu haben. Sie glaubten, daß die mütterlichen Eigenschaften, wie auch immer sie sein mochten, von weiblicher oder femininer und demzufolge negativer Qualität waren.

Obwohl Jay Jay positiv über ihre Mutter sprach und das Gefühl hatte, sie sei herzlich und liebevoll, vergötterte sie ihren Stiefvater und wollte liebend gerne so sein wie er. Eine Vorstellung, auf die er mit Ablehnung reagierte, weil „sie nicht der traditionellen weiblichen Rolle entsprach". Sie beschrieb ihren Stiefvater als sehr liebevoll, herzlich und strikt, was Manieren und Etiketten anbetraf. „Er machte die Regeln", sagte sie, „meine Mutter stand hinter ihm und sorgte dafür, daß sie befolgt wurden. Er war auch sehr künstlerisch." Das waren Merkmale, die sie für maskulin hielt. Sich selbst beschrieb sie als gefühlsbetont, empfindsam, willensstark. Sie müsse ihren eigenen Willen durchsetzen können, und sie weine leicht. All das waren für sie feminine und negative Merkmale. Sie sah sich selbst auch als künstlerischen und als herzlichen Menschen.

Leah beschrieb ihren Vater als einen umgänglichen, lässigen, humorvollen Mann, der gerne einen Scherz machte. Ihre Mutter sah sie als eingeschränkte, zurückgezogene, nervöse und angespannte Frau. Sich selbst beschrieb sie so, wie sie ihre Mutter sah, Beschreibungen also, die aus einem Mangel heraus den weiblichen, femininen und negativen Merkmalen entsprachen. Sie erzählte mir, daß sie zu ihrer Mutter eine sehr eingeschränkte Beziehung gehabt hatte, auf beiden Seiten ohne positive emotionale Zuneigung. „Ärger spielte eine große Rolle in unserer Beziehung", sagte sie, „Ärger, Groll und Furcht." Nach außen hin zeigte Leah die Merkmale ihres Vaters, eine „Fassade, die ich während der letzten zehn Jahre entwickelt habe, um jeder sozialen Anforderung entsprechen zu können. Ich entwickelte diesen Charakter für mich so bewußt, als studierte ich eine Rolle ein", schrieb sie in ihr Tagebuch. „Offen gestanden gefalle ich mir ganz gut darin. Es scheint eine Mischung zu sein, die gerade genügend Freundlichkeit enthält, um meine grundlegende Gleichgültigkeit den Menschen gegenüber zu vertuschen, aber auch genug Scharfzüngigkeit, um jede andere als oberflächliche Beziehungen zu vermeiden."

Leahs beißender Humor war offensichtlich. Jede innere Anspannung, die sie verspürte, wurde gut durch ihr scheinbar umgängliches und entspanntes Verhalten getarnt. Ihre Anspannung äußerte sich von selbst in den hochgradigen Menstruationsschmerzen und in starken Rückenbeschwerden, die sie seit Jahren behelligt hatten, und die zuweilen einen Krankenhausaufenthalt, chirurgische Eingriffe und orthopädische Behandlung erforderlich machten.

„Welche Auswahlmöglichkeiten haben wir denn, wenn wir nicht weiblich sein wollen? Die Frauen fragten mich bitter, sarkastisch, hilflos und vor allem so, als gäbe es überhaupt keine Hoffnung.

„Müssen wir gerne Frauen sein? Müssen wir gerne erwachsen sein?"

„Ja", erwiderte ich auf eine Art, die möglichst wenig bedrohlich klang, denn sie waren wirklich verängstigt. „Wenn Ihr menstruiert bedeutet es, daß Ihr weiblich seid, und es ist wesentlich, daß Ihr Euch selbst als Frauen leiden mögt. Es ist wichtig, daß Ihr Euch als Frauen mögt, auch wenn Ihr als Heranwachsende nicht wie ein geschätztes Wesen behandelt worden seid. Wenn Ihr menstruiert, bedeutet das auch, daß Ihr Erwachsene seid, auch wenn Ihr Euch bei der ersten Menstruation nicht als Erwachsene betrachtet habt oder vielleicht nicht wie Erwachsene behandelt wurdet. Wenn Ihr menstruiert, werdet Ihr mit den Verantwortungen von Erwachsenen bekleidet, auch wenn Ihr Euch in anderem Glauben gewiegt habt. Es bedeutet, daß Ihr schwanger werden könnt. Schwanger werden zu können bedeutet, daß Ihr die Verantwortungen tragt, die mit jeder Art Entscheidung in dieser Hinsicht zusammenhängen. Solltet Ihr die Wahl treffen, schwanger zu werden, dann werdet Ihr die Verantwortung für Kinder übernehmen. Solltet Ihr die Wahl treffen kinderlos zu bleiben, dann tragt Ihr die Verantwortung für Euer Sexualleben. Zusätzlich habt Ihr die Verantwortung für Eure Sexualität.

Als Ihr zu menstruieren anfingt, habt Ihr vielleicht wie ich die Erfahrung gemacht, daß sich ringsum die Dinge unmerklich veränderten. Einerseits behandelte man Euch wie ein Kind, ein unschuldiges Wesen, noch zu jung, um in die Welt der Erwachsenen einzutreten. Andererseits wurdet Ihr beschützt, eingeengt und überwacht. Es gab Warnungen vor den Folgen, vor Dingen, die geschehen könnten, hättet Ihr Euch entschieden, den neuen Erwachsenenstatus anzuwenden. Möglicherweise sagte man Euch nicht genau was es sei, das eintreten könnte. Wenn Ihr jedoch in Eurem Inneren Selbst gesucht hättet, hättet Ihr es gewußt; denn alle Frauen wissen, daß sie, wenn sie menstruieren, Erwachsene sind, und als Erwachsene kennen sie auch die entsprechenden Verantwortungen.

Ihr fragtet, welche Auswahlmöglichkeiten Ihr habt, als Frauen, als Erwachsene? Ihr habt bereits einige Male gewählt, wenn es auch jeweils nicht die fruchtbarste Wahl gewesen sein mag, die Ihr hättet treffen können.''

Lily traf die Wahl, keinen Eisprung zu haben, ausgenommen bei den wenigen Anlässen, bei denen es ihr wichtig war, einen zu haben. Ohne Eisprung, ohne Menstruation dachte sie, eine neutrale Position innehaben zu können bis zu der Zeit, da sie eine andere wählen würde.

Da sie keine Frau sein wollte und den Wunsch hatte, immer kinderlos zu bleiben, traf Suzanne anscheinend die Wahl, ihre Eierstöcke mit bindegewebigen Wucherungen zu zerstören, mit Schwellung und Entzündung und Krankheit.

Aus der Ablehnung heraus, eine Frau zu sein und im Glauben, unfähig zu sein, ein Kind hervorzubringen oder, sollte sie eines gebären in der Überzeugung, daß es seelisch gestört sein müßte, traf Leah die Wahl, schwierige, qualvolle Menstruationen durchzumachen, Menstruationen, die die Beschwerden, die zu einer komplizierten Schwangerschaft gehören, nachahmen.

Auch Shirley traf die Wahl, eine äußerst schwierige Menstruation zu haben, Schmerzen schlimmster Art. Sie traf ebenfalls die Wahl, ihre Sexualität aufzugeben, sich selbst jegliches sexuelle Vergnügen zu versagen, da sie sich dafür entschied anzunehmen, daß die Richtlinien ihrer Kirche in sexuellen Angelegenheiten wirklich sachverständig waren und nicht eine Frage des Glaubens und der Auslegung.

Alison traf die Wahl, ihre Sexualität und ihre Weiblichkeit zurückzuweisen, indem sie sich Menstruationszyklen schuf, bei denen sie an ungefähr 22 von 29 oder 30 Tagen an quälenden Schmerzen, die bis zur Untauglichkeit führten, litt. Mit der Ablehnung ihrer Sexualität und ihrer Weiblichkeit verwarf sie viele Möglichkeiten, in denen eine Frau sich als Frau wohlfühlen kann — als Tochter, als Mutter, als Schwester, und als Ehefrau. Möglichkeiten, durch die sowohl sie genährt worden wäre als sie auch andere hätte nähren können. Aber nur in ihrem Beruf als Sozialarbeiterin fühlte sich Alison wohl, wenn sie andere nährte, und nur da ließ sie es zu, daß andere entsprechend auf sie eingingen.

Elsie wählte schwerwiegende Menstruationsschmerzen, die ihr gestatteten, ihren kindlichen Status aufrechtzuerhalten. Die Schmerzen ließen ihr die Fürsorge zuteil werden, die sie sich wünschte, und sie verschonten sie vor den Verantwortungen einer

Erwachsenen. Sie bewahrten sie auch davor, der Zukunft ins Auge zu blicken, einer Zukunft, die sich endlos und ewig vor ihr ausstreckte, ohne Vergnügen.

Weil sie nicht gerne eine Frau war, lehnte Jay Jay andere Frauen ab, ohne wirklich zu erkennen, daß sie andere Frauen nur ablehnen konnte, wenn sie sich selber bei dieser Entwicklung ablehnte. Die Zurückweisung ihrer Weiblichkeit brachte eine Menstruation hervor, die von emotionalen Spannungen durchzogen war, die sie dann gegen die Männer in ihrem Leben richtete. Durch die Spannungen konnte sie ihrer Enttäuschung, Frau zu sein, Ausdruck verleihen. Sie hatte den Wunsch, ein Mann zu sein, zu sein wie ihr Stiefvater, über die Freiheit, die Männern in einer Männerwelt zustand, zu verfügen.

Jesse traf die Wahl, ihre persönliche Macht an einen Mann wegzugeben, der nicht an die traditionelle weibliche Rolle glaubte, die in ihren Vorstellungen fest verwurzelt war. Ihre Macht an einen Mann abgegeben zu haben, der nicht an das glaubte, woran sie glaubte, rief ein tiefes Entsetzen in ihr hervor. Ein Entsetzen, das sich in ihrem Hautproblem äußerte, das seit drei Jahren, trotz vielfältiger Kuren, unverändert blieb.

Da die Frauen jeweils unfruchtbare Entscheidungen getroffen hatten, um schmerzliche Vorstellungen von sich selber auszugleichen, unterrichtete ich sie über Mittel und Wege, damit sie das Feld ihrer Möglichkeiten und Kenntnisse erweitern und Entscheidungen treffen konnten, die sie persönlich zufriedenstellen und ihren Körper im Verlauf dieser Entwicklung heilen würden.

Auf unserer Reise in ausgedehnte Welträume habt Ihr Kenntnisse und Techniken erworben, die das, was Ihr in der Vergangenheit gewählt habt, erweitern. Ihr habt auch Prinzipien der Macht kennengelernt, mit denen Ihr Euren Körper heilen könnt. Weiblich fantasieren lernen wird Eure Wahlmöglichkeiten noch weiter ausdehnen. Die Fassaden, die Ihr um Euren negativen Glauben herum errichtet habt, werden sich dadurch auflösen und Euch den Eintritt in die Welt der Frauen erschließen. Im Gegensatz zu den vielen bangen Erwartungen, die Ihr seit Eurer Geburtserfahrung gehabt habt, wird der Durchgang zur Welt der Frauen eine erfreuliche und erlösende Erfahrung sein. Auf einem Lilienpolster von durchscheinendem Grün werdet Ihr dahingleiten in eine Ewigkeit von Verzauberung, zuversichtlich und heiter in Eurer Weiblichkeit.

HYPNOTISCHE HEILFORMEN ANWENDEN

Vor Monaten, als wir den Planeten Erde verließen, berührten wir einen sternübersäten anderen Planeten und betraten einen besonderen und geheimen Ort, den wir unsere Zufluchtsstätte nannten. Ich lehrte Euch die Techniken der Hypnose, die Fähigkeit, in andere Bewußtseinszustände überzugehen. Um den Glauben, den Ihr habt, zu verändern — ein Glauben, der bei jeder unterschiedlich ist, der Euch hinter Bergen Eurer eigenen Machart verschlossen hält, noch unterstützt durch die vielen Drachen in Eurem Leben — werdet Ihr hypnotische Formeln erlernen, mit denen Ihr das, woran Ihr glaubt, verändern könnt. Formeln, die aus besonderen Worten, die einzig und allein für Euch bestimmt sind, bestehen. Seid aufmerksam, wenn Ihr die Worte vernehmt, denn sie werden von einer geheimnisvollen Aura umgeben sein, und das könnte Euch verwirren und glauben machen, die heilende Kraft liege eher in der Aura, als in der Besonderheit der Worte, die gesprochen werden.

Für diejenigen unter Euch, die Ihr es nicht mochtet, eine Frau zu sein und die Ihr glaubtet, es sei auf irgendeine Art nachteilig und ebenfalls glaubtet, es sei unakzeptabel für die Menschen in Eurem Leben, die Ihr für wichtig gehalten habt, für Euch wäre es hilfreich, wenn Ihr etwas Positives an Eurer Mutter finden könntet, etwas, das Ihr an ihr mögt; denn sie war wichtig im Hinblick darauf, wie Ihr Euch selber als Frau fühltet. Wenn sie es aus irgendeinem Grund negativ bewertete, eine Frau zu sein, wenn sie sich unwohl dabei fühlte, genau wie Ihr Euch unwohl fühlt, wenn sie in ihrem Herzen Schuldgefühle barg, weil sie ein weibliches Kind anstelle eines männlichen Erben, Träger der patriarchalen Erbfolge, geboren hatte, dann sind ihre Vorstellungen über Weiblichkeit gewissermaßen Teil Eurer eigenen Vorstellungen geworden. Etwas Positives an Eurer Mutter zu finden, etwas, worüber Ihr Euch freut, worauf Ihr Euch beziehen könnt, wird ein erster Schritt sein in der Entwicklung, Eure eigenen Vorstellungen zu verändern.

Für diejenigen unter Euch, die sich davor fürchteten, in die Welt der Erwachsenen und ihrer Bestrebungen einzutreten, für Euch wird es notwendig sein, mit Eurer Sexualität in Berührung zu kommen, erneut zu überprüfen, welche Vorstellungen Eure sexuellen Aktivitäten begleiten und, vor allem, die Verantwortungen des Erwachsenseins zu übernehmen. Der Welt der Erwachsenen anzugehören bedeutet in erster Linie, auswählen und entscheiden zu können, bedeutet, daß Ihr immer auswählen und entscheiden konntet, gestern und heute. Es ist nicht so, wie viele von Euch befürchtet haben, daß Euch als Erwachsene Entscheidungen vorgeschrieben werden, im Gegenteil. Als Erwachsene könnt Ihr angestammte Haltungen überwinden und Euch gestatten, zu tun und zu lassen, was Ihr wollt, Wege einzuschlagen, auf denen Eure meistgehegten Wünsche in Erfüllung gehen werden — anstatt den Vorstellungen, die andere von Euch gehabt haben, blind zuzustimmen.

Jede von Euch hat ihre Macht auf jemand anders übertragen. Viele haben sie auf die Ärzte übertragen, die ihnen weismachen wollten, Schmerz sei normal, müsse erduldet werden, man könne nichts dagegen tun. Diese Übertragung ist verständlich; denn den Ärzten ist eine beträchtliche Verfügungsgewalt über das Leben und Sterben vieler Menschen anvertraut worden.

Andere haben ihre Macht an Mutter und Vater abgegeben, ein Machtverlust, der bei weitem der wichtigste von allen ist, weil diese Macht die Grundlage dessen bildet, was Ihr im Innersten glaubt. „Wie kommt es, daß wir unsere Macht abgegeben haben?" fragten die Frauen. „Können wir sie zurückgewinnen?" „Wird es eine schwierige Aufgabe sein, die Zurückeroberung persönlicher Macht?"

Ihr habt Eure Macht abgegeben, indem Ihr an das glaubtet, was andere über Euch sagten, über Euren Nutzen, Euren Wert, Eure Fähigkeit. In Wirklichkeit seid Ihr verpackt und beschriftet und programmiert worden, wie auch immer Eure Eltern und Ärzte und Lehrer und andere Euch für ihre eigenen Zwecke haben wollten. Ihr habt die Verpackung gebilligt und sie zu einem Teil Euer selbst gemacht. Eure Macht gewinnt Ihr wieder, indem Ihr Euren Glauben verändert, indem Ihr alle Eure Vorstellungen überprüft, bedenkenlos, schonungslos, ohne Bedauern und diejenigen hinauswerft, die Euch festnagelten, ängstlich und schmerzgequält, hinter massiven Bergen unter dem Deckmantel von Religion, Erziehung, Familie und Vaterland einschlossen. Alle diese kulturellen Einrichtungen bauen ein ganzes Sortiment von Glaubenssätzen auf und üben einen Druck aus, sich anzupassen, so zu handeln und zu denken, wie man es für logisch und vernünftig hält. Jede dieser Einrichtungen erweckt den Anschein, als habe sie die Wahrheit an sich gepachtet. Wir haben aber schon weiter oben festgestellt, daß Wahrheit nichts anderes ist, als die Wahrnehmung, die in dem, was wir glauben enthalten ist, einem Glauben, der daraufhin unsere Wirklichkeit erschafft. Bei der Veränderung Eures Glaubens werdet Ihr sehr konkret Eure Wirklichkeit verändern. Was Ihr bisher gering geschätzt habt, wird kostbar werden. Das Wertlose wird wertvoll werden. Das Verhaßte und Verachtete wird geliebt werden, ersehnt und gesucht. Die Vorstellungen, die Euch davon abhielten, Euch als Frauen mit Eurer Sexualität und Euren Fähigkeiten zu mögen, werden allmählich entfallen und Euch die persönliche Macht, die Ihr schon immer haben wolltet, geben.

Noch während sie dabei waren, die Ausmaße des Veränderungsprozesses zu verstehen, die dazugehörigen Gefahren, den möglichen Gewinn, sank eine Frau um die andere tiefer und tiefer in einen veränderten Zustand hinab. Während sie in Alpha übergingen, dann in Theta, nahmen sie magische Formeln auf, mit denen sie ihr Ziel erreichen konnten. Sie machten sich einen anderen Zustand zunutze, um unmittelbar die Macht des Inneren Selbst zu erreichen, nachdem das objektive Selbst aufgehoben und seine negativen Botschaften ausgeblendet worden waren.

Euch von Menstruationsqual zu befreien

Da Leahs Ziel war, von Schmerzen, Blutgerinnseln und Gefühlsstörungen frei zu werden, erhielt sie folgende Anweisungen:

Bei deiner Suche auf dem Bord der Zauberin wirst du eine kleine rote Phiole finden, die mit „Zaubertrank Nr. 58" beschriftet ist. Nimm einen tiefen Schluck von diesem Elixier, sink dann langsam in die Kissen deiner Liege am Teich der Winde zurück, während ich dir die magische Formel übermittle. Wiederhole die Formel dreimal, und jedesmal, wenn du aus dem Glasfläschchen trinkst; denn allein die Formel verleiht dem Trank seine Wirksamkeit. Um all die Qual, die du in der Vergangenheit durchlebt hast, zu tilgen, jedwede Qual, die du gegenwärtig durchlebst und jedwede Qual, von der du dir möglicherweise vorgestellt hast, daß du sie in Zukunft erleben wirst, sprich mir folgende Worte nach:

    Von jetzt an und für allezeit
    Werde ich wissen daß Menstruation
    Ein natürlicher körperlicher Vorgang ist.
    Von jetzt an und für allezeit
    Wird Menstruation eine angenehme und

wohltuende Erfahrung sein
Und ich werde mich
Der Menstruation freuen als kreativer Ausdruck
Meiner Weiblichkeit.
Von jetzt an und für allezeit
Werde ich wissen daß ich als Frau
Die Freiheit habe, all das zu sein und zu tun
Was ich schon immer sein wollte und tun wollte.

Ruhe dich jetzt einen Augenblick aus und laß die Formel tief in dein Innerstes hinabsinken. Versuche, dich nach der Ruhepause bildlich zu sehen, als eine großartige und wundervolle Frau, schöpferisch, erfolgreich, vollendet. Fantasiere. Laß vor deinem Inneren Auge alles entstehen, was du schon lange sein wolltest, stell es dir bildlich vor und erschaffe dir damit die Fähigkeit, als Frau deine Vorstellungen zu verwirklichen.

Wach jetzt wieder auf, erfrischt, als hättest du in tiefem und friedvollem Schlaf gelegen, dein Körper von Unbehagen befreit, deine Seele schöpferisch und erlöst, dein Geist erneuert durch den Austausch mit dem Universalen Selbst.

Der schwierigste Teil deiner Anweisungen kommt erst. Hör gut zu, denn dies wird so lautlos an dir vorübergleiten wie der Regenvogel über Hawaiianische Meere fliegt. Nachdem du die magischen Worte ausgesprochen hast, laß sie rasch und leicht aus dem Machtbereich deines objektiven Verstandes entweichen. Laß sie auf Ätherwellen entschwinden, damit sie sich mit der Energie des Universalen Energie Stromes vermischen und so deinen Körper heilen, deine Seele heilen und deinen Geist heilen können. Nur wenn du zuläßt, daß sich die magischen Worte aus der Macht deines objektiven Verstandes befreien und gleich zum Inneren Selbst gelangen können, werden sie mit Heilkraft bekleidet werden.

Die Schönheit des Frauseins zu genießen

Alison erhielt folgende Anweisungen: Auch sie hatte früher die Heilformeln aufgenommen, mit denen sie den Fluch aufheben konnte, den sie über ihre Menstruation verhängt hatte.

Schau hinab, hinab, hinab in die tiefsten Tiefen des Teiches der Winde, da wo die Lavendelfarbe in Violett eintaucht. Im Nadir, am tiefsten Punkt, wirst du ein Fläschchen aus Marmor fin-

den, das fest mit Wachs vom Pottwal verschlossen ist. Bring es behutsam hoch, entferne die Wachsschicht, die deinen Zaubertrank
versiegelt. Aus Blättern der Bernsteinpflanze gebraut, seit drei
Jahrhunderten in klaren Wassern gelagert, ist es die altüberliefer-
te Medizin der weisen Frauen. Koste diesen Trank sehr sehr langsam. Lehne dich dann weit in die weiche und bemooste Bank
beim Teich zurück und sprich mir folgende Formel nach:

Von jetzt an und für allezeit
Werde ich mich freuen eine Frau zu sein.
Ich werde mich freuen an meinem Körper
Und ihm besondere Bedeutung verleihen.
Ich werde meine Sexualität genießen
Und Vergnügen finden an all ihren Formen.
Ich werde wissen daß es
Von besonderem Wert ist eine Frau zu sein.
Ich werde von jetzt an wissen und für allezeit
Daß Frausein
Ein ganz besonderer Zustand ist.

Wiederhole die Formel dreimal und dann, während sich die
Worte mit der gekräuselten Wasseroberfläche vermischen, vergiß,
daß du ihre Zauberkraft hörbar geflüstert hast. Wenn du über ihre
Zauberkraft nachsinnst, wenn du gespannt darauf wartest, daß
der Zauber seine Wirkung entfaltet und darüber beunruhigt bist,
ob du die Formel wirklich korrekt ausgesprochen hast, trägst du
nur dazu bei, die Wirksamkeit zu zerstören. Das sorgenschwere
Bild, das du von dir gehabt hast, zuerst als weibliches Kind und
später als Frau, kann nur dann wirksam geheilt werden, wenn du
die Formel aus dem fest umrissenen Bereich deines objektiven
Verstandes entläßt.

Außer den magischen Formeln, die Alison und Leah erhalten
hatten, bekam Jay Jay weitere Anweisungen, um ihrem Wert als
Frau eine besondere Bedeutung geben zu können. Worte, mit denen sie ihren schmerzenden Geist heilen sollte.

Als erstes mußt du die Berge erklimmen, die innerhalb deines
Horizontes liegen und den Rand der Verwirklichung umkreisen;
denn dein wahrer Wert liegt in deiner Fähigkeit zu erkennen, daß
es keine Begrenzungen gibt, die dir aufgezwungen wurden, weil
du eine Frau bist, weder jetzt noch in der Vergangenheit, noch
in der Zukunft. Alle Einschränkungen, die du erfahren hast, hast

du dir selber geschaffen. Es waren Entscheidungen, die du freiwillig und bewußt getroffen hast aus Gründen, die du noch entdecken wirst, während du aus den Tälern, in denen du eingeengt und gefesselt warst, emporklettern wirst. Nachdem du am höchsten Rand deines Berges einen vollen Kreis gezogen hast, wirst du, versteckt in den Zweigen einer Fichte, das Nest einer weißköpfigen Adlerin finden. Bring aus ihrem Nest ein einziges blasses, elfenbeinfarbiges Ei mit, Symbol deiner schöpferischen Fähigkeiten, Wiedergeburt deiner Weiblichkeit. Während du behutsam das elfenbeinerne Eigebilde hältst, laß deinen Körper von deinem Geist weggleiten, damit die folgenden Worte gleich in Verbindung mit deinem Inneren Selbst treten können:

> Von jetzt an und für allezeit
> Kann ich all das sein
> Was immer ich sein wollte
> Und all das tun
> Was immer ich tun wollte.
> Von jetzt an und für allezeit
> Bin ich frei, meinen eigenen Glauben zu erschaffen
> Frei, meine Weiblichkeit zu genießen
> Frei, mich mit Frauen zu befreunden und sie zu lieben
> Im Wissen daß ich dadurch
> Frei werde, mich selbst zu lieben.

Euren kranken Körper zu heilen

Auch Suzanne hatte die Formeln erhalten, mit denen sie sich als Frau eine besondere Bedeutung geben, mit denen sie sich von Gefühlsstörungen und körperlichen Beschwerden bei ihrer Menstruation befreien konnte. Außerdem bekam sie Anweisungen, ihre Eierstöcke zu heilen; denn diese waren in bindegewebigen Wucherungen vergraben und von der Qual unvergossener Tränen angeschwollen. Sie war stets im Glauben gewesen, daß sie, wie die Brüder in ihrer Familie, immer tapfer sein mußte, nicht weinen durfte, denn das hätte sie zu sanft, zu gefühlvoll gemacht, zu sehr wie eine Frau.

Weil sie krank war — ihre Temperatur stieg und sank wöchentlich — bekam sie die Anweisung, tief in die Federn eines daunengefüllten Bettes zu sinken, das von den blassesten blauen Laken bedeckt war. Weil ihre Energie am Tiefpunkt verebbt war, nutzte sie die Kraft des Universalen Energie Stromes, um damit ihren Körper zu heilen. Diese Anleitungen werden später, wenn das silberne Raumschiff sich ins Land der Spirituellen Energie hineinbewegt, erläutert werden.

Die Welt der Erwachsenen zu betreten

Lange bevor wir in die Milchstraße, die in sich den Teich der Winden enthielt, eintraten, war Elsie von der Reise abgesprungen, weil sie nicht den Wunsch hatte, in die Welt der Erwachsenen einzutreten.

Nur Shirley entschied sich dazu, als einzige von den Frauen, die zu lange im Land der Kinder gefangen gehalten worden waren, weit über den Zeitpunkt hinaus, an dem sie den Tunnel zur Außenwelt hätten entdecken sollen.

Um dir Eintritt in die Welt der Erwachsenen zu verschaffen, mußt du im feuchten und staubigen Gewölbe der Hexen vom höchsten Bord, in der hintersten Ecke, einen kleinen Band, der in rotes, etwas verblaßtes Leder gebunden ist, herunterholen. In seinen Pergamentseiten wirst du die Mittel finden, erwachsen zu werden.

In verblaßter Schrift war die Formel geschrieben, die Shirley jetzt, nach sechsunddreißigjähriger Suche erfuhr:

> Als erstes ist es nötig
> Die Spiele der Kindheit zu spielen,
> Hochzuklettern an den Ästen des Feigenbaumes
> In seinen Blättern ein geheimes Haus zu bauen.
> Des weiteren ist es nötig
> Manche müßige Tage
> Mit Nichtstun zu verbringen
> Wolken nachzuschauen die Bilder am Himmel formen
> Das Gras unter den Füßen wachsen zu hören
> Den nackten Körper in der Sonne zu wärmen
> Aller beengender Kleidung ledig.

Wenn du gelernt hast zu spielen, dann und nur dann bist du für die Verantwortung einer Erwachsenen vorbereitet. Erwachsen zu sein heißt nicht, daß du die Freude am Spielen aufgeben mußt.

Nur ist es ungleich schwieriger, spielen zu lernen, wenn du die Wahl getroffen hast, es als Kind nicht zu tun.

Steige nun langsam, langsam, langsam eine Wendeltreppe hinab, bewege dich abwärts, abwärts, abwärts bis da, wo die letzte Stufe sich mit dem Meeresrande trifft. Am Grunde nimmst du einen tiefen Schluck aus dem Kristallbecher, den du auf dem Rosenholztisch zu deiner Linken finden wirst. Der Trank, den er enthält, stammt aus dem Kessel von MacBeth. Nachdem du den Becher bis zur Neige geleert hast, schreibst du folgende Worte auf ein Blatt Pergament, das du dann in kleine Fetzen zerreißt, sie anzündest und bei sinkender Flut wie winzige, brennende Laternen hinwegtreiben läßt:

Von jetzt an und für allezeit
Werde ich in Einklang sein mit der Welt der Erwachsenen
Ich werde frei sein
Die Liebe der Menschen kennenzulernen die
Liebe frei vergeben.
Ich werde die Macht und die Fähigkeit haben
Mir selbst die Fürsorge zu geben die ich bei anderen suchte.
Ich werde frei sein andere zu nähren und
Von anderen genährt zu werden.
Ich werde frei sein meine Sexualität zu genießen.
Von jetzt an und für allezeit
Werde ich erkennen
Daß erwachsen sein
Eine ganz besonder Art zu sein ist.

Euren Menstruationszyklus präzise zu lenken

Jesse und Lily bekamen Anweisungen, nach denen sie regelmäßig ihren Eisprung haben konnten. Die Anweisungen, die für Jesse bestimmt waren, sollten sie von ungewollten Schwangerschaften befreien und ihr die Möglichkeit geben, ihre Sexualität zu genießen. Lilys Anweisungen waren, frei für Schwangerschaft zu werden und frei, die Kinder aus diesen Schwangerschaften zu genießen.

Tretet in Eure stille friedliche Zufluchtsstätte ein. Legt Eure Kleidung ab, und sinkt tief in den kühlen klaren Teich hinab, den Ihr mitten in einem üppigen bewaldeten Tal finden werdet. Erfrischt Euch in seinen Tiefen, laßt Ängste und Sorgen auf der

Oberfläche des Wassers forttreiben. In der Nähe des Ufers werdet Ihr ein grünes, durchscheinendes Lilienkissen entdecken, das langsam auf Euch zugleitet. Stellt Euch vor, Ihr seid winzige elfenhafte Wesen, lehnt Euch an seine kühle glatte Oberfläche. Spürt wie Ihr dahintreibt, sachte, sachte, wie die Sonne sanft Eure Haut wärmt, strahlenden Glanz und Heilung für Euren Geist, Euren Körper und Eure Seele bringt. Während Ihr jetzt das Lilienkissen ans Ufer des Teiches lenkt, werdet Ihr eine große weiße Blume bemerken. Zieht Ihre Blätter dicht an Euch heran und trinkt vom Nektar, der sich darin befindet. Es ist der Zaubertrank der Feen. Fühlt seine Kraft in Eurem Körper.

Als sie von dem wundersamen Nektar trank, erhielt Jesse die folgende Formel, eine Formel, die genau für ihre Besonderheiten entworfen wurde:

Von jetzt an und für allezeit
Werde ich meinen Eisprung genau
Alle 29 1/2 Tage haben
Wenn die Mondin voll wird.
Und genau alle 29 1/2 Tage
Wenn die Mondin zu schwinden beginnt
Werde ich menstruieren.
Von jetzt an und für allezeit
Wird meine Menstruation angenehm sein
Und wohltuend.
Und ich werde frei sein, all das zu unternehmen
Was ich schon immer unternehmen wollte
Bei allen meinen Menstruationen.

Auch Lilys Anweisungen waren genau für ihre Besonderheiten entworfen:

Von jetzt an und für allezeit
Werde ich meinen Eisprung alle 30 Tage haben
Regelmäßig und wiederkehrend
Ein harmonisch abgestimmter Zyklus
Bis zu der Zeit da ich schwanger werden
Und mit einem Kind gehen werde.
Bin ich schwanger
Wird mein Körper auf ausgewogene Weise
Das wachsende Kind in mir
Nähren und halten.

Frei von Schwangerschaft zu sein

Jesse erhielt zusätzliche Anweisungen, da sie sich für ihren Körper
eine natürliche Methode der Empfängnisverhütung, die nicht in
den Ablauf ihres Menstruationszyklus eingreifen würde, er-
wünschte, eine Methode, die ihrem Körper gestattete, auf gesunde
Weise zu funktionieren.

> Von jetzt an bis zu jener Zeit
> Da ich mich anders entscheide
> Werde ich in meinem Körper
> Natürliche Gegebenheiten herstellen
> Die mich vor Schwangerschaft bewahren.
> In meinen Eileitern werde ich die Fähigkeit ausbilden
> Das Ei rasch durch die engste Stelle zu bewegen
> So daß es sich nicht
> Mit dem Sperma zu vereinen braucht.
> Im Schleim des Gebärmutterhalses werde ich
> Bedingungen schaffen, die jedes Sperma
> Am Eintreten hindern.
> In meiner Scheide werde ich eine
> Umgebung schaffen, die dem Sperma feindlich ist.
> Jedes Mittel wird auf
> Natürliche Weise in meinem Körper entstehen
> Und ich werde frei von Schwangerschaft sein
> Von jetzt an.

EURE EIGENEN ZAUBERFORMELN HERSTELLEN

Die Herstellung magischer Formeln ist von altersher ein streng ge-
hütetes Geheimnis gewesen, sagenumwoben, in der Schwärze der
Nacht zusammengerührt und hinter verschlossenen Türen in den
tiefsten Kellergewölben versiegelt. Unsere Reise in unbekannte
Dimensionen hatte den Auftrag, Geheimnisse zu erschließen, My-
sterien zu enthüllen, damit diejenigen, die an Bord des Raumschif-

fes unterwegs waren, eigenständige Zauberinnen werden konnten, Heilerinnen der Übel, von denen sie seit Ewigkeiten befallen waren. Als sie die gewünschte Heilung erreicht hatten, erfuhren die Frauen die Prinzipien, nach denen sie ihre eigenen magischen Formeln herstellen konnten. Anleitungen zur Heilung, um ihren schmerzenden Körper erneuern, ihren überdrüssigen Geist erfrischen und ihr müdes Gemüt wieder herstellen zu können, lange nachdem sie die fernen Sterne verlassen hatten und zu ihrem Erdplaneten zurückgekehrt waren. Als die Mondin langsam hinter fernen Hügelketten aufstieg, offenbarte ich ihnen, auf welche Art ich ihnen geholfen hatte, ihren Körper und ihre Seele zu heilen.

Auch ich hüllte die Formeln, die ich jeder von Euch gab, in Geheimnis, so wie die alten Zauberinnen ihre Heilgeheimnisse tarnten; denn das ist die Art der Magierinnen und der Hexen. Diejenigen von uns, die die Geheimnisse des Heilens kennen, wissen, daß Uneingeweihte rascher geheilt werden, wenn Arzneien in Geheimnis gehüllt sind.

Allzuoft glauben sie, daß die Heilkräfte in den geheimen Anweisungen liegen, in den Aufgaben, die sie erfüllen müssen, in der Wirksamkeit der Kräuter und Getränke, die sie zu sich nehmen, weil sie nicht wissen, daß die wahren Heilkräfte auf den Prinzipien, die ich Euch gerade mitteilen will, beruhen.

Das erste Prinzip besagt, daß Ihr Eure Geheimnisse des Heilens mit einer Aura, etwas Mystischem, einem Hauch von unenthüllbarem Wissen umgeben müßt. Schiebt dieses äußerst wichtige Prinzip nicht beiseite; denn seine Ursprünge sind tief in der Vergangenheit und in dem Glauben verwurzelt, daß ein Schatz umso mehr an Wert gewinnt, je schwieriger es ist, ihn zu heben. Wenn die Uneingeweihte von der Macht des Erfolges gekostet und das Geheimnis, das das echte Wissen vom Heilen umgab, durchbrochen hat, dann wird auch sie einst darauf bestehen, daß andere, die nach ihr kommen, ähnlich schwierige Aufgaben zu erfüllen haben, bevor sie Eingeweihte werden. Das ist die Art der Erdenmenschen.

Das zweite Prinzip bei der Herstellung magischer Formeln heißt Visualisierung, Vorstellungskraft, die Fähigkeit, sich ein Ergebnis so vollständig wie möglich bildlich denken zu können, mit den allerfeinsten Einzelheiten. Um Erfolg mit Eurer magischen Formel zu erreichen, müßt Ihr fähig sein, das Endergebnis zu sehen, Euch selber bei blühender Gesundheit zu sehen, zu sehen, wie Ihr Euch an all den Aktivitäten beteiligt, die Ihr während

Eurer Schmerzzeiten vielleicht weggeschoben habt. Stellt Euch bildlich vor, wie Eure Eierstöcke aufspringen, wie die Eier leicht durch starke elastische Eileiter gleiten, wie Eure Gebärmutter in sattem Rosa glatt und gesund schimmert. Seht, wie Ihr tanzt, springt, schwimmt, lacht, liebt, am Tag, an dem Eure Blutung beginnt. Visualisierung ist mächtiger als Worte allein, denn sie erschafft vor Eurem Inneren Auge eine Genauigkeit, die mit Worten nicht möglich ist. Visualisierung ist eine Macht, die durch die Kunst des Übens leicht erweitert werden kann.

Hypnose. Hymnen. Zaubertränke. Die Wirksamkeit von Zauberkräutern. Ein Glas Wein oder zwei. Das sind die Ingredienzen für andere Bewußtseinszustände. Ihr Ziel ist vielfältig. Unmittelbar die Macht des Inneren Selbst zu erreichen, die Logik des objektiven Selbst zu überwinden, Verbindung mit der Energie des Universums aufzunehmen. Für die Dauer des Fluges seid Ihr tief in die Trance der Hypnose gesunken, mesmerisiert und erreicht leicht das Land der Zauberei. Seine Magie ist wahrlich mächtig, wirksames Werkzeug antiker Seherinnen. In einen anderen Bewußtseinszustand zu gelangen ist das dritte notwendige Prinzip der Magie.

Um die Formel herzustellen, aus der die Magie fließt, schreibt die Worte zuerst auf Pergamentpapier, das sich selber vernichtet, mit unsichtbarer Tinte. Setzt die Worte klar, auf positive Weise, und gebt nur wieder, was Ihr zu erreichen wünscht. Benutzt niemals Worte, die negative Erinnerungen in Euch wachrufen. Die Formel auf äußerst genaue und gründliche Art in Worte zu setzen, ist das vierte Prinzip der Magie. Prägt Euch die Worte Eurer Formel gut ein, bevor Ihr in Trance sinkt.

Unsichtbare Tinte hat ebenfalls einen bestimmten Zweck. Denn nur, wenn die Formel ans Innere Selbst weitergegeben, dreimal wiederholt und dann vergessen worden ist, kann sie sich mit der Energie des Universums vermischen. Das ständige Wiederholen der Formel, die Suche nach Erfolg, Beunruhigung und Grübelei machen die Magie unwirksam. Eure Formel würde für immer in der Logik des Objektiven Selbst gefangen sein, eines Selbst, dessen Kräfte erdgebunden sind. Das fünfte Prinzip ist also ein zweifaches: dreimal die Formel wiederholen und sie darauf entschwinden lassen.

Das letzte Prinzip ist das Prinzip der Einheit. Denn beim Herstellen Eurer eigenen Formeln ist es wichtig, darauf zu achten, daß Eure Anweisungen sich auf ein einziges Ziel und nur darauf ausrichten. Auch nur ein zusätzliches Ziel wird Eure Fähigkeit der Visualisierung verwässern und die Macht Eures Geistes, Euch voll zu konzentrieren, abschwächen. Indem Ihr Eure Visualisierung und Eure Konzentration abschwächt, werdet Ihr als Folge die Energie, die ausgeschickt wird, um die Universalen Energiewellen zu erreichen, abschwächen. Möge die Gunst des Universums Euer sein, während Ihr jetzt Eure Reise fortsetzt, um Eure allereigensten magischen Heilformeln zu erschaffen.

Wie sie einst von Hexen vergangener Zeiten hergestellt wurden

Als ich die Prinzipien zur Herstellung magischer Formeln nachträglich überprüfte, wußte ich, daß ich Barrieren durchbrochen hatte, die lange das älteste aller Geheimnisse umgeben hatten. Ein frostiger Wind erhob sich gegen mich, und ich konnte so sicher spüren, wie mich Morgan La Fays* Mißbilligung umgab, als ob sie im Hohen Gericht der Hexen stünde und mich zu einem frühen Tod durch Ertrinken verurteilte. Und dennoch, ich hatte keinen Code gebrochen, dem ich bewußt Geheimhaltung geschworen hatte, nicht in diesem Leben. Es war ein Wissen, das aus meinem Inneren Selbst empor- und herausgesprungen war, klar und sicher und stark. Auf meiner gegenwärtigen Suche nach Heilkräften ein notwendiges Wissen. Es war das Wissen, nach dem ich in verstaubten Büchern und in Kunsterzeugnissen früherer Kulturen gesucht hatte. Als ich die Prinzipien aufschrieb, wußte ich, daß es das Wissen von Morgan La Fay war, von Merlin, von Jeanne d'Arc, das Wissen, um dessentwillen 8 Millionen Hexen verbrannt worden waren. Vielleicht ist es auch ein Wissen, das ich gut kannte, vor langer Zeit, in einem anderen Leben, an das ich erneut erinnert wurde.

So heilt Euch denn selber, geliebte Freundinnen. Nutzt die Prinzipien der Magie in guter Gesundheit. Erschafft Euch selber Glück, Freude und Wohlstand. Nur ich muß mich in nicht allzuferner Zeit mit Morgan treffen, nachts, wenn die Mondin dunkel aufsteigt, wenn das Kreuz des Südens noch unter dem Horizont verborgen liegt. Wir werden uns treffen, sie und ich, denn da ist eine grundsätzliche Trennung zwischen uns, über die entschieden werden muß. Wem sollen die Heilkräfte mitgeteilt werden?

* Morgan La Fay gehört dem Arthus Sagenkreis (Ritter der Tafelrunde) an und ist eine mächtige Zauberin. (Anm. d. Red.)

Sollten die Geheimnisse, die ich aufgedeckt habe, in dunklen Gewölben verschlossen bleiben, von Geistern bewacht, nur den Wenigen zugänglich, die den Titel Zauberin verdienen? Oder sollte das Wissen gleichrangig allen Frauen zugänglich gemacht werden, wie es meiner Behauptung entsprach? Ich wußte auch, daß es einen geistigen Kampf geben würde, denn das Risiko war groß. Sobald die Prinzipien einmal öffentlich bekannt gemacht wurden, konnte die Fähigkeit, mit der Macht ehemaliger Seherinnen zu heilen, von Skrupellosen und Böswilligen mißbraucht werden, von denjenigen, die mehr an persönlichem Machtgewinn interessiert sind als an der Macht, andere zu heilen. Das Wissen zurückzuhalten bedeutet jedoch, daß viele Frauen der Gnade eben dieser gewissenlosen Heiler ausgeliefert wären und nur geringe Möglichkeiten hätten, sich selber die Macht zu eigen zu machen. Denn die Strukturen, durch die Frauen das Heilwissen normalerweise weitergaben, sind seit langem versunken.

WEITERE UNTERSUCHUNGEN

Es gibt viele ausgezeichnete Veröffentlichungen, Gedichte, Bücher, Artikel in Illustrierten, die Euer Gefühl als Frau stärken werden. Die meisten davon sind in und aus der feministischen Bewegung, der heutigen und der früheren, entstanden. Ich empfehle sie alle: denn sie werden Euch verschiedene Gesichtspunkte in der Sache der Frauen aufzeigen. Sie sind viel zu zahlreich, als daß ich sie aufführen könnte, deshalb nenne ich hier nur zwei: Die erste, weil sie das hervorhebt, was ich den acht Frauen gegenüber betonte. Die zweite, weil sie von großer Bedeutung für Lily war, bei ihrer Suche nach Glaubensvorstellungen, die ihr gestatteten, schwanger zu werden.

1. Barbara Starrett, I Dream In Female, 1976, Cassandra Publications. Deutsch: Ich träume weiblich, Essays und Gedichte, Verlag Frauenoffensive, 1978.
2. Shulamith Firestone, The Dialectic Of Sex, 1970, Bantam Books, Inc., 666 Fifths Ave, New York, N. Y. 10019. Deutsch: Frauenbefreiung und sexuelle Revolution, S. Fischer, 1975.

9. Kapitel

DIE MACHT DES WÄHLENS: DAS VIERTE
PRINZIP DER MACHT

WÄHLEN

Die Berge des Glaubens, die die Frauen in gestörten Menstruationszyklen eingeschlossen gehalten hatten, bröckelten langsam ab und gaben den Blick auf satte, fruchtbare Täler frei, neues Gelände, auf dem ein schöpferischer und fruchtbarer Glauben wachsen konnte. Eine wichtige Struktur blieb bestehen. Auch sie mußte notgedrungen zerbröckeln, damit die Frauen wahre Heilkraft erlangen konnten.

Die Grundlage dieser Macht liegt in Eurer Bereitschaft zu akzeptieren, daß alle Eure Erfahrungen, vergangene, gegenwärtige und zukünftige, von der Geburt angefangen bis zu Eurer Todesart, von Euch ausgewählt worden sind, erklärte ich den Frauen. Ihr müßt ebenso akzeptieren, daß Eure jeweilige Wahl bewußt getroffen wurde. Sie war weder verborgen, noch wurde sie unbewußt gelenkt. Alles, was Euch in diesem Augenblick geschieht, geschieht, weil Ihr beschlossen habt, es geschehen zu lassen. Sogar Nichtstun, vielleicht in der Hoffnung, daß die Zeit Euch die Entscheidung abnehmen wird, ist eine Wahl. Die ganzen schwierigen Umstände, von denen Ihr ein Teil gewesen sein mögt, wurden von Euch erschaffen und von Euch gewählt. Ebenso war es mit Euren Glücksfällen. Sie trugen sich nicht einfach zu, und ebensowenig waren sie das Ergebnis des Schicksals oder des Wohlwollens Anderer. Ihr habt die Wahl getroffen, alle Eure Erfahrungen durch die Macht Eurer Gedanken herzustellen.

ANNEHMEN

Den Frauen fiel es schwer, dieses vierte Prinzip der Macht anzunehmen. Wenn sie annahmen, daß sie tatsächlich die Wahl getroffen hatten, alle ihre Erfahrungen herzustellen, dann folgte daraus, daß sie die Verantwortung dafür übernehmen mußten. Sie konnten nicht länger anderen die Schuld für das, was ihnen zugestoßen war, zuschieben, Es fiel ihnen auch schwer zu verstehen, warum es nötig war, für das, was sie ausgewählt hatten, Verantwortung zu übernehmen.

Auch wenn es einfacher scheint, anderen die Schuld zuzuschieben, erklärte ich, ist das in Wirklichkeit eine spitzfindige Falle, die Eure Energie durch Frustration und Wut aufzehrt und einen Zustand der Unbeweglichkeit erzeugt. Wenn Ihr glaubt, daß jemand anders für die schwierigen Umstände, die Euer Leben von Zeit zu Zeit umgeben haben mögen, verantwortlich ist, werdet Ihr fortfahren, nach Vergeltung für diese Person zu trachten und nicht merken, daß sie schuldlos ist, ein Instrument, das Ihr Euch geschaffen habt, durch Eure Gedanken entstanden. Wenn Ihr Verantwortung für Eure sämtlichen Lebenserfahrungen übernehmt, dann seid Ihr frei, etwas ungeschehen zu machen, zu verändern, Eure Energie auf fruchtbare Art einzusetzen. Ihr werdet herausfinden, daß Eure Energie freigesetzt wird, um nach den Gründen zu suchen, die hinter Eurer jeweiligen Wahl stecken und, habt Ihr sie gefunden, fruchtbarere herzustellen.

Ihr werdet Euch daran erinnern, daß Elsie auf einem kleinen Asteroiden halbwegs zwischen dem Planeten Erde und dem Land der Blaugeflügelten Libellen zurückgelassen wurde. Sie blieb zurück, weil sie die Wahl traf, nicht zu akzeptieren, daß Menstruation für Weiblichkeit so fundamental ist wie Atmung für Leben. Wenn Menstruation als natürlicher Vorgang akzeptiert wird, fließt Euer Blut wie Euer Atem, außerhalb der bewußten Wahrnehmung, kommend und gehend, schaffend und wiedererschaffend, in ausgewogenem Gleichgewicht. Wenn Euer Glauben nicht zuläßt, Menstruation zu akzeptieren, werden auch andere Seiten Eures Lebens nicht im Gleichgewicht sein. Euch mit den Prinzipien der Macht zu heilen heißt, daß Ihr sie auf alle Seiten Eures Lebens anwenden müßt; denn die Schwierigkeiten, die Ihr bei der Menstruation erfahren habt, fußen auf mehreren, eng verknüpften Vorstellungen. Es wäre nicht möglich, diese Vorstellungen zu än-

dern und Euren gestörten Zyklus zu heilen, ohne andere Teile
Eures Lebens im Verlauf dieser Entwicklung zu verändern, Veränderungen, die für Euch ebenfalls heilsam und gesund sein werden.

AN WIEDERGEBURT GLAUBEN

Gerade bevor wir den Planeten Erde verließen und anhielten, um
Mutter Erde zu treffen und die vielen vertrauten, uns ähnlichen
Menschen, denen wir auf diesem Planeten begegneten, sprach ich
zu Euch über Wiedergeburt und darüber, warum das für mich ein
Konzept ist, das mich von der letzten Überzeugung, die mich
noch erdgebunden hielt, befreite, nämlich davon, andere für mei-
ne Geburtsumstände verantwortlich zu machen. Der Glaube an
Wiedergeburt geht davon aus, daß ein Teil Eures Wesens nach
Eurem körperlichen Tod in Form von Energie weiterexistiert. Es
wird ebenfalls angenommen, daß Ihr in anderen Zeitabschnitten
gelebt habt. Der Glaube an Wiedergeburt verstößt gegen logische
Erklärung, eröffnet ein Feld von Vermutungen, die schwierig zu
erklären sind und stellt das lineare Konzept der Zeit infrage. Im
Gegensatz dazu bietet der Glauben an Wiedergeburt für einige
Eurer Lebenserfahrungen Deutungen an, die auf andere Art nicht
geklärt werden könnten. Diese Erklärungen sind es, die ich als
äußerst befreiend für meine eigenen Lebenserfahrungen empfand.
    Wenn Ihr an Wiedergeburt glaubt und auch daran, daß ein Teil
von Euch weiterlebt, wenn Euer Körper gestorben ist, bietet sich
eine Erklärung für Eure Geburtsumstände an. Wenn Ihr wiederge-
boren worden seid, heißt das, daß Ihr Eure physische Existenz
ausgewählt habt, Ort und Zeit Eurer Geburt, Eure Eltern und die
Menschen, mit denen Ihr am meisten verbunden seid. Es bedeutet
die endgültige Befreiung der Energie, die an die Schuld gekettet
war, die Ihr anderen für vergangene Ereignisse aufgebürdet habt.
Es gestattet Euch, nach anderen Erklärungen zu suchen, nach
möglichen Gründen, die Ihr hattet, um die Bedingungen, unter denen Ihr geboren wurdet, auszuwählen. Für jede von Euch heißt
das, nach den Gründen zu suchen, aus denen heraus Ihr die Wahl
getroffen habt, in diesem gegenwärtigen Leben als Frau geboren
zu werden und warum Ihr Eltern auswähltet, die den Wert Eurer
Weiblichkeit verleugnen sollten.

Was die Wahl angeht, die Ihr für Eure Geburt getroffen habt, kann ich Euch keine Antwort liefern. Sie liegt in Euch, wie alle anderen Antworten auch. Sollte es sich für Euch als wichtig erweisen, die Antworten zu entdecken, und sollten sie auf Eurer Suche so klar scheinen wie die Wasser des Teiches der Winden, und sollten sie Euch im Augenblick der Entdeckung unakzeptabel erscheinen, dann erinnert Euch daran, daß Ihr freien Willen habt und verändern könnt, was Ihr in der Vergangenheit gewählt habt. Ihr seid weder durch das Schicksal gebunden noch durch vergangene Entscheidungen, noch seid Ihr den Launen irgendeines rächenden Gottes ausgeliefert. Der freie Wille ermöglicht Euch die letzte Befreiung; denn er gibt Euch die Freiheit, alles, was Ihr jemals getan habt und tun werdet, auszuwählen.

Erinnert Euch ebenfalls daran: es ist nicht notwendig, daß Ihr an Wiedergeburt glaubt, um das vierte Prinzip der Macht zu erlangen. Wichtig ist vor allem, daß Ihr versteht und akzeptiert, daß Ihr allein Eure Lebensumstände bestimmt habt, durch jede Wahl, die Ihr getroffen habt und daß daraus folgt, daß Ihr allein für alle Erfahrungen, die Ihr in Eurem Leben gemacht habt, verantwortlich seid.

HEISST HEILKRAFT GEWINNEN

„In welchem Zusammenhang steht dieses Machtprinzip mit Heilung?" fragte Jesse, erpicht darauf, die volle Macht des Heilens zu haben.

Es bedeutet zuerst, daß Ihr die vielen Krankheiten, die Ihr durchmachtet, den Schweregrad Eurer Krankheiten und die Art, wie sie behandelt wurden, ausgesucht habt. Es bedeutet, daß Ihr Krankheit als Lösung ausgesucht habt, als Ausweg aus irgendwelchen Umständen, die für Euch unakzeptabel waren, entweder in kleinerem oder größerem Maß. Zu erkennen, daß Ihr die Wahl getroffen habt, krank zu werden, heißt, daß Ihr stattdessen wählen könnt, die ganze Zeit bei strahlender Gesundheit zu sein. Um die Wahl der Gesundheit vornehmen zu können, müßt Ihr die Gründe herausfinden, die es in der Vergangenheit für Euch nötig machten, krank zu werden. Wenn Ihr die Wahl trefft, in Eurem gegenwärtigen Leben zeitweise krank zu sein, dann mag es hilfreich für

Euch sein zu wissen, daß Ihr mehr Auswahlmöglichkeiten in den Heilmethoden habt als die, die Ihr in der Vergangenheit gewählt habt.

Schließlich bedeutet die Aneignung des vierten Prinzips der Macht, daß Ihr erkennen werdet, daß Ihr Eure Todesart bereits gewählt habt, die Umstände, die Euer Sterben begleiten werden und den Zeitpunkt, an dem es geschehen wird. Eure Wahl kann einen raschen und plötzlichen Tod durch Unfall einschließen, eine heftige Krankheit oder einfach den Prozess des Alterns. Ihr werdet herausfinden, daß es eine Wahl ist, die Eure gegenwärtige Lebensweise widerspiegelt und die Art, wie Ihr lebt. Wenn Ihr im Verlauf der Entdeckung Eurer Todesart feststellt, daß es eine unakzeptable Art zu sterben ist, dann könnt Ihr es selbstverständlich verändern, wie Ihr alle Umstände, die Euer Leben umgeben, verändern könnt. Der Prozess ist immer derselbe. Ich will Euch noch einmal daran erinnern; denn es ist wichtig, daß Ihr das fest und klar im Kopf habt, bevor wir unseren friedlichen Aufenthalt am Teich der Winden abbrechen.

Jede Wahl, die Ihr bis jetzt getroffen habt, einschließlich der Art, wie Ihr sterben werdet, ist Bestandteil Eurer Vorstellungen und spiegelt sich in den Gedanken, die Ihr denkt. Auch in Euren intuitiven Ahnungen spiegelt sie sich wider, in Euren Träumen und in den Botschaften aus Eurem Inneren Selbst. Die Schwierigkeit besteht darin, auf diese Botschaften zu hören. Sofern sie von Krankheit und Sterben handeln, können sie erschreckend auf Euch wirken, können Furcht erregen und Eurer aktiven Wahrnehmung rasch entgleiten. „Zuhören" ist vielleicht eine zu vereinfachende Beschreibung für den gesamten Prozess, um den es hier geht. Außer hören geht es um die Erkenntnis, daß das, was Ihr hört, erschreckend sein könnte, und daß Ihr Eure Furcht überwinden müßt, um den Grund für sie festzustellen. Vielleicht wird die Erkenntnis Eure Furcht verringern, daß die Gedanken, die Ihr vernehmt, Wissen über Euch selbst darstellen, und daß Ihr bereits die Macht erworben habt, die Dinge an Euch, die Euch nicht gefallen, zu verändern.

Die Frauen schwiegen, als ich aufhörte, über das vierte Prinzip der Macht zu sprechen, und ich wußte, daß es Zeit war weiterzugehen. Unser nächster Aufenthalt war das Land der Spirituellen Energie, Eintritt zu den farbigen heilenden Lichtern, das Land der Blaugeflügelten Libellen. Sie waren unangenehm von diesem Konzept des Todes berührt, weil sie allzuoft geleugnet hatten, daß es

einen Teil ihres Lebens ausmachte. Wie konnte ich ihnen erklären, daß Tod und Leben nur verschiedene Seiten desselben Da-
seinszustandes sind? Wie konnte ich ihnen vermitteln, daß es möglich war, mit ihren anderen Gestalten ebenso vertraut zu werden,
wie sie zur Zeit vertraut mit ihrer physischen Gestalt waren? Ich
wußte, ich konnte das nicht mit bloßen Worten erklären, es war
etwas, das sie erfahren mußten, wie ich auch die anderen Gestalten meines Wesens erfahren hatte. Vielleicht, so dachte ich, könnten auch sie sich mit dem Zustand des Todes anfreunden, wie ich
es tat, wenn sie nur das Gesicht anderer Wesen berühren könnten,
wie ich das Wesen namens Margaret berührt hatte; wenn sie lernen
könnten, unmittelbar mit der Macht des Universums zu heilen
und farbige Lichter zu nutzen.

Als die Frauen zum Schiff gingen, abflugbereit, starrte ich lange in den Teich der Winden hinab und bemerkte, daß seine Oberfläche mit einem schimmernden Eislaken bezogen war, und ein
durchsichtiges blasses Lila widerspiegelte, das unserem Schiff eine
mystische Aura verlieh. Ich wußte, es war ein Omen für die zukünftigen mythischen Erfahrungen. Bevor ich die Frauen in die
Welträume, die sie gerade erforscht hatten, mitgenommen hatte,
hatte ich ihre Planeten und Sterne bereist und war mit ihrem Gebiet auf den früheren Reisen, die ich mit den sechzig Frauen und
mit Sun unternommen hatte, vertraut geworden. Ich wußte jetzt,
daß ich am Rand unerforschter Räume stand, und daß ich von
meinen Inneren spirituellen Vorstellungen und dem Geist Anderer
Wesen geführt werden würde. Ich wußte auch, daß dies die letzte
Galaxie sein würde, die die Frauen und ich auf dieser Reise gemeinsam erkunden würden. Es betrübte mich, und gleichzeitig
stimmte es mich heiter; denn sie hatten viele Heilkräfte erlernt,
und die letzten lagen in ihrer Reichweite.

Das Raumschiff stieg rasch empor, nachdem es zum Abschied
ein paar flüchtige Kreise gezogen hatte und verschwand, so wie
die Nachthimmel jeden Tag bei Sonnenaufgang hinter den Mantra-Bergen verschwunden waren.

10. Kapitel

EINZUG INS LAND DER SPIRITUELLEN ENERGIE

Es schien, als würde das Raumschiff von übernatürlichen Kräften angetrieben und in den Leitstrahl einer Wirklichkeit gezogen, die anders als alle vorangegangenen war. Jede Empfindung für den Eigenantrieb war verschwunden, ebenso das Gefühl für Zeit und Raum. Das Raumschiff schien in eine andere Dimension einzutreten. Ich fühlte mich in der Schwebe, hatte weder Vorstellungen noch Erwartungen. Abwartend. Unser Bestimmungsort war in einen sanften roten Glanz getaucht. Wir wurden sogleich davon umhüllt und versanken darin.

Eine flötengleiche Stimme begrüßte unsere Ankunft. Willkommen im Land der Spirituellen Energie. Steigt aus und gesellt euch zu denen, die hier verweilen. Ihr werdet bemerken, daß eure Irdischen Hüllen von eurem Wesen abgefallen sind. Hier werdet ihr eine andere Wirklichkeit kennenlernen und mit Wesen in Verbindung treten, die euch ähnlich und die euch unähnlich sind. Es gibt sieben Stufen der Energie, die Ihr während eures Aufenthalts in dieser Dimension erfahren könnt. Rot ist die niedrigste Stufe, die schwächste der vibrierenden Energien. Sie ist es, die eure gegenwärtige Ausstrahlung färbt. Es wird euch möglich sein, ebensogut in den Energiefarben orange, gelb, grün, blau, indigo und violett, das die stärkste aller vibrierenden Energien darstellt, zu vibrieren. Die Fähigkeit, in der stärksten aller Energien zu strahlen, wird bei jeder von euch von der jeweiligen Entwicklung abhängen. Daß ihr in diese Dimensionen hier gelenkt wurdet, zeigt, daß Ihr bereits einen hohen Entwicklungsgrad erreicht habt auf eurer Suche nach blühender Gesundheit. Jetzt steht Ihr an der Schwelle weiterer Entdeckungen. Während des Aufenthalts in diesem Land wird jede von euch ein persönliches Beratendes Wesen haben. Bevor Ihr Euren Beratenden Wesen begegnet, müßt Ihr mit dem Höchsten der Energie Ströme Verbindung aufnehmen. Es ist ein Strom, der viele Namen trägt. Ihr könnt ihn so nennen, wie es Euch am besten gefällt; denn nur, wenn ihr Euch völlig bejahend darauf beziehen könnt, werdet Ihr fähig sein, eine Verbindung damit zu erreichen, die unmittelbar und persönlich ist und das Innerste berührt. Ihr werdet alle auf unterschiedliche Art mit der Höchsten Energie Verbindung aufnehmen. Es gibt viele Wege, dies zu erreichen. Ich überlasse es den Fähigkeiten, die aus eurem Innersten Wesen kommen. Die flötengleiche Stimme verstummte und ließ mich in einem Gefühl der Stille und des Friedens zurück.

Wie könnt Ihr Verbindung mit dem Univeralen Energie Strom aufnehmen? Wie erreicht Ihr eine direkte und persönliche Beziehung? Das sind Fragen, die bereits in anderer Weise beantwortet worden sind. Die Universale Energie befindet sich in uns selber. Ihr kennt sie als das Innere Selbst. Bei unserem früheren Besuch in diesem Land der Spirituellen Energie verbrache jede von Euch viele Stunden in Meditation und lernte, Verbindung mit dem Inneren Selbst aufzunehmen. Überprüft sorgfältig, auf welche Art Ihr lerntet mit der Energie, die sich in Euch befindet, Verbindung aufzunehmen. Es ist dieselbe Energie die durchs Weltall fließt. Ihr könnt auf dieselbe Art Verbindung mit ihr aufnehmen wie mit Eurem Inneren Selbst. Meditation. Gebet. Versenkung. Andere Bewußtseinszustände. Daran glauben, daß es möglich ist.

Einige von Euch werden diese Energie mit dem Namen Gott bezeichnen. Andere werden sie das Göttliche Selbst nennen und wieder andere das Kosmische Wesen. Ich zog es vor, ihr den Namen Universaler Energie Strom zu geben; denn wir standen auf unserer Reise durchs Weltall mit vielen ihrer Energieformen in Verbindung. Innere Energie. Gedankenenergie. Daseinsenergie. Die Energie des Wählens. Die Energie des Freien Willens. Alle waren sie Kraftquellen.

Um eine direkte Beziehung zum Universalen Energie Strom zu erreichen, muß die Berührung persönlich und intim sein, wie bei jeder anderen Beziehung auch. Sie kann weder aus der Weisheit eines anderen Menschen stammen, noch kann sie durch andere, die sich Guru, Priester, Schamane, Allwissende nennen, hergestellt werden. Es gibt Zeiten, in denen diese ehrwürdigen Individuen Anleitungen zu Eurem Lernen geben können, die vielleicht von Nutzen sind. Zu oft aber werden sie Euer Lernen irreleiten, weil sie Eure ganze Aufmerksamkeit auf ihre Rituale lenken werden. Wenn Ihr daran glaubt, daß die Macht in den Ritualen liegt, wird Eure eigene Energie irregeführt und Ihr werdet nicht fähig sein, Verbindung mit der Universalen Energie aufzunehmen. Die wahre Quelle Eurer Macht liegt in Eurer Fähigkeit verborgen, mit der Universalen Energie so direkt wie möglich Kontakt aufzunehmen. In den Erfahrungen, die Ihr machen werdet, werdet Ihr merken, daß Ihr eine Verbindung erreicht habt. Jede von Euch hat die Fähigkeit, mit der Universalen Energie direkt in Verbindung zu treten. Ihr habt Euch dazu befähigt, als Ihr das erste Mal mit Eurem Inneren Selbst in Verbindung tratet.

ENTDECKT DIE MACHT DES
UNIVERSALEN ENERGIE STROMES

Meist gelang es den Frauen, in einem anderen Bewußtseinszustand Verbindung mit dem Universalen Energie Strom aufzunehmen. Seine Energie war manchmal stärker als sie ertragen konnten. Manchmal wiederum war sie so sanft wie der Wind, der von Osten weht.

Ich unternahm es, ihre erste Verbindungsaufnahme zu lenken und übergab ihnen die Heilungsformeln, die dazu dienten, die Universale Energie auf besondere Heilzwecke zu richten.

Sinkt tief hinab in Trance. Wendet die Entspannung der Hypnose an, den fördernden Zustand der Meditation. Wenn Ihr in einem Zustand angelangt seid, in dem Euer objektives Selbst nicht länger Euer Wesen regiert, so bittet den Universalen Energie Strom, zu Euch zu gelangen. Bittet darum, daß seine Energie direkt in Euer Wesen geleitet wird.

Als Suzanne krank war, ihre Eierstöcke entzündet und bewegungsunfähig infolge bindegewebiger Wucherungen, setzte ich die folgende Formel ein, damit sie Verbindung mit der Universalen Energie aufnehmen und ihre Kraft zur Heilung anwenden konnte.

„Laß die Universale Energie in deinen Körper gelangen, Suzanne. Laß sie in jede Zelle deines Körpers gelangen. Sobald du ihre Energie erfährst, teile mir mit, was in dir vorgeht."

„Ich kann die Energie in meinem Körper fühlen", sagte Suzanne zu mir. „Ich kann sie in jeder Zelle fühlen. Sie ist warm und sie pulst."

„Lenke die Energie jetzt zu deiner Wirbelsäule. Deine Wirbelsäule ist das große Nervenzentrum deines Körpers. Sie ist die Quelle der Kraft und Vitalität für deinen Körper, Sitz der sieben Chakras."

„Laß jetzt die Universale Energie von deiner Wirbelsäule aus in jede Zelle deines Körpers strömen. Spüre deine Zellen mit der Kraft und Energie des Universalen Selbst pulsen und strahlen."

„Lenke die Universale Energie jetzt zu deinen Eierstöcken. Die Universale Energie hat die größte Heilkraft aller Energien. Spüre die Energie pulsen und ausstrahlen, deine Eierstöcke heilen, bis sie vor Gesundheit vibrieren."

Als die Energie durch ihren Körper floß, teilte Suzanne mir ihre Erfahrungen mit.

„Jetzt kann ich sie in meiner Wirbelsäule spüren, die Energie strömt aus und vibriert. Jetzt spüre ich sie in meinen Eierstöcken. Jetzt empfinde ich mich überall ganz warm."

Als die Wärme sich in ihrem Inneren verteilte, verschwanden die Schmerzen von Suzannes Gesicht. Ich wußte, die Heilung hatte begonnen. Als sie aus der Trance zurückkam, sagte sie, daß sie sich entspannt und angenehm fühle, und daß die Schmerzen aus ihrem Körper verschwunden seien. Das Gefühl von Wärme und pulsender Energie in ihrem Körper hielt mehrere Stunden an, wie sie mir später mitteilte. Kurz bevor sie die wöchentliche Sitzung verließ, gab ich ihr die folgende Formel; denn ich wußte, daß ihre Beteiligung an der Reise nur begrenzt war, daß ihre wöchentliche Anwesenheit von einer ungünstig gewählten Beziehung mit ihrem irdischen Partner abhängig war.

> Von jetzt an und für allezeit
> Wirst du fähig sein anzuwenden
> Die Kraft des Universalen Stromes der Energie
> Deinen Körper zu heilen
> Dein Wesen in Einklang zu bringen
> Immer einen Zustand
> Blühender Gesundheit zu erlangen.

Bei jeder Frau verlief die erste Berührung mit dem Universalen Energie Strom ähnlich wie bei Suzannes Erfahrung. Sie kam in Trance zustande und wurde gelenkt. Nachdem sie einige Male unter Anleitung Verbindung aufgenommen hatten, waren die Frauen in der Lage, eine eigene Verbindung herzustellen und die Kraft der Universalen Energie zur Heilung anzuwenden. Zusätzlich zur Heilung ihrer gestörten Menstruationszyklen konnten sie die Universale Energie ebensogut einsetzen, um andere Krankheiten zu heilen.

Shirleys erste persönliche Erfahrung mit der Universalen Energie war etwas anders als die der andern Frauen und spiegelte ihre religiösen Überzeugungen wider. Als ich sie bat, die Energie zu ihrer Wirbelsäule zu lenken, sah sie ein glänzendes Kreuz, in strahlendes Licht getaucht, „als schiene die Sonne auf ein Schwert", erzählte sie mir später. Als sie mit dem Kreuz in Berührung trat, bat ich sie, sein Licht zu der Stelle an ihrer Wirbelsäule zu lenken, an der sie oft große Schmerzen litt. Ich bat sie auch, die Schmerzen mit ihrem Inneren Auge zu betrachten und um eine Botschaft über den Ursprung der Schmerzen zu bitten.

„Ich sehe eine große schwarze Masse", sagte sie mit langsamer Stimme, aus der Tiefe ihrer Trance heraus.

„Bitte die Universale Energie, die schwarze Masse zu heilen, sie für immer zu entfernen."

„Sie ist jetzt verschwunden", sagte sie mir, nachdem sie das strahlende Licht des Kreuzes auf die schwarze Masse gerichtet hatte, um sie zu heilen.

Als sie aus der Trance zurückkam, erinnerte sich Shirley an den schmerzhaften Abbruch einer wichtigen Beziehung, der stattgefunden hatte, als sie zum erstenmal Schwierigkeiten mit ihrem Rücken hatte. Eine Botschaft des Universalen Energie Stromes. Bis dahin, als sie diese Botschaft erhielt, hatte sie geglaubt, ihre Schmerzen seien die Folge eines Autounfalles, ein Unfall, der in Wirklichkeit geschehen war, nachdem ihre Schmerzen schon einige Zeit bestanden.

Alison nahm mit dem Universalen Energie Strom in einer Atmosphäre, die von Schmerz umgeben war, Verbindung auf und verschaffte uns Eintritt ins Land der Farbigen Lichter.

HEILT EUCH SELBST MIT DER
MACHT FARBIGER LICHTER

Der Eintritt ins Land der Farbigen Lichter begann mit Alisons Migräne, einem veränderten Bewußtseinszustand und unmittelbarer Verbindung mit dem Universalen Energie Strom. Alison bewegte sich ins Land tanzender, beweglicher, wechselnder, farbiger Lichter, als ein phosphoreszierendes orangefarbenes Licht, das unerträglich intensiv war, in ihre Augen drang. Das Licht verschwand, und sie versank in salzigen, brennenden Ozeanwellen. Als nächstes wurde sie von einem weichen und milchig weißen Energieband umhüllt, das ihren brennenden Augen Linderung und Heilung brachte. Ein purpurner Ring schwebte darauf durch unsichtbare Räume, umkreiste sie und heilte ihre Schmerzen. Orangefarbenes Licht. Milchig weiße Energie. Brechende Ozeanwogen. Ein purpurner Ring. Alle machten sie die Wirklichkeit der Universalen Energie unmittelbar bewußt.

Das Erkennen der Universalen Energie durch die Wahrnehmung Farbiger Lichter vollzog sich immer in Trance. Als Alison zum ersten Mal Verbindung mit den Farbigen Lichtern aufnahm, stand ich nur teilweise mit ihr in Berührung. Sie sprach wie aus weiter Ferne zu mir, mit dumpfer und schwacher Stimme.

„Oh, ich kann es nicht ertragen. Es ist zu gleißend", sagte sie und bewegte ihre Finger, als wollte sie sich die Augen ausreißen.

„Was passiert, Alison?" fragte ich. Ich konnte ihre Schmerzen nachempfinden und merkte, daß etwas Ungewöhnliches mit ihr geschah.

„Es ist ein organgefarbenes Licht. Es dringt in meine Augen ein. Ich kann es nicht aushalten."

Ich wußte, daß ich nur bei ihr sein konnte, wenn ich mich auf mein Inneres Selbst einstimmte und durch seine Weisheit die Ereignisse lenken ließ.

„Laß dich darauf ein Alison", drängte ich, sanft, freundlich. „Bleib dabei. Kämpfe nicht dagegen an."

„Ich kann nicht. Ich kann nicht. Es ist zu gleißend."

Wieder bewegten sich ihre Finger, um ihre Augen vor einem Licht, das nur sie sehen konnte, zu schützen.

„Es ist das Universale Licht, Alison. Es ist heilend. Es ist das Heilende Licht. Organge ist die Farbe des Heilens. Bleibe dabei, Alison", drängte ich nochmals. „Es wird deine Migräne heilen." Mii-gräne sprach sie es aus. Ich nahm ihre Betonung auf, um den Zauber nicht zu brechen.

„Jetzt sind es riesige, brechende Meereswogen, die meine Augen verbrennen." Sie bewegte wieder ihre Finger, als ob sie ihre Augen schützte oder vielleicht, um sie aus ihrem sterblichen Körper zu entfernen. „Ich kann es nicht aushalten. Es ist zu schmerzhaft."

„Vor langer Zeit, Alison", sagte ich zu ihr, indem ich Informationen aus einer tiefen Spalte meines Gehirns emporholte, „waren wir alle Geschöpfe des Ozeans. Unser Körper wies denselben Salzgehalt auf wie die See. Sie ist ebenfalls heilend. Bleibe dabei. Laß dich von den Wellen überspülen. Kämpfe nicht dagegen an. Werde eine Welle."

Ihr Gesicht entspannte sich. Die Finger bewegten sich von den Augen weg. „Jetzt ist es weich und milchig weiß", sagte sie.

Wieder gestikulierten ihre Finger. „Es ist purpurfarben, dringt geradewegs durch meine Stirn." Ihre Stimme klang aufgeregt, erleichtert. Sie streckte ihren Arm aus, um mir zu zeigen, wie die Purpurne Energie auf sie gerichtet war, dann, wie sie ihren Kopf umgab, leuchtend und sanft und dabei ihre Migräne heilte, den Kopfschmerz für immer entfernte.

Als Alison zum erstenmal die purpurne Energie erlebte, dachte ich, sie hätte ein Lichtbündel gesehen, das von der höchsten Ebene in ihre Stirn und durch diese hindurch gelangt war. Erst später erklärte sie mir, es sei ein einzelner, ausgedehnter, kreisförmiger Ring gewesen, der von außerhalb auftauchte, sich durch ihr Inneres bewegte, sich ausbreitete und sich dann in purpurnen Nebel verwandelte.

Ich verlangte nicht, daß eine andere mir ihre Reiseerfahrung gerade im Augenblick des Geschehens so berichtete, daß ich sie verstehen konnte. Ich hatte gelernt, daß ein solches Vorgehen die Stimmung, in die alles, das sich gerade ereignete, eingebettet war, zerstörte. Ich hatte auch herausgefunden, daß ich einen Teil der Beziehung verlor, wenn meine Bedürfnisse dringlich oder sogar notwendig wurden. Ich merkte, daß damit auch die Übereinstimmung zwischen meinem Inneren Selbst und dem Universalen Selbst schwand, der Zustand also, in dem ich die Frauen am besten durch ihre unerforschten Bereiche geleiten konnte. Wenn ich diese nötigen Beziehungsebenen verlor, büßten meine Antworten an Einfühlungsvermögen ein, meine Wahrnehmung an Genauigkeit, mein Innerstes war nicht länger auf ihr Innerstes eingestimmt. Im Ganzen ergab sich eine Einbuße kreativer Heilung, die nur zustande kam, wenn die Verbindung zwischen uns so vollständig wie möglich auf einen gemeinsamen Mittelpunkt konzentriert war.

Auf einen gemeinsamen Mittelpunkt konzentriert sein, ist die Beschreibung eines Zustandes, der zwischen Menschen auftritt, sobald die Grenzen, die sie voneinander trennen, fast ganz aufgehoben sind. Es ist eine Ich-Du-Beziehung, in der sich das Wesen eines Menschen mit dem Wesen eines anderen verbindet, um zu einem größeren Wesen zu werden, als jedes einzeln sein könnte. Es war der Zustand, in dem mir die Einreise ins Land der Farbigen Lichter gelang, indem ich mich mit Alison in sie hineinbewegte und gleichzeitig ihre Einreise lenkte. Nachdem ich gesehen hatte, wie sie sich sicher jenseits der funkelnden Barriere der orangefarbenen Ebene bewegte, ließ ich sie heil inmitten der Stille eines milchig weißen und weichen Energiefeldes zurück. Danach führte ich die anderen Frauen durch ähnliche Barrieren, die anfänglich ihre Einreise zu den Farbigen Lichtern blockiert hatten, hindurch; denn wir nahmen alle teil an der Magie, die jede entdeckte auf dieser ungewöhnlichen, manchmal unwirklich scheinenden Reise, die wir zusammen machten.

Alison besaß, am meisten von allen, die Besondere Begabung für die Lichter. Für sie konnten sie aquamarinblau werden, wenn sie die Intensität der orangenen Farbe mit gespreizten Fingern, die sie sich gegen die Augen hielt, abdeckte, und so die Vibrationen auf eine höhere Ebene anhob. Sie konnte das Licht in irgendeinen Teil ihres Körpers lenken, der schmerzte oder durch eine Infektion belagert wurde. Das Wirkungsvollste von allem war, daß sie selber das Licht werden konnte, immer in orangenen Vibrationen. Ich sah sie vor meinem inneren Auge als pulsendes glühendes Licht Wesen. Sie beschrieb es nicht der Form nach, nur als Intensität.

„Jetzt bin ich das Licht", sagte sie dann, während sie aus andern Sphären zu mir sprach. „Es pulst. Seine Farbe ist das Gefühl, das ich bekomme, wenn ich zulange in die Sonne gestarrt habe. Jetzt bin ich überall warm." Jedesmal wenn sie den Zustand der Wärme erreichte, erschien ein glückseliges Lächeln auf ihrem Gesicht. Ich wußte in dem Augenblick, daß ihre Schmerzen verschwunden waren, daß ihre vielen Infektionen abheilten.

Die anderen Frauen sahen blühendes Blau und Grün, dunkles Rot, dunkles Blau, orangene Töne, zartes Rosa, glänzendes Weiß, das ihre Augen blendete, zu intensiv, um erträglich zu sein, und nur gelegentlich, für kurze Augenblicke, die vibrierende violette Energie. Farbige Lichter, die aus dem Nichts heraus zu kommen schienen.

Am Anfang stand ich in Versuchung, die Lichter in den Worten Anderer zu erklären. Goethes Farbenlehre gilt als klassische Studie über Farben und Lichtenergie. Ich wußte, daß er ebenfalls mit psychischen und okkulten Belangen vertraut war, Bereiche, die das Unbekannte in den Begriffen, die ich suchte, erklären könnten. Die Seele gegen Wissen zu verhökern ist verlockend, was Goethe wußte, als er, in Gestalt des Faust, mit Mephisto um seine Seele verhandelte. Für den Bruchteil einer Sekunde war ich bereit, acht Seelen gegen das Wissen, das die himmlischen Lichter erklärt hätte, zu verkaufen. Was bedeuteten die unterschiedlichen Farben? Mein Wunsch, es zu wissen, war übermächtig. Warum orange? Warum erschien das Purpur in einem einzelnen ausgedehnten Ring? Warum war Orange der Zustand, den die Frauen am leichtesten erreichten? Warum war purpur der Energiezustand, der am schwierigsten zu erreichen und zu erhalten war, in den seltenen Augenblicken seines Erscheinens? Mein Ruf nach Wissen wurde in die Energiewellen ausgesandt. Ich entschied, einen Handel abzuschließen, wie Goethe einen Handel abgeschlossen hatte. Er wurde mit einem gewaltigen Blitz der Erleuchtung zurückgesandt.

Du batest um eine Reise ins Unbekannte, kam eine Stimme aus den Energiesphären. Nachdem dir die Einreise in die Unbekannten Bereiche gelungen ist, kannst du jetzt nicht um Verständnis bitten, das dir mit den Worten Anderer vermittelt werden soll. Das ist der Weg der Uneingeweihten. Du stehst im Land der Vibrierenden Wesen. Hier gibt es keinen Handel abzuschließen. Du hast diese Ausrüstung abgelegt, als du eintratst. Es ist die Verkleidung Niedrigerer Wesen. Du stehst allein. Auf dieser Ebene gibt es Beratende Wesen, die dir beistehen werden, um deine Antworten zu finden. Die gefundenen Antworten werden jedoch allein für dich bestimmt sein und können sich sogar von denen deiner Beratenden Wesen unterscheiden. So wird es sich auch mit den Antworten derer verhalten, die mit dir reisen.

Eine Donnerantwort. Weder Vorwurf noch Strafe. Auch das gehörte zu den Verhüllungen anderer Sphären. Es war eine Antwort, die zum Weitersuchen aufforderte, um die Antworten aus den Erfahrungen der Frauen heraus entstehen zu lassen, aus meinen eigenen Erfahrungen und aus meinem Inneren Wesen.

Durch Meditation und Nachdenken fand ich die gesuchten Antworten. Das purpurne Licht war das wirksamste, das heilsamste, weil es die höchste der vibrierenden Energien darstellte. Weil es dem höchsten Energiezustand entsprach, war es auch der Energiezustand, der am schwierigsten zu erreichen oder, einmal erreicht, am schwierigsten aufrechtzuerhalten war. Die jeweiligen Farben, die eine Frau sehen und zur Heilung anwenden konnte, waren von ihrer Entwicklungsstufe abhängig. Jede Farbe besaß Heilkraft. Die schwächeren Energiefarben rot, orange und gelb hatten weniger Kraft als die stärkeren Farben indigo und violett und benötigten deshalb auch mehr Zeit, um einen heilenden Zustand herzustellen. Wie bei den Farben des Regenbogens reichte die Stärke des Regenbogens von rot über orange, gelb, grün, blau, indigo zu violett. Weiß diente entweder als Übergangsstadium von einer Energieebene zu einer anderen oder als Ebene der Neutralität. Dunklere Farbtöne zeigten eine schwächere Energie an, als die helleren Töne derselben Farbe, Die Frauen, die den Universalen Energie Strom als dunkles Blau oder als tiefes Kastanienbraun erlebten, spiegelten damit ihren inneren Zustand wider. Als sie die dunkleren Farben sahen, befanden sie sich in einer depressiven Verfassung oder waren voller Angst und erlebten ihre irdischen Beziehungen mit getrübter Wahrnehmung, ihren persönlichen Energiezustand am Tiefpunkt. Weder ich weiß, warum das Purpur Alison als einzelner ausgedehnter Ring erschien, noch weiß Alison es. Es ist eine Frage, deren Antwort ein Geheimnis bleibt. Ich glaube, daß ich die Antwort zur richtigen Zeit erfahren werde, daß sie aus meinem Tiefsten Inneren emporquellen wird, wenn ich den Zustand erreicht habe, in dem sie von größter Bedeutung für mich sein wird.

Auch Alison wird weiterforschen müssen, bevor sie fähig sein wird, das violette Licht zu nutzen, um sich selber und das Selbst anderer Menschen zu heilen. Viele Planeten davor, lange bevor sie und ich uns im Land der Spirituellen Energie trafen, hörte sie von einer weisen alten Frau, daß sie von einem Blauen Licht umgeben sei, dem Licht der Heilkundigen. ,,Fürchte dich nicht vor dem Blauen Licht'', sagte die weise Frau zu ihr. ,,Es bedeutet, daß du heilen kannst.'' Alison fürchtete sich nicht, weder damals noch heute. Ich wußte, daß sie die Farbigen Lichter nicht nur für ihre eigenen Zwecke anwenden würde, wenn sie sich einmal freigemacht hatte von den Rollen-Fallen, die sie versklavten und sie wie Aschenbrödel für immer angekettet hielten, den Launen ihrer vielen Stiefschwestern und Stiefbrüder ausgesetzt.

SCHAFFT EURE EIGENE ZUFLUCHTSSTÄTTE

Nachdem die Frauen Verbindung mit dem Universalen Energie Strom aufgenommen hatten und von leuchtenden farbigen Lichtern geheilt worden waren, war es für jede Frau an der Zeit, ihren Spirituellen Beratenden Wesen zu begegnen, mitten in der kühlen Abgeschiedenheit ihrer Zufluchtsstätte. Meine eigene Beraterin,

Margaret, war während der Reise und während der vielen Vorbereitungsmonate, die ihr vorangingen, bei mir und unterstützte, ermutigte und belohnte meine Anstrengungen.

Um Wesen aus anderen Dimensionen begegnen zu können, ist es notwendig, zuerst die Zufluchtsstätte, die ihr früher entdecktet, als wir das erstemal mit dem Land der Spirituellen Energie in Berührung kamen, neu zu erschaffen. Ich werde Eure Einreise in einen übersinnlichen Zustand leiten.

Ihr schwebt jetzt auf einem Wolkenbett. Spürt, wie Ihr zu treiben beginnt. Laßt Euch langsam umhertreiben. Langsamer. Jetzt noch langsamer. Seht die Äste des Farnbaumes sich wiegen. Hin und her. Hin und her. Hin und her. Laßt Eure Seele aus ihrer Erdgebundenheit emporschweben. Gleitet sanft in den Zen-Zustand hinein. Jetzt seid Ihr bereit, Eure eigene persönliche und heitere Zufluchtsstätte zu finden.

Stellt Euch einen besonderen Ort vor, mit grünem Gras, von mächtigen Bäumen umgeben, durch deren Blätter gedämpft das Sonnenlicht rieselt und grün mit gold vermischt. Das ist Eure Zufluchtsstätte. Unter den Bäumen, da wo der Schatten am tiefsten ist, werdet Ihr einen klaren und schimmernden Teich finden, einen Bach, der aus seinen Tiefen emporsteigt und wegfließt. Hört dem Klang seines melodischen Rhythmus' zu, während er in die Ferne fließt, sich durch eine Wiese windet, durch freies Feld, das golden von wehendem Korn ist. Hört der Musik der Singvögel zu. Riecht den Duft der wildwachsenden Pflanzen, die am Bachufer wachsen.

Damit Eure Zufluchtsstätte immer geschützt sei und frei von unerwünschten Belästigungen, frei von Lärm und Zwietracht, ist es wichtig, sie mit undurchdringlichen und unsichtbaren Wänden zu umgeben. Baut sie 8 Schichten tief. Dehnt sie nach oben bis in die Unendlichkeit aus. Fügt in jeder Mauer ein besonderes Tor ein. Stellt für jedes Tor einen Besonderen und Ungewöhnlichen Schlüssel her. Hütet die Acht Schlüssel sorgfältig. Gewährt nur denjenigen Einlaß, die wie Ihr die Quellen der Macht kennen und die mit Euch Verbindung in der Sprache der vibrierenden Farben aufnehmen können. Segnet Eure Zufluchtsstätte mit der Musik der Erzengel. Ihr seid jetzt bereit, Wesen aus Anderen Dimensionen zu begegnen und von dieser ganz besonderen Abgeschiedenheit aus in andere Bereiche zu reisen.

BEGEGNET EUREM EIGENEN SPIRITUELLEN
BERATENDEN WESEN

In weiter Ferne, wo weich das Gras der Wiese wächst, werdet Ihr ein glühendes Licht sehen. Das ist die Wesensform eines Spirituellen Beratenden Wesens. Bittet das Licht, sich sachte auf Euch hin zu bewegen. Während sich das Licht mehr und mehr nähert, wird es allmählich Form und Gestalt annehmen. Die Form, die es annimmt, wird allein für Euch bestimmt sein. Es ist wichtig, daß Euer Beratendes Wesen von der Erscheinung und der Art her für Euch akzeptabel ist; denn Ihr werdet viele intime Augenblicke zusammen verbringen. Erfreuliche Augenblicke. Ungewöhnliche Augenblicke. Ihr werdet in den gewöhnlichen Ereignissen Eures alltäglichen Lebens und in den nicht so gewöhnlichen Ereignissen Rat erhalten. Von Eurem Beratenden Wesen könnt Ihr Ratschläge über den allgemeinen Zustand Eures körperlichen und geistigen Wohlbefindens erhalten und über bestimmte Bereiche, die gestört sind. Es wird Euch auch möglich sein, über alle Angelegenheiten, die für Euch von besonderer Bedeutung sind, Auskunft zu erhalten, ganz gleich, ob es sich um finanzielle, persönliche oder spirituelle Angelegenheiten handelt. Ihr braucht bloß zu fragen.

Sollte Euer Beratendes Wesen jemand sein, den oder die Ihr kennt oder in Eurem irdischen Leben gekannt habt, dann sagt diesem Beratenden Wesen Lebewohl und bittet ein anderes, in Eure Zufluchtsstätte zu kommen. Beratende Wesen, die Euch bekannt waren, können hilfreich und nützlich sein. Allzuoft allerdings werdet Ihr sie mit der Begrenztheit Eures irdischen Selbst ausstatten und ihre Fähigkeit, Euch zu helfen, wird dadurch ebenfalls begrenzt werden.

Wenn Euer Beratendes Wesen dicht an Euch herangekommen ist, bittet es, Euch einen Namen zu nennen. Es ist wichtig, den Namen zu hören. Wichtig für Eure Fähgikeit, mit Eurem Beratenden Wesen zu kommunizieren und Euch darauf zu beziehen. Vielleicht hört Ihr keinen klar ausgesprochenen Namen, so wie andere Euch ihren Namen sagen. Falls dies Eure Erfahrung ist, werdet Ihr merken, daß Euch ein Name in den Sinn kommt, indem Ihr einfach danach fragt. Hört auf den ersten Namen, den Ihr spontan und ohne Anstrengung vernehmt. Es wird der Name Eures Beratenden Wesens sein. Gebraucht ihn mit Leichtigkeit und vertraut ihm, selbst wenn es ein Name sein mag, der für Euch unvertraut ist.

Vielleicht stellt Ihr fest, daß Ihr nicht in der Lage seid, Euer Beratendes Wesen zu sehen. Es ist nicht nötig, daß Ihr es tut. Unter den reisenden Frauen befanden sich einige, die nicht in der Lage waren, ihre Beratenden Wesen bildlich zu sehen, und trotzdem hatten sie Beziehungen zu ihnen, die wichtig und bedeutungsvoll waren. Für jede anders.

Es ist möglich, sogar ziemlich einfach, mehr als ein Beratendes Wesen zu haben. Shirley hatte drei, eine Amazone, ein Dünnes Mädchen und ein Glühendes Mädchen. Sie hatte unterschiedliche Beziehungen mit jeder Beraterin und nutzte sie bei unterschiedlichen Vorhaben.

Euer Beratendes Wesen kann in einer ganz anderen Form, als Ihr vielleicht erwartet, erscheinen. Alisons Beratendes Wesen nahm viele Formen an. Zuerst war es ein winziger Esel, tänzelnd und umhertollend, der sie lockte, in die Welt der Fantasie einzutreten, zu spielen, wie er spielte. Er schien seine Gestalt zu wechseln, um die Stimmung herzustellen, von der er das Gefühl hatte, sie sei die beste für Alison. Jesse und Jay Jay hatten beide schöne Beraterinnen, „überraschend feminin" in ihrer Erscheinung, sagten sie mir. Sie hatten mit männlichen Wesen gerechnet. Lilys Beratendes Wesen war ein zarter, ätherischer Schmetterling, der immer die Form eines Schmetterlings beibehielt, aber seine Farbe zu ändern pflegte, um eine besondere Stimmung, für Lily allein, herzustellen. Abwechselnd lavendelfarben, golden, blau, bunt, gedämpft und klar.

Leah lehnte es ab, ein Beratendes Wesen in Betracht zu ziehen. Es erinnerte sie zu stark an die Tage ihrer Kindheit als Spiritualistin, schmerzliche, unglückliche Erinnerungen, die sie lieber als trügerisch etikettierte, als hinter die Etikettierung zu sehen, um die Wirklichkeit, die sie sich in jenen frühen Jahren erschaffen hatte, zu verstehen.

Suzanne nahm nicht oft genug an der Reise teil, um einem Beratenden Wesen zu begegnen und Elsie stieg bei ihrem kleinen Asteroiden aus, Wochen bevor wir das Land der Spirituellen Energie betraten.

Die meisten Frauen begegneten ihren Beratenden Wesen inmitten der Heiterkeit ihrer Zufluchtsstätte. Alison traf ihren Berater, als sie umherlief und spielte, ihre Zufluchtsstätte ein grüner Wald. Ihre Kleidung entsprach der Stimmung ihrer Zufluchtsstätte besonders, ein weißer Umhang mit Baskenmütze, ein langer Schal, der beim Laufen hinter ihr herwehte. Zuerst erblickte sie ihren

Berater als leuchtendes blaues Licht mit weißen Rändern. Rasch bewegte es sich zwischen den Bäumen auf sie zu, so schnell, daß es durch sie hindurchglitt, sich zerstreute und dann weit weg zu sein schien.

„Nein", sagte sie als Antwort auf meinen Vorschlag, sich umzudrehen, weil er vielleicht hinter ihr gehe. „Er ist hier bei mir."

Zuerst hörte sie seinen Namen, deutlich ausgesprochen. Dann wurde er sichtbar. Eine winzige, glückliche und lächelnde Figur, die Pan ähnelte. Auf diese Art geschah es, daß Alison Rada begegnete und eine Beziehung aufnahm, die lohnend und zugleich voller Wonne sein würde.

FLIEGT AUF EINER BLAUGEFLÜGELTEN LIBELLE

Die Frauen begegneten ihren Beratenden Wesen und betraten gleichzeitig das Land der Blaugeflügelten Libellen. Um die Geschichten ihrer Beratenden Wesen erzählen zu können, müßt auch Ihr dieses eigenartige und magische Land mit ihnen betreten, im Flug auf hauchdünnen, durchsichtigen Flügeln eines magischen Wesens. Schimmerndes Blau. Aquamarin. Grün. Die Libellenflügel wechselten die Farbe, wie es den irisierenden Farben des Himmels entsprach. Reisen, die sterbliche Augen nie erblicken.

Sinkt tief in den Bann der Hypnose hinab, um in das Land der Blaugeflügelten Libellen einreisen zu können. Entspannt Euch in der Stille Eurer Zufluchtsstätte. Nachdem Ihr Eurer Beraterin begegnet seid, wie die Frauen ihren Beraterinnen begegnet sind, bittet sie darum, daß Sie sich jetzt zu Euch gesellen möge. Er, so Euer Beratendes Wesen Euch in männlicher Form erscheint. Viele wundervolle Reisen stehen Euch beiden bevor. Wenn Eure Beraterin zu Euch gekommen ist, so befolgt sorgfältig die besonderen und rituellen Anweisungen, damit Eure Einreise in dieses ungewöhnliche Land sicher verläuft.

Ihr steht ruhig an Eurem Teich, tief in dem belaubten schattigen Platz verborgen, der Eure Zufluchtsstätte umgibt. Legt Eure Kleider ab und taucht in den Teich hinab. Entspannt Euch. Laßt Euch mitten in seinen kühlen und erfrischenden Wassern treiben. Seht Eure Sorgen und Ängste wie kleine Wellen auf einem See, dessen Wasseroberfläche eine sanfte südliche Brise kräuselt, hinwegtreiben. Steigt aus dem Teich heraus, wenn Ihr Euch erfrischt habt. Bittet Eure Beraterin, Euch sanft abzutrocknen mit den weichen flauschigen Handtüchern, die Ihr in der Nähe auf einem moosbewachsenen Erdwall finden werdet. Dicht daneben werdet Ihr auch besondere Kleidung finden, die Ihr Euch anziehen könnt. Trag sie nur in der Galaxie der Spirituellen Energie. Sie werden Euren Durchgang durch den verzauberten Tunnel, der zu ungewöhnlichsten Abenteuern führt, erleichtern.

Wie Ihr so am Teich steht, in Gewänder für wundersame Abenteuer gekleidet, stellt Euch jetzt vor, daß Ihr kleiner und kleiner und kleiner werdet. Jetzt schrumpft Ihr zu einem Meter fünfzig zusammen. Jetzt noch kleiner werden. Jetzt seid Ihr ein Meter zwanzig groß und werdet kleiner. Neunzig Zentimeter. Kleiner und kleiner werden. Bis zu sechzig Zentimeter. Haltet ein, wenn Ihr zehn Zentimeter groß seid; denn das ist die perfekte Größe, auf dem Rücken einer magischen Libelle zu fliegen.

Am Ufer Eures Teiches werdet Ihr ein Lilienkissen frei umhertreiben sehen. Nehmt Eure Beraterin bei der Hand und steigt auf das Lilienkissen. Macht es Euch gemütlich. Spürt wie das Lilienkissen sanft über die Wasser des Teiches gleitet. Spürt Euch jetzt den Lauf des Baches entlangtreiben, Euch gemächlich in der ruhigen Strömung voranbewegen, mühelos durch Wiesen und Wälder winden. Spürt die Sonnenwärme an Eurem Körper, die Euch entspannt, die Euch wärmt, die die Lebenskräfte in Eurem Innern erneuert. Seht die Wolken langsam über Euch hinwegziehen. Hört dem Gesang der Lerchen zu, der nur für Euch und Eure Beraterin bestimmt ist. Melodien, die nur Ihr zwei hören könnt.

In Ufernähe werdet Ihr eine schöne Blume erblicken. Zieht ihre Blütenblätter dicht an Euch heran. In Ihrem Inneren werdet Ihr einen einzelnen Tropfen Nektar finden. Trinkt ihn langsam. Kostet seinen Wohlgeschmack. Es ist der Nektar der Licht Wesen, der spirituellen Beraterinnen. Nahrung aus Spirituellen Ländern. Lebensenergie. Erneuerung. Heilung. Neuschöpfung. Spürt seine Energie durch Euren Körper fließen. Wenn Ihr vom Nektar der Spirituellen Wesen getrunken habt, so laßt Euch bachabwärts treiben. Aus weiter Ferne werdet Ihr eine Blaugeflügelte Libelle rasch auf Euch zugleiten sehen. Bittet sie, am Rande Eures Lilienkissens zu landen, damit Ihr und Eure Beraterin leicht auf ihren Rücken klettern könnt. Sobald Ihr sicher in den Sommerfädenfasern ihrer schönen Flügel eingebettet liegt, bittet sie darum, Euch auf eine Reise mitzunehmen, einem Abenteuer für Euch allein.

Während Ihr in andere Länder reist, beratschlagt Ihr Euch mit Eurer Beraterin in der Sprache der Licht Wesen. Ihr werdet merken, daß Sie weise ist in den Dingen, die gerade in diesem Augenblick in Eurem Leben von besonderer Bedeutung sind.

Nachdem Ihr Eurer Beraterin begegnet seid und ihren Namen erfahren habt, fliegt Ihr jetzt auf den Flügeln einer magischen Libelle und begleitet jede einzelne Frau auf den Fahrten, die sie im Land der Blaugeflügelten Libelle erlebten.

Mit dem Berater Rada

Alison war ihrem Berater mitten im leuchtenden Schein einer blauen Flamme begegnet. Ein winziger Pan-ähnlicher Elf, der in den Monaten, in denen er und Alison zusammen waren, viele Formen annehmen sollte. Anders als meine Beraterin Margaret, pflegte Rada nur bei Alison zu sein, wenn sie ausdrücklich danach verlangte. „Du wirst mich rufen müssen", sagte er zu ihr. „Dann und nur dann werde ich kommen." Sie flogen zuerst auf der Blaugeflügelten Libelle zu einer alten hochgewachsenen Eiche, an deren Fuß sich eine winzige Türe befand.

„Wir sind bei einer alten Eiche gelandet", erzählte mir Alison und teilte ihr Abenteuer mit. „Jetzt öffnen wir eine Türe und gehen hinein."

Als sie die Tür öffneten, fanden sie eine Wendeltreppe, die führte hinab hinab hinab unter die Wurzeln des Baumes. Rada, der als Geist in der Gestalt eines winzigen Esels erschien, zeigte den Weg und tanzte leichtfüßig und glücklich gerade vor Alison her. Hinab, hinab, hinab ging die Reise.

„Wohin gehen wir?" fragte Alison. „Warum reisen wir diese Wendeltreppe hinab? Wohin wird sie uns führen?"

„Du batest darum, auf eine Reise zu gehen. Ich wollte sie mit Dir unternehmen. Die Treppe führt Nirgendwohin. Du brauchst nicht Irgendwohin zu reisen, um das zu finden, was du willst. Leben ist dort, wo du bist. Du kannst glücklich sein, wo immer du bist. Es ist rings um dich herum. Es umgibt dich. Es ist in dir."

Sie verließen die Eiche und reisten zu Alisons Zufluchtsstätte zurück, sprachen vertraut miteinander, mitten in der Kühle ihrer Waldschlucht. Kurz bevor Rada sie verließ, sagte er ihr, sie solle glücklich sein. Ein Rat, den er ihr immer wieder gab, bei jedem Treffen. Gerade bevor er verschwand und sich wieder mit dem

Sonnenlicht, das durch die Bäume sickerte, vermischte, erinnerte er sie daran „denk daran, ich werde kommen, wann immer du mich rufst."

Alison rief Rada viele Male. Sie wurden enge Freunde. An einem Tag, an dem sie sich ausgesprochen krank fühlte, eine Blasenentzündung hatte und sich noch von einer Darmgrippe erholte, erschien er in Form eines winzigen Kobolds.

„Er ist wirklich ziemlich häßlich", sagte Alison, indem sie mir Rada beschrieb. „Heute ist er ein winziger Kobold mit einer sehr häßlichen Nase. Er trägt einen roten Hut und ein grünes Trikot. Oh ja", fuhr sie fort, als ob sie sich plötzlich an etwas Wichtiges erinnerte, „er ist wie ein Elf gekleidet."

Alison tauchte im Teich ihrer Zufluchtsstätte unter, um ihren fiebrigen und schmerzenden Körper zu erfrischen und zu heilen. Ihre innere Anspannung schwamm auf der Wasseroberfläche weg. Erfrischt, mit ihrem besonderen weißen Umhang und wehendem Schal bekleidet, mit einer Baskenmütze, die ihr kurzes schwarzes Haar vor dem kühlen Sommerwind schützte, streckte sie sich im Gras aus, um mit Rada zu sprechen.

„Er ist dabei, in eine Blume hineinzuklettern. Es ist ein sehr großer Löwenzahn", erklärte sie, als sie mir ihr Abenteuer mitteilte, mit einer Stimme, die von weither, von dem fernen Planeten kam, in dem ihre Zufluchtsstätte verborgen lag. „Er spielt jetzt Musik für mich", fuhr sie fort, „auf einem ulkigen Instrument. Ich glaube, es ist eine Leier." In der Stille ihres eigenen gemeinsamen Ortes spielte Rada für Alison, nahm ihr Elend von ihr, heilte ihren fiebrigen Körper, brachte Freude und Ausgelassenheit in ihr Leben. Am nötigsten war es für Alison zu spielen, fröhlich zu sein, zu erkennen, daß das Glück, nach dem sie suchte, aus ihr selbst heraus entsteht, daß sie es nicht unter den Wesen finden würde, die ihr Erdenleben meistens umgaben.

Eine schöne Navajo Frau namens Judy

Jay Jays Beraterin hieß Judy. Sie war eine junge Navajo Frau, die ein fließendes blaues Kleid aus ungebleichtem Musselin trug. „Sie ist sehr feminin", sagte mir Jay Jay, als sie Judy zum erstenmal begegnete. „Es ist sonderbar. Ich hatte die Erwartung, daß ich ein männliches Beratendes Wesen haben würde."

Nachdem sie sich in den klaren Wassern des Teiches in ihrer

Zufluchtsstätte erfrischt hatte, wurde Jay Jay von Judy in malvenfarbene Gaze gekleidet, in ein fließendes Kleid mit langen Ärmeln. Sie schrumpften auf die Größe von zehn Zentimetern zusammen, belebten sich mit dem Nektar einer riesigen weißen Chrysantheme, und dann flogen Judy und Jay Jay auf einer Blaugeflügelten Libelle schnell über die offene See. Hin und wieder bis zu den Wellen hinabtauchend, gleich darauf hoch emporsteigend, spielte ihre Libelle mit dem Ozean wie du und ich beim Wellenreiten dicht an weißen Sandstränden spielen.

,,Wir reisen nach China", sagte Jay Jay zu mir, als sie über die azurblaue See dahinglitten. ,,Jetzt landen wir. Unter uns sehe ich einen Fluß und die Große Mauer. Wir nähern uns einer großen Stadt. Ich glaube, es ist Peking. Es ist so sauber. Nirgendwo Abfall. Wir landen auf einem großen mit Kopfstein gepflasterten Platz."

Nachdem sie die magische Libelle verlassen hatten, setzen sie und Judy ihre Reise fort.

,,Jetzt überqueren wir eine Brücke und gehen in einen großen Palast hinein, durch enorme Türen. Oh", sagte sie mit überraschter Stimme, ,,wir sind in der Verbotenen Stadt. Judy hat mich hierhergebracht, um all die Kunstwerke zu betrachten." Sie fuhr in ihrem Bericht mit der Beschreibung der Palasträume fort, der Jadeschnitzereien, der Statuen, einer Quan Yin (Figur einer Muttergöttin), die sie vorher schon einmal gesehen hatte.

,,Es wird Zeit, daß wir zurückkehren", sagte sie, und ich wußte, daß meine Gedanken tief in ihren Geist eingedrungen waren und sie sogar im weit entfernten Land der Chinesen erreicht hatten. Gerade bevor Jay Jay sprach, hatte ich überlegt, wie ich ihr sagen könnte, daß es Zeit war zurückzukehren, ohne sie in ihrem Fantasieflug zu verwirren.

Ich stellte fest, daß ich auch Alison mit meinen Gedanken erreichen konnte, oder vielleicht war es Rada, der sie ,,hörte", denn er ging jedesmal darauf ein. ,,Ich muß jetzt gehen", sagte er dann zu Alison. ,,Du mußt zurückkehren." Darauf ließ sie ihre Träumereien und tauchte aus dem Zauber, in den Rada sie mit seinem Musizieren eingesponnen hatte, wieder auf.

Alison und Jay Jay hatten enge persönliche Beziehungen mit ihren Beratenden Wesen, auch wenn sie sich auf unterschiedliche Weise mit ihnen besprachen. Alisons Beziehung mit Rada blieb auf ihre Zufluchtsstätte beschränkt, wenn sie sich in den entspannten Hypnosezustand begeben und ihn gebeten hatte, bei ihr zu sein. Rada erschien, um die Beziehung zu bestimmen. Vergnügt führte er alles aus, worum Alison ihn bat. Öfter jedoch pflegte er die Führung zu übernehmen und Situationen herzustellen, von denen er das Gefühl hatte, daß sie wohltuender für sie seien, als diejenigen, die sie vorschlug. Mit einem leisen Wink, mit Tanz, mit Spiel, mit der Musik, die er für sie erschuf, führte er sie in ein glücklicheres, sorgloseres Leben.

Jay Jay fühlte sich mit ihrer Beraterin Judy anfangs unbehaglich. „Allmählich nahm ich bewußt wahr", sagte sie, „daß sie mehr und mehr mit mir zusammen war." Sie begannen, sich öfter miteinander auszutauschen, bis sie den Punkt erreichten, an dem Jay Jay nicht mehr sicher sagen konnte, wer eine Unterhaltung einleitete oder mehr noch, wer gerade beim Sprechen war, ihr Inneres Selbst oder Judy.

„Sie ist mir eine große Hilfe beim Abnehmen", erzählte mir Jay Jay eines Nachmittags, als wir ein Problem besprachen, das sie lange beschäftigt hatte. „Immer, wenn ich in Versuchung gerate, Nahrung, die ich nicht brauche zu mir zu nehmen, sagt Judy alle möglichen gemeinen Dinge zu mir. Das hält mich davon ab."

„Manchmal falle ich aus meiner Beziehung mit Judy heraus und höre nicht mehr auf sie. Wenn ich nicht auf sie höre, fühle ich mich nicht so gut. Oft bekomme ich Kopfschmerzen."

Wann immer Jay Jay über längere Zeit, eine Woche oder länger, nicht mehr mit ihrer Beraterin in Berührung gewesen war, nahm sie erneut Verbindung mit ihr auf, indem sie sich noch einmal in Hypnose begab und zu ihrer Zufluchtsstätte zurückkehrte. Dort traf sie Judy bereits wartend an. Sie hieß sie herzlich willkommen. War glücklich, wieder einmal bei ihr zu sein. Zu anderen Zeiten stand sie fast ununterbrochen mit Judy in Verbindung und brauchte sich ihre Gegenwart nur aktiv bewußt zu machen, um mit ihr sprechen zu können.

Die flüchtige Sarah

Jesses Beraterin hieß Sarah. Sie traf sie mitten in grünen Weiden an, weich und feminin gekleidet. Auch Jesse hatte ein männliches Beratendes Wesen erwartet und war überrascht, daß es eine Beraterin war. Jesse war nie ganz in der Lage, Sarah zu sehen, außer nebelhaft durch ein hell leuchtendes Licht hindurch, ihr Umriß und ihr Wesen verschwommen im Licht, das sie umgab.

Jesse nahm mit Sarah nur Verbindung auf, wenn ich vorschlug, sie sollte es, als Bestandteil ihrer wöchentlichen Sitzung, tun. Daraus folgte, daß sie mit Sarah weder eine enge Beziehung herstellen noch sich innerlich mit Sarah verbinden konnte. Jesse traf die Wahl, bei Sarah nicht das Wissen zu suchen, das für sie von Nutzen gewesen wäre, um die Schmerzen, die sie oft in der Beziehung zu ihrem Erdenpartner fühlte, zu lindern.

Die drei Beraterinnen Shirleys

Shirley hatte drei Beraterinnen. Sie nahm zuerst Verbindung mit dem Dünnen Mädchen auf. Es geschah eines Abends spontan in Trance. Shirley befand sich in einem kleinen grauen modernistischen Zimmer mit abgeschrägten Wänden, einer Türe, die einer Fahrstuhltüre ähnelte. Wir hatten über Gewichtsabnahme gearbeitet.

„Bitte dein Inneres Selbst, sich einen dünnen, vollkommenen Körper vorzustellen", war meine Anweisung.

„Soll ich mich selber darum bitten oder das Mädchen im Zimmer?"

„Welches Mädchen im Zimmer?" fragte ich etwas überrascht.

„Ich kann sie nicht sehen. Sie ist zusammengerollt, ihr Kopf liegt auf den Knien, die Arme um die Beine gelegt, sitzt sie auf einem Stuhl."

„Bitte sie, aufzustehen."

„Sie wird größer. Sie ist sehr groß. Sie ist Amazone. Sie ist übermächtig."

„Fordere sie auf wegzugehen."

„Es sind zwei Mädchen da", erwiderte Shirley. „Welche soll ich auffordern wegzugehen? Da ist das Amazonenmädchen und das Dünne Mädchen."

Es war ein Konflikt, der mehrere Monate für Shirley bestehen bleiben sollte. Die Sitzung mit den beiden Mädchen veranschaulichte ihre inneren Kämpfe.

„Welches Mädchen möchtest du bei dir behalten?" fragte ich, damit Shirley den Kern ihres Kampfes klären konnte.

„Das sitzende Mädchen, aber das Amazonenmädchen liebe ich auch. Sie ist so lange bei mir gewesen. Ich erschuf sie, damit sie die Schläge auffangen und alles aushalten sollte, was ich nicht auf mich nehmen wollte. Sie brauchte nicht auf all die Beleidigungen und Zurückweisungen, die ich mein ganzes Leben lang zu spüren bekam, zu reagieren. Sie ist zu groß, um umhergestoßen zu werden."

„Willst du ihr Lebewohl sagen?"

„Ja. Jetzt bin ich bereit, ihr Lebewohl zu sagen."

Als Shirley ihre langjährige Amazonenberaterin verabschiedete, stand das Dünne Mädchen auf und begann im Zimmer herumzutanzen, lachend und fröhlich. Sie blieb nicht lange glücklich; denn Shirley hatte zu zwiespältige Gefühle darüber, daß ihr Leben von einem Dünnen Mädchen geleitet werden sollte. Sie ließ das Dünne Mädchen selten aus dem Raum, in dem sie sie gefangenhielt, hinausgehen. Eines Abends erzählte sie mir, daß sie, als sie sich allein in Trance begeben hatte, eine Leiter nahm und zu dem kleinen Zimmer hochkletterte, um das Dünne Mädchen zu besuchen. Das Dünne Mädchen stieg behende auf die Leiter und sagte lachend, daß sie vorhätte, Shirley im Zimmer zurückzulassen. Es erschreckte Shirley. Sie traf in diesem Augenblick die Entscheidung, dünn zu sein, das Dünne Mädchen hinausgehen zu lassen, strahlend, glücklich und fröhlich. Sie entschied auch, daß sie das Dünne Mädchen befreien und bei ihr nach dem Wissen suchen würde, das sie benötigte, um selber dünn und fröhlich zu sein.

Shirleys dritte Beraterin war ein Glühendes Mädchen. Sie tauchte in einem Alpha-Zustand Shirleys auf, zwischen Schlafen und Wachen, zur Zeit ihres Menstruationsbeginns. „Oh, es beginnt. Bald werden auch die Schmerzen beginnen", sagte sie zu sich selber. Sie öffnete ihre Augen und sah ein glühendes, silbern gekleidetes Mädchen vor sich.

„Sie lächelte mich an", erzählte mir Shirley. „Solange ich sie anschaute, verspürte ich keine Schmerzen. Wenn ich aufhörte sie anzuschauen, setzten jedesmal die Schmerzen ein. In dem Augenblick wußte ich, daß ich meine Schmerzen meistern konnte. Ich konnte wählen, ob ich sie haben wollte oder nicht."

Beim erstenmal, als sie das Glühende Mädchen sah, traf Shirley die Wahl, ihre glühende Erscheinung mit der Morgendämmerung verblassen zu lassen, so daß sie die Schmerzen haben konnte, die sie immer bei Menstruationsbeginn gehabt hatte. Im Monat danach traf Shirley die Wahl, auf das Glühende Mädchen zu hören und befreite sich selbst von Schmerzen, die sie so oft in ihrem Leben erfahren hatte.

Shirley traf oft die Wahl, nicht auf ihre Beraterinnen zu hören oder ihre Weisheit nicht zu beachten. Sie konnte leicht mit ihnen

Verbindung aufnehmen und die irdische Manifestation ihrer Licht Wesen klar erkennen. Ihr fragt vielleicht, warum Shirley die Entscheidung traf, eher Schmerzen zu erfahren, als das Bild eines silbern gekleideten lächelnden Wesens. Oder warum sie das Dünne Mädchen eher in einem kleinen Zimmer einschloß, als auf das Wissen zu hören, das sie Shirley über Gewichtsabnahme erteilen konnte. Die Antworten stammten aus Shirleys Lebensart. Sie lebte ihr Leben lieber in Zwiespältigkeit. Bei jedem Erfolg, den sie erreichte, setzte sie sorgfältig alles daran, die Ursache ihres Erfolges zunichte zu machen, bis sie den Punkt des Mißerfolgs, der ihrem Gewinn gleichkam, erreichte. Sie war weder glücklich noch niedergeschlagen, weder dick noch dünn, weder finanziell erfolgreich noch arm, von Freunden umgeben oder allein. Selten war ein Aspekt ihres Lebens ausgewogen oder harmonisch. In der Mitte unserer Reise in Unbekannte Räume forderte ich sie auf, die Wahl für die eine Seite oder die andere im ständigen Hin und Her ihres Lebens zu treffen. Shirley war nicht willens, diese Wahl zu treffen. Ich war gleichermaßen nicht gewillt, sie weiterhin auf der Reise in Unerforschte Gebiete dabeizuhaben, es sei denn, sie traf eine Wahl. Sie geriet in Wut. Ich ließ sie toben; denn ich wußte, daß sie die Entscheidung allein treffen mußte. Indem ich die Geschwindigkeit des Raumschiffs drosselte, bei einem Planeten, der mit Abfall und Trümmern von Kreisen und Umbrüchen übersät war, ließ ich es kurz kreisen, um ihre Entscheidung abzuwarten. Als sie erkannte, daß meine Absicht unumstößlich war, daß ich nicht die Spielchen mit ihr betrieb, wie es so viele mit ihr in der Vergangenheit getan hatten, traf Shirley die Wahl, sich in langsamen, beständigen Schritten vorwärts zu bewegen. Mit ihrer Wahl gab sie das auf, was ihr als verlockendere Wahl erschienen war, ein Leben voller Wankelmut, Umbrüchen und Krisen, voller Auf und Ab.

Ein bunter Schmetterling

Lilys Beratendes Wesen schien von allen das ungewöhnlichste zu sein, denn es war ein anmutiger und zarter Schmetterling. Wenn er einen Namen hatte, war ich mir dessen nicht bewußt. Sie nahm nur einmal Verbindung mit ihm auf, während ich bei ihr war.

„Er wird immer ein Schmetterling bleiben", gab Lily mir zur Antwort, als ich nach der Form fragte, die er in Zukunft annehmen könnte, „aber er wird die Farbe wechseln." Golden. Grün. Lavendelfarben. Blau. Manchmal einfarbig, manchmal in Farbzusammensetzungen, spiegelte er ihre wechselnden Stimmungen.

Kurz bevor Lily in Verbindung mit ihrem Schmetterling trat, war ich dabei gewesen, die Tatsache von Beratern(innen) als eigene Wesen infrage zu stellen. Die Beraterin jeder Frau war so vollkommen richtig für sie. Jede Beraterin paßte genau zur Entwicklung des Inneren Selbst der Frauen. Waren die Berater(innen) eigene Wesen? Waren sie statt dessen Visualisierungen, Manifestationen des Inneren Selbst? Ich fragte mich, ob es eine Rolle spielte. Doch irgendwie wußte ich, daß es wichtig war. Ein eigenes Wesen konnte die Frauen zu größerer Entwicklung hinführen, sie über das, was sie gegenwärtig waren, emporheben. Eine Beraterin konnte Licht Energie mit ihrer eigenen Energie vermischen und größere Energiequellen erschaffen, die sie danach nutzen konnten. Lilys Berater beantwortete meine Fragen.

Lily hatte sich in tiefer Trance befunden, als sie mit ihrem Schmetterlings-Berater Verbindung aufnahm. Als sie in die Welt der Wirklichkeit zurückkehrte, aus ihrem veränderten Zustand auftauchte, erzählte sie mir von ihm und der Erfahrung, die sie hatte. Als sie zur Tür ging, um wegzugehen, sagte sie „er ist immer noch bei mir. Ich kann seine Flügel an meinen Wangen flattern spüren."

Sie gingen zusammen weg. Da wußte ich, daß der Schmetterling gekommen war und bei Lily blieb, mehr für mein Wohl als für ihres. Im Stillen dankte ich ihm und wußte, daß er meine Gedanken empfangen und übersetzen würde, in die Sprache seiner eigenen Wesensart.

UND GLÜHT IN GRÜNER FARBE

Während unseres Aufenthalts im Land der Spirituellen Energie bemerkte ich, daß sich die Vibrationen der Frauen − durch die Vermischung mit der Energie der Atmosphäre, die sie umgab − langsam von rot über orange zu gelb verändert hatten. Wieder veränderten sie sich, nahmen die höhere Energie in blau und grün an. Ihre Entwicklung war höher und höher verlaufen, während wir von einer Galaxie zur andern reisten. Die Frauen hatten noch eine weitere Quelle der Macht kennenzulernen, bevor unsere Reise beendet war. Es war Zeit, dieses besondere Land zu verlassen und zur letzten Sphäre, die sie auf ihrer Suche nach der Macht des Heilens zusammen erforschen sollten, weiterzugehen.

WEITERE UNTERSUCHUNGEN

Für diejenigen von Euch, die andere Reisen ins Unbekannte erforschen und Devas und Beratenden Wesen begegnen möchten, werden die folgenden Angaben velleicht hilfreich sein.

1. Alle oder jedes Buch von Carlos Castaneda, erschienen bei Simon and Schuster, Rockefeller Center, 630 Fifth Ave., New York, N.Y. 10020. Deutsch: im S. Fischer Verlag.
2. The Findhorn Garden by The Findhorn Community, 1975 Harper and Row, 10 East 53rd Street, New York, N.Y. 10022.
3. Jean Porter, Psychic Development, 1974, Random House, Inc. 210 East 50th St., New York, N.Y. 10022.
4. Die Arbeiten von Mike Samuels, M.D. und Hal Bennett, erschienen in Random House, The Well Body Book, 1973, Spirit Guides: Access To Inner Worlds, 1974.
5. Johann Wolfgang von Goethe, Farbenlehre.

TAUCHT INS TAL DER MAGIE EIN

Als nächstes flog das Raumschiff ins Tal der Magie, obwohl die Frauen das Land der Blaugeflügelten Libellen oder das Land der Farbigen Lichter nie wirklich verließen. Nachdem sie einmal Zugang zu diesem ungewöhnlichsten aller Bereiche gefunden hatten, standen sie mit Machtquellen in Verbindung, die immer bei ihnen bleiben sollten. Sie brauchten nur in einen entspannten Zustand zu sinken, um den Zugang wieder zu finden. Wenn sie rasch durch die äußeren Bereiche Bekannter Galaxien glitten, dann ans Unbekannte rührten, konnten sie in diese ausgesuchten Länder einreisen, sich mit Licht Wesen beraten und ihre Energie mit der Energie des Universalen Selbst erneuern.

Unsere Fahrt ins Tal der Magie sollte die Machtquellen, die die Frauen bereits kannten, erweitern. Es war die letzte Machtquelle, die sie auf dieser Reise kennenlernen würden, auf dieser Expedition, die sie von Irdischen Wesen zu Licht Wesen geführt hatte, vom objektiven Selbst zum Inneren Selbst, von Schmerz zu Freiheit. Ich hatte ihre Veränderungen beobachtet und im Verlauf der Entwicklung mein eigenes Wesen verändert, mich erweitert, wie sie sich erweiterten, war Wagnisse eingegangen, wie sie Wagnisse eingegangen waren. Ich hatte das Unbekannte meiner unterirdischen Flüsse ebenso erforscht, wie sie die ihren erforscht hatten.

Unsere Fahrt zum Tal der Magie verfolgte drei Absichten, die Erlernung der Kunst, Zauberkarten anzufertigen, mit dem Inneren Auge zu sehen und den Botschaften des Körpers zuzuhören.

Wir landeten am Eingang des Tales, so daß wir gute Sicht auf die Mondin hatten, als sie hinter dem dunklen Wald, der im Talgrund lag, aufstieg. Zauberei erfordert, Ihr erinnert Euch daran, die Durchsichtigkeit des Mondlichts, den Ruf der Nachteule und besondere Ingredienzen, um das Zauberwort auszusprechen. Es bedarf einer besonderen Formel, die Macht und die Fertigkeiten des Tals zu erwerben. Hört gut zu, während ich Euch die Mittel verrate, mit denen Ihr die notwendige Wirksamkeit beschwören könnt.

Nehmt sieben ganze, sorgfältig getrocknete Pilze und mischt sie mit den Blattspitzen des Beifuß, nur sechs an der Zahl. Zerreibt diese besonderen Ingredienzen sorgfältig und benutzt Stößel und Mörser dazu. Gebt dann einen kleinen Löffel voll davon in eine Alabasterschale und haltet behutsam einen glimmenden Span daran. Atmet den würzigen Geruch, der der Schale entströmt, tief ein, gerade wenn die Nachteule die aufsteigende Mondin ankündigt. Ihr seid bereit, mit der Klarheit des Inneren Auges zu sehen.

MIT DEM INNEREN AUGE ZU SEHEN

Weit hinten in Eurem Gehirn, in einem Bereich, der von irdischen Wissenschaftlern nicht gekennzeichnet ist, liegt Euer Inneres Auge. Die Fähigkeit mit dem Inneren Auge zu sehen, ist eine uralte Kunst, das diagnostische Werkzeug der Heilenden und der weisen Hexen, die visionäre Macht Don Juans. Es ermöglicht uns, auf eine Art zu „sehen", wie es mit gewöhnlichen Augen nicht möglich ist. Mit dem Inneren Auge zu sehen, ist an sich keine Machtquelle aber es kann die Art, in der Energiekräfte angewandt werden, gewaltig unterstützen. Damit können visionär Sehende die Quelle ihrer Macht lenken und konzentrieren und dabei den Heilungsprozess enorm beschleunigen.

Wissen allein wird Euch nicht heilen. Ebensowenig wird es in Euch ein Gleichgewicht von Körper-Seele-Geist herstellen. Das Wissen, das Ihr durch Eure Innere Vision gewinnt, muß mit den Machtprinzipien, die Ihr davor gelernt habt, verbunden werden. Die wichtigsten Machtprinzipien sind, wie Ihr Euch erinnern werdet, die Macht der Gedanken, die Macht des Glaubens, die Macht des Inneren Selbst und die Macht des Wählens. Wenn Ihr die Quellen Eurer inneren Kräfte genau überprüft habt, so wendet dann die Macht des Universalen Energie Stromes an, die Macht der Farbigen Heilenden Lichter und die Macht Eurer Beratenden Wesen. Jede dieser Quellen wird die Störungen heilen, die Eure Innere Vision offenbart hat.

Um die Vision des Inneren Auges zu erlangen, müßt Ihr die folgenden Anweisungen genau beachten. Der würzige Rauch der besonderen Ingredienzen, die Ihr vorher gemischt habt, ermöglicht es Eurem Inneren Auge, ohne die hemmenden Einschränkungen des objektiven Selbst zu sehen.

Geht tief in die Struktur Eures Körpers hinein. Laßt Euer Inneres Auge frei umherwandern, tastet die Ursache Eures Schmerzes ab und macht seinen Sitz ausfindig. Laßt das Innere Auge jetzt genau zu der Stelle wandern, die Euch am meisten beschäftigt.

Auf diese Art lernten die Frauen die Vorgänge in ihrem Körper kennen und sahen, wie Ihr Menstruationszyklus beeinflußt wurde. Lenkt Euer Inneres Auge zu Euren Eierstöcken, Euren Eileitern, Eurer Gebärmutter, wies ich die Frauen an. Konzentriert Euch zuerst auf die Eierstöcke. Was seht Ihr? fragte ich jede der Reihe nach. Die meisten sahen gesunde, rosige Eierstöcke, die mit Ei-Bläschen angefüllt waren. Nur Suzanne sah ihre Eierstöcke von Bindegewebe umwuchert. Sie sahen, daß ihre Eileiter offen waren, und daß ihre Gebärmutter gesund und von tiefroter Farbe war. Nur Lilys Gebärmutter war anders, von dunkler Purpurfarbe und wachsend.

Die Sicht aus Lilys Innerem Auge

Als ich Lily bat, mit Hilfe ihres Inneren Auges zu bestimmen, was in ihrem Körper geschah, brachte das „Sehen" sie abrupt aus der tiefen Trance, in der sie versunken gewesen war, empor.

„Geh tief in deinen Körper hinein", wies ich sie an. „Nutze die Vision des Inneren Auges und betrachte zuerst deine Eierstöcke. Sage mir, was du siehst, und ob du einen Eisprung gehabt hast oder nicht."

„Ja. Ich habe einen Eisprung gehabt", sagte sie, mit einer Stimme, die durch die Tiefe ihres veränderten Zustandes gedämpft wurde.

„Schau als nächstes auf deine Eileiter", fuhr ich fort, indem ich ihr Anweisungen gab, mit denen sie mit dem Inneren Auge sehen konnte. „Sage mir, was du siehst."

„Sie sind rosig. Die Eileiter sind offen." Sie sprach langsam, zögernd. Es fiel ihr schwer, sich mit mir zu verständigen, während sie die Macht der Inneren Vision anwandte und sich auf das, was sie sah, konzentrierte.

„Schau jetzt deine Gebärmutter an."

„Sie ist dunkel purpurrot und ..." ihre Stimme wurde schwächer. Ihre Augen begannen, sich schnell zu bewegen. Dann kam sie plötzlich, abrupt aus der tiefen Trance heraus. Mit überraschtem und aufgeregtem Gesicht sagte sie: „Ich bin schwanger."

„Woher weißt du das?" fragte ich, erfreut für sie, aber doch besorgt, daß ihre Vision zu neu sein könnte, nicht oft genug erprobt, um genau zu sein.

„Ich konnte meine Gebärmutter sehen", erklärte sie. „Dann hatte ich das Gefühl, daß sie schwerer und schwerer wurde. Ich konnte sehen, wie sie anzuschwellen begann. Ich wußte ich war schwanger."

Der gleichmäßig bleibende Anstieg in Lilys Aufwachtemperatur schien die Richtigkeit ihrer Inneren Vision zu bestätigen. Da sie ihr Ziel Schwangerschaft erreicht hatte und sich zutraute, die Machtquellen anwenden zu können, bat Lily darum, die Reise verlassen zu dürfen. Im Glauben, daß sie die Geheimnisse der Machtquellen kannte, stimmte ich zu. Bei einer erneuten Auswertung, als ich die gesamte Reise mit weiseren Augen betrachtete als bei Lilys Weggehen auf der Hälfte der Strecke, hätte ich ihrer Abreise nicht mehr zugestimmt.

Es stimmt. Lily hatte sich viele Machtquellen angeeignet und konnte sie anwenden, um ihren Körper und den ihres irdischen Partners zu heilen. Ihr fehlten die Machtquellen, die wir später während der Raumfahrt kennenlernten, der Universale Energie Strom und die Farbigen Heilenden Lichter. Diese Quellen entdeckten wir, nachdem sie weggegangen war. Sie hatte keine Verbindung zu einem Beratenden Wesen bis ich sie bat, ein letztes Mal zu einer Sitzung zu kommen, gerade als das Raumschiff zurückkehrte, seine Mission erfüllt war. Noch ausschlaggebender war, daß Lily die Macht des Glaubens nicht richtig erlernt hatte; denn sie hatte ihre wichtigsten Überzeugungen — die sie davon abhielten, einen Eisprung zu haben — nicht identifiziert. Während die anderen Frauen mehrere Monate damit verbrachten zu meditieren, nachzudenken, ihren Glauben zu überprüfen, und ihre Tagebücher als Unterstützung beim „Aufdeckungsprozess" benutzten, ging Lily weg, bevor sie diese notwendige Entwicklung ganz abgeschlossen hatte.

Der Prozess des Nachdenkens ist, beim Offenlegen eines Glaubens, der zu lange aus der Aktiven Wahrnehmung ausgeblendet wurde, äußerst wichtig. Auch ich war mir nicht bewußt gewesen, wie wichtig der Prozess des Nachdenkens war, bevor ich unsere gesamte Raumfahrt und das, was jede Frau erreicht hatte, ausgewertet hatte.

Als Lily in ihr Erdenleben zurückkreiste, bevor sie die notwendige Macht des Glaubens kannte, wurde sie mit negativer Energie bombardiert. Da ihr die beständige Unterstützung der Gruppe fehlte, um den negativen Gedanken entgegenzuwirken, die in ihr Energiefeld eindrangen und sich mit ihren eigenen Zwiespältigkeiten mischten, war sie unfähig, den Glauben, sie wolle schwanger sein, aufrechtzuerhalten. Ihr Körper reagierte darauf, wie er immer auf ihre Zwiespältigkeit Kindern gegenüber reagiert hatte. Er hörte auf, die Schwangerschaft zu halten, die sie in ihrer Inneren Vision gesehen hatte.

DEN BOTSCHAFTEN EURES KÖRPERS ZUHÖREN

Wenn es Euch anfangs schwerfiel, mit Eurem Inneren Auge zu sehen, werdet Ihr es im Vergleich dazu ausgesprochen einfach finden, die Botschaften zu hören, die Euch Euer Körper verrät, jeden Augenblick, den ganzen Tag lang. So wie die Machtquellen immer in Euch vorhanden gewesen sind, sind es auch die Botschaften, die Euch über den Zustand Eures Körpers, Eurer Seele und Eures Geistes unterrichten.

Wenn Euer Körper ausgeglichen und harmonisch ist, spricht er strahlend zu Euch, Eure Haut ist blühend, Eure Augen leuchten, Euer Atem bewegt sich selbst bei den härtesten Anstrengungen leicht und frei. Alle Eure Organe arbeiten ihrer Bestimmung gemäß.

Wenn Körper-Seele-Geist sich nicht im Einklang befinden, wird Euer Körper die Disharmonie widerspiegeln und klare Botschaften senden, daß Ihr dabei seid, in einen Zustand des Un-Wohlseins einzutreten. Die Disharmonie wird sich auf viele Arten zeigen. Angst, Anspannung und Streß sind Äußerungen seelischer Disharmonie. Langeweile, mangelnde Motivation, Entfremdung und Eintönigkeit sind Anzeichen spiritueller Dissonanz. Disharmonie im physischen Wesen wird sich in einer Zunahme physischer Probleme zeigen. Spirituelle und seelische Disharmonie setzen sich in den Gewebestrukturen des Körpers fest und äußern sich in Form von Unbehagen, Schmerzen, Krankheit und in einer Häufung von Unfällen.

Euer Körper wird in vielen Sprachen zu Euch sprechen. Gewöhnlich wird sich das erste Anzeichen von Disharmonie als

Schmerz bemerkbar machen, als physischer Schmerz. Psychischer Schmerz. Spiritueller Schmerz. Untereinander vermischt. Es ist schwierig, eins vom andern zu trennen. Wenn ein Teil Eures Wesens aus dem Gleichgewicht gerät, werden die andern Teile die Unstimmigkeit widerspiegeln und selber unstimmig werden. Solltet Ihr die Wahl treffen, den Schmerzäußerungen nicht zuzuhören, wird Euer Körper stärkere Botschaften senden, um Euch Eurem wachsenden Unwohlsein gegenüber in Alarmbereitschaft zu versetzen. Ihr werdet eine Häufung von geringfügigen Unfällen und leichten Krankheiten bei Euch feststellen. Innerlich wird sich das Ungleichgewicht in physiologischem Streß äußern, mit steigendem Blutdruck und erhöhter Herzfrequenz, in Störungen an den lebenswichtigen Organen, langsam aber deutlich. Wenn Ihr diese Botschaften mißachtet, wird der Körper mit schwerer Krankheit reagieren, mit chronischen Erkrankungen wie Geschwüre, Asthma, Arthritis und Krebs oder mit schwereren Unfällen. Deutliche Äußerungen dafür, daß Körper-Seele-Geist seit langer Zeit aus dem Gleichgewicht geraten sind.

Auf Botschaften des Körpers zu hören, ist ein Leichtes. Es erfordert lediglich, daß Ihr die ersten Anzeichen von Mißbehagen wahrnehmt. Eine Verspannung der Nackenmuskeln. Ein leichter Muskelkater nach ungewohnten Übungen, oder vielleicht wird es Euch schwerfallen, ohne Anstrengung durchzuatmen. Eine Zeitlang steigt der Blutdruck allmählich an, oder die Herzfrequenz nimmt zu. Verstopfung oder Durchfall. Veränderung der Hautfarbe, des Aussehens, der Haarfarbe, Augenfarbe. Jedes dieser Anzeichen weist darauf hin, daß der Körper in einen Zustand des Un-Wohlseins gerät.

Vielleicht fällt es Euch schwerer, die Ursachen Eures Un-Wohlseins zu akzeptieren als die Botschaften Eures Körpers wahrzunehmen. Die Ursachen zu erkennen, bedeutet fast immer, daß Ihr bestimmte Seiten Eurer gegenwärtigen Art zu leben verändern müßt, um Körper, Seele und Geist wieder zueinander ins Gleichgewicht zu bringen.

Falls es für Euch seit langem ungewohnt ist, auf Euren Körper zu hören, wird eine simple Übung Euch wieder darauf einstimmen. Beginnt mit Euren Zehen und Euren Füßen. Betrachtet sie. Beugt sie. Schüttelt sie. Streckt sie. Bewegt jedes Gelenk in alle möglichen Richtungen durch Beugen, Strecken, Drehung. Beurteilt das, was Ihr „gehört" habt auf die folgende Art: Was habt Ihr gesehen? Was habt Ihr gefühlt? Wie konntet Ihr Eure Füße bewegen und in welche Richtungen? Behaltet die Botschaften gut im Gedächtnis. Führt jetzt dasselbe mit Euren Beinen durch, Eurem Rumpf, Euren Armen, Eurem Nacken, Eurer Kopfhaut, Eurem Gesicht, Euren Augen und dem Mund. Benutzt einen Spiegel um die Teile zu sehen, bei denen Euch eine Einschätzung schwerfällt. Stellt Euch nackt vor den Spiegel. Prüft Eure Haltung, Eure Haut, Eure ganze Erscheinung. Beugt, dreht und wendet Euch. Achtet auf das, was Ihr hört. Hört ebenso Euren Gedanken zu, die Euch durch den Kopf schießen, während Ihr Eure körperliche Verfassung einschätzt, jeden Teil Eures Körpers.

Schätzt jetzt Eure innere Verfassung ein. Meßt Euren Puls im Ruhezustand. Meßt ihn nochmals, nachdem Ihr Gymnastik gemacht habt. Meßt ihn, nachdem Ihr gegessen oder nachdem Ihr Tee oder Kaffee getrunken habt. Meßt ihn, nachdem Ihr geraucht habt. Zählt Eure Atemzüge im Ruhezustand. Zählt sie nochmals, nachdem Ihr Gymnastik gemacht habt. Hört zu, was Eure Lungen bei der Gymnastik sagen. Hört auch Eurem Herzen zu. Beobachtet die Veränderungen an Eurer Haut, während sich Zirkulation und Atmung verändern.

Hört den Veränderungen Eurer Körpersprache bei verschiedenen Anlässen zu, und wenn Ihr mit unterschiedlichen Menschen zusammen seid. Der Körper wird sich in bestimmten Situationen und mit ausgeglichenen Menschen entspannt und angenehm fühlen. Unter anderen Bedingungen werdet Ihr spüren, wie Euer Körper sich verspannt und Euch die ersten leisen Anzeichen gibt, daß Ihr Euch in einer bedrückenden Situation befindet.

Bringt als erstes Eure gesamten Lebensumstände ins Gleichgewicht, um Körper-Seele-Geist miteinander auszugleichen. Ernährt Euch mit Lebensmitteln, die Eurer Gesundheit förderlich sind. Bewegt den Körper regelmäßig, täglich. Gestaltet Eure Übungen unterschiedlich, damit der ganze Körper gefordert wird. Tanzt. Schüttelt Euch. Schwimmt. Spielt. Fahrt Rad. Geht spazieren. Rennt treppauf treppab. Schaukelt. Springt mit dem Seil. Es ist wichtig, daß Ihr Euch von Zeit zu Zeit bequem ausruht und daß Ihr gut schlaft. Gönnt Euch sinnliche Genüsse. Massage. Macht Liebe. Nehmt ein heißes Bad. Ölt Euch mit duftenden Kräutern ein. Eure seelische und Eure sprituelle Seite werden erwachen und neu belebt werden, während Ihr Euer körperliches Wesen durch Liebe und Aufmerksamkeit, die Ihr ihm schenkt, wieder belebt.

Erfrischt Euer spirituelles Wesen auf eine Weise, die allein für Euch von Bedeutung ist. Verständigt Euch mit Eurem Inneren

Selbst mit Musik oder Kunst oder Schreiben oder Meditation. Entwickelt Eure Intuition. Studiert die großen Philosophien der Welt. Setzt Euch in die Stille einer friedlichen Schlucht. Hört auf die Musik der Atmosphäre rund um Euch, wie sie Euch umwirbelt, während Ihr noch ruhiger werdet und Euch mit der Harmonie des Weltalls vermischt. Verbringt Eure Zeit mit einem Anderen Wesen, dessen Musik Euren eigenen harmonischen Akkorden entspricht. Nehmt Verbindung mit Euren Beratenden Wesen auf. Reitet auf der Blaugeflügelten Libelle. Erschafft Eure eigene Galaxie von Unbekannten Räumen. Träumt weiblich. Tauscht Euch mit den Musen aus. Fliegt hoch oben auf astralen Schwingen. Verliert Euch selbst in einer großen Symphonie. Lernt Gitarre spielen. Kauft eine Rose. Alles kann Euer spirituelles Wesen entwickeln.

Die Seele, der Geist, der Intellekt werden auf viele Arten angeregt, durch Studieren, Sprechen, Philosophieren. Übt Euren Geist mit ebenso großer Sorgfalt wie Euren Körper. Entwickelt seine vielen Anlagen, alle seine Seiten. Befaßt Euch mit einem immer größer werdenden Themenangebot, um die vielen, spezialisierten Bereiche des Gehirns zu entwickeln. Kunst. Akkupunktur. Archäologie. Zimmerhandwerk. Musik. Glasherstellung. Mathematik. Physik. Psychische Phänomene. Philosophie. Ernährung. Weben. Kochen. Astronomie. Chemie. Fotografie. Physiologie. Ihr entscheidet. Denkt daran, daß das Geheimnis der psychischen Anregung in der Verfolgung vieler verschiedener Interessen liegt.

Das wichtigste Prinzip bei der Harmonisierung Eures Lebens ist, ein Gleichgewicht zwischen dem, was physisch, was geistig und was spirituell ist, herzustellen. Indem Ihr auf Euren Körper hört, werdet Ihr rasch und genau erfahren, wenn Euer Wesen aus dem Gleichgewicht geraten ist. Indem Ihr auf Eure Gedanken hört, werdet Ihr den Grund dafür herausfinden können. Wenn Eure Art zu leben eine harmonische Verbindung von Körper-Seele-Geist herstellt, können die Machtquellen, die Ihr so gut erlernt habt, für andere Zwecke als zur Heilung genutzt werden. Eure Energie wird für andere, schöpferische Zwecke frei sein.

EINE ZAUBERKARTE HERZUSTELLEN

Vor langer, langer Zeit, als die damaligen Menschen weise an Kenntnissen waren, die heute in Vergessenheit geraten sind, sagte man sich, wenn die Glut nächtlicher Lagerfeuer am Verlöschen war, weiter, daß es möglich sei, Zauberkarten herzustellen. Was auch immer auf diesem magischen Pergament aufgezeichnet sei, so wurde geflüstert, werde Wirklichkeit werden. Anhänger dieser Geschichten wurden wütend, manchmal sogar gewalttätig, wie ich hörte, wenn jemand deren Echtheit bezweifelte.

Als ich die Geheimnisse von Morgan La Fay enthüllte, erkannte ich, daß ich auch das Geheimnis dieser lang vergessenen Pergamente aufgedeckt hatte. Die Macht der Zauberkarten war lange hinter Ritualen versteckt gewesen und durch sie getarnt, Rituale, die bewußt entworfen wurden, um die wahre Quelle der Macht zu verheimlichen. Die Methode der antiken Seher(innen) — bewandert im Wissen der Macht — war, die tatsächliche Quelle der Macht zu verbergen und vorzutäuschen, daß sie in der Vollziehung des Rituals lag. Sie gaben ihr Wissen nur an wenige Auserwählte weiter. Im Wandel der Zeiten suchte man die Macht bei anderen und benutzte andere Mittel als diejenigen der alten Seher(innen). Die Auserwählten, die ihre persönlichen Machtkünste geheimhielten, wurden verfolgt und umgebracht. Mit ihnen gingen die alten Geheimnisse unter. In späteren Zeiten, als andere sich auf der Suche nach den Machtquellen, darum bemühten, die Magie wieder zu erwecken, legten sie ihre Macht in die Vollziehung des Rituals und glaubten natürlich irrtümlicherweise, daß die Rituale hervorbingen würden, wonach sie so eifrig und besessen suchten.

Euch gebe ich die wahre Quelle der Macht weiter, die alte Kunst, Zauberkarten herzustellen. Auch sie wird von Mystizismus umhüllt sein, hinter Rauchschleiern verborgen, getarnt, versteckt, von einem Bann umgeben.

Es wird auf unserer Reise in Unbekannte Räume die letzte Machtlektion sein, eine Probe des Wissens, das Ihr in den vielen Galaxien, die wir streiften, erworben habt. Diese Machtquelle werde ich als einzige nicht für Euch enträtseln, noch werde ich die echte Magie von den tarnenden Ritualen trennen. Ich vertraue darauf, daß die Weisheit, die Ihr auf dieser Reise erlernt habt, Euch die wahre Quelle enthüllen wird.

Beschafft Euch als erstes ein großes und weißes Stück reines Pergamentpapier. Verwendet nicht etwa ersatzweise welches aus Baumwolle oder Leinen oder synthetische Mischungen. Es soll nicht kleiner als 33x42 cm sein, nicht größer als 66x51 cm, denn das sind die idealen Größen, die vor den Augen Anderer geschützt, in vergrabenen Fässern versteckt, in unterirdischen Gewölben verborgen werden können.

Die Alten wußten, daß Macht wie Ebbe und Flut kommt und geht, daß es in allen Energiekräften negative und positive Elemente gibt. Um die negativen Elemente zu neutralisieren, wurde ein Konzept, das man „Bindung" nannte, angewandt. Bindung bedeutete, nach der Auffassung der alten Seher(innen), schnell abzusichern, was sie gewonnen oder erschaffen oder gerade beschworen hatten. In alten Zeiten schafften sie die Bindung durch einen Vorgang des Umwickelns oder des Umgürtens, obschon es auch noch andere Methoden gibt, mit denen Ihr die erschaffene Magie sichern könnt. Um sicher zu gehen, daß Ihr Euch nicht an die negativen Machtelemente verliert, die durch Eure Zauberkarte beschworen werden, bindet sie, indem Ihr um Eurer Pergamentpapier eine feine schwarze Linie zieht, die genau an seinem Rand entlangläuft. Jetzt seid Ihr vorbereitet, mit gesicherter Macht, zu beschwören, was Ihr Euch immer gewünscht habt, jetzt und in der fernsten Zukunft.

Ihr habt vorher schon erfahren, wie wichtig Visualisierung ist, um Eure Ziele in Erfüllung gehen zu lassen. Damit die Macht der Visualisierung sich mit der Macht der Zauberkarte verbinden kann, benutzt visuelle Formen, um Eure Ziele zu erschaffen.

Erschafft jetzt auf Eurer Karte, was Ihr Euch immer schon gewünscht habt. Zeichnet Eure Wünsche in kräftigen Farben, malt jede Einzelheit aus. Oder schneidet Bilder aus verschiedenen Illustrierten aus und heftet sie an Eure Karte. Je detaillierter und genauer die bildliche Darstellung ist, umso größer wird die Macht sein, die heraufbeschworen wird. Bewahrt jedes Bild innerhalb der Grenzen, die Ihr vorher gezogen habt. Bindet sie sicher, so daß jedes Ziel, das Ihr auf Eurer Karte bildlich werden laßt, zu irgendeinem Zeitpunkt Wirklichkeit werden wird. Erschafft alles, was Ihr Euch immer gewünscht habt. Beziehungen. Materiellen Gewinn. Intellektuelle Anerkennung. Spirituelle Entwicklung. Jeden Zustand des Seins oder des Tuns oder des Habens. Schreckt nicht vor dem scheinbar Unmöglichen zurück. Ein Schloß an einem warmen dunstigen See. Ein Auto. Einen Pulitzerpreis. Einen Nobelpreis. Freundinnen stark und ehrlich. Geld, um Juwelen zu kaufen. Eine aufregende neue Liebesbeziehung.

Haltet auf Eurer Karte auch die Dinge fest, die Ihr für Eure unmittelbaren Bedürfnisse benötigt. Geld, um die Miete zu bezahlen. Ein neues Paar Schuhe. Eine Arbeitsstelle, sinnvoll und produktiv. Eine neue Bekannte, mit der Ihr mittagessen gehen könnt.

Bei der Herstellung einer Karte ist das Konzept der positiven Wünsche wichtig. Setzt nur die Bilder auf Eure Karte, die positiv sind, ehrlich und gut, denkt nur an die besseren Dinge im Leben. Negative Bilder werden auch Macht haben, wenn auch weniger als diejenigen mit positivem Wert.

Wenn Ihr alle Ziele, die Ihr zu erreichen hofft, jetzt und in Zukunft, auf Eurer Karte aufgezeichnet habt, so rollt sie sanft und sorgfältig zusammen und schützt sie fest mit einem blauen Satinband. Bleibt eine Weile still mit Eurer Rolle in der Hand sitzen, um das Geschimpfe Eures Objektiven Selbst zu beruhigen. Ruft jetzt das Universale Selbst an, die Macht, mit der Ihr verwirklichen könnt, was Ihr auf Eurer Karte eingetragen habt. Ruft die Macht des Universalen Selbst dreimal während der Dauer von 24 Stunden an. Dann laßt die Macht fahren, die Wünsche, die Sehnsüchte, die Ziele, die Bilder, die Ihr mit so gründlicher Sorgfalt erschaffen habt. Entspannt Euch sicher in dem Glauben, daß jedes und alle Bilder, die Ihr auf Eurer Zauberkarte eingetragen habt, zu einer bestimmten Zeit im Laufe eines Lebens Wirklichkeit werden.

Betrachtet Eure Karte oft, um die bildlichen Darstellungen Eurer Ziele fest vor Eurem Inneren Auge zu sichern. Das wird ihnen zusätzliche Kraft geben.

Beim Herstellen von Zauberkarten ist es hilfreich, sich über das Konzept der Bereitschaft bewußt zu sein. Jedes Ziel, das Ihr auf Eurer Karte bildlich dargestellt habt, wird erst zu dem Zeitpunkt Eures Lebens wahr werden, an dem Ihr dafür bereit seid. Deshalb ist es wichtig, daß Ihr auf Eurer Karte jene kleinen und notwendigen Gegenstände aufführt, die Ihr jetzt braucht; denn ihr Erlangen wird Euch den Glauben an die Macht der Karte geben. Die größeren Ziele werden an jenem Zeitpunkt Eures Lebens zu Euch kommen, an dem sie für Euch von größtem Gewinn sein werden, oder wenn Ihr den Punkt in Eurer Entwicklung erreicht habt, an dem sie Euch am meisten Vergnügen bereiten.

Eure Ziele zu erreichen, wird von Euch auch die Bereitschaft eigener Anstrengungen verlangen. Ihr könnt beispielsweise nicht einen Pulitzerpreis gewinnen, wenn Ihr nie ein Wort zu Papier gebracht habt oder nie etwas geschrieben habt, von dem Ihr glaubt, daß es einen solchen Preis verdient oder das Geschriebene nie jemandem zur Kritik oder zur Veröffentlichung vorgelegt habt.

Wenn Ihr irgendwann den Wunsch verspürt, auf Eurer Karte etwas zu entfernen oder hinzuzufügen, so geht in derselben Weise vor, den Zauber aufzulösen, wie Ihr ihn abgesichert habt. Bittet das Universale Selbst, daß die Macht von Euren Zielen weggenommen werde, falls es Euer Wunsch sein sollte, ein bestimmtes Ziel auszuschalten. Entfernt ebenso die bildliche Darstellung von Eurem Pergamentpapier; denn sie wird solange Macht haben, wie sie bildlich bleibt.

Eine letzte Anweisung. Behaltet sie gut. Sie ist wichtig. Verbergt Eure Zauberkarte sorgfältig vor den Augen Anderer. Wenn Ihr andere betrachten laßt, was Ihr auf Eurer Karte dargestellt habt, wird es deren Energie und Macht abschwächen, sollten sich die Lebensanschauungen der anderen sehr von Euren unterscheiden. Bewahrt die Karte an einem ganz sicheren Ort auf, wo andere nicht auf sie stoßen, weder absichtlich noch zufällig.

Und leitet das Herstellen von Ritualen aus dem Herstellen von Macht ab

Konntet Ihr das Ritual von der wahren Machtquelle unterscheiden? fragte ich die Frauen bei dieser Probe ihrer endgültigen Machterlangung. Konntet Ihr das Wesentliche von dem scheiden, was Euch als äußerst wichtig vermittelt wurde, tatsächlich aber nur eine Vernebelung war? Könnt Ihr jetzt jede wirkliche Machtquelle enthüllen und die Rituale und Zauberkünste, die sie verkleiden, entlarven? Wenn Ihr jede Frage sicher beantworten könnt, habt Ihr alle Machtquellen, die Euch auf unserer Fahrt in Unbekannte Räume enthüllt wurden, wirklich gut erlernt. Ihr seid bereit, zu Eurem Erdenplaneten zurückzukehren und Euch unter sterblichen Wesen aufzuhalten, im Besitz des Wissens und der Macht, die Euch für immer in den Bereich des Unsterblichen erhebt.

Machtinhaberin. Schöpferin der Magie. Außergewöhnliche Heilerin. Das seid Ihr alles. Als wichtigstes seid Ihr wahrhaft schöne Frauen geworden, sicher in Eurer Weiblichkeit. Das Selbstvertrauen, das Ihr als Frauen gewonnen habt, mag Eure größte Quelle der

Macht sein; denn darin liegt der Kern Eures Glaubens, der Kern, aus dem alles andere, woran Ihr glaubt erwächst, der Ursprung der Gedanken, die ins Weltall fließen.

KEHRT DANN, NACH DER ERREICHUNG ALLER MÄCHTE ZURÜCK, ERDGEBUNDEN

Konzentriert jetzt alle Mächte in Eurem Geist. Geist über Materie. Es wird Eure sichere Heimreise verbürgen. Ihr habt das silberne Raumschiff, das Euch bei den Gefahren Eurer früheren Erforschungen Schutz gewährte, nicht mehr nötig. Laßt es für diejenigen zurück, die, anders als Ihr, das Echte nicht vom Ausgedachten unterscheiden können und den würzigen Geruch der Pilze benötigen, um ihr objektives Selbst zu beruhigen.

Bereit? Ihr gleitet jetzt zurück durch Bekannte Räume, nachdem Ihr allem Unbekannten ins Auge geblickt und bewältigt habt, was zu oft Eure Fahrt nach außen behinderte. Furcht. Schmerz. Hilflosigkeit. Schicksal. Weiblichkeit. Unzulänglichkeit. Schuld, Gespenster vergangener Tage. Archaische und Behindernde Überzeugungen. Mütter. Väter. Familien. Erdenpartner. Im einzelnen feuerspeiende, furchterregende Drachen, die Gefahren schufen, und zuerst zu schrecklich waren, um bewältigt werden zu können. Ihr habt sie alle hinter Euch gelassen, und es sind Euch Flugschwingen gewachsen. Für immer frei, auf Euren eigenen Erforschungen durch die Galaxien zu segeln.

Nehmt jetzt die Hand einer anderen oder fliegt allein. Eure Heimreise wird schnell vergehen. Wenn Ihr wieder auf dem Boden des Erdplaneten gelandet seid, werden wir uns zum Abschied treffen. Ich wünsche Euch jetzt viel Glück und gute Reise. Trinkt wieder vom Schaum der Milchstraße. Berührt noch einmal die schimmernden fröhlichen Lichtfarben, bevor Ihr die Galaxie der Spirituellen Energie verlaßt. Wir werden uns wieder treffen, wenn das Tageslicht der Dämmerung weicht. Ein kleines Kanu, in vibrierende Ausstrahlungen von orange und purpur und rot getaucht, wird Euch zum Ort unseres letzten Treffpunktes geleiten.

WEITERE UNTERSUCHUNGEN

Für ein tieferes Verständnis der Kunst, Zauberkarten herzustellen, kann sich die folgende Angabe hilfreich erweisen.

1. Ophie's The Art and Practice of Getting Material Things Through Creative Visualization, 1975, 6th ed., published by Samuel Weiser, Inc., 734 Broadway, New York, New York 10003.

Die folgenden Angaben werden für das Verständnis Eures Körpers nützlich sein, für die Bedeutung Eurer Pulsfrequenz und für Übungen, die die Harmonie von Körper-Seele-Geist erhalten.

2. Laurence E. Morehouse, Ph.D., and Leonard Gross, Total Fitness in 30 Minutes a Week, 1975, Simon and Schuster, Rockefeller Center, 630 Fifth Avenue, New York, New York 10020.

3. Indra Devi, Yoga For Americans, 1959, Prentice Hall, Englewood Cliffs, New Jersey 07632.

4. Teaching Asanas, A'Nanda Ma'rga, 1973, 854 Pearl Street, Denver, Colorado 80203.

12. Kapitel

LETZTE REISE

HEIMKEHR

Die Geschichten der Frauen zu erzählen bezieht ein gemeinsames Reisen mit ein. In Wirklichkeit reiste jede Frau allein. Ich wies ihr den Weg, fing ihre Unsicherheiten auf, zeigte ihr neue Sichtweisen, befragte ihre Lebensanschauung und öffnete neue Türen, damit sie einen Durchgang zu befriedigerenden Welten finden konnte. Die Frauen trafen sich nur einmal gemeinsam, am Tag, als die Mission erfüllt war. Bei diesem abschließenden Treffen tauschten sie ihre vielen Erfahrungen aus und sprachen über die Wirkung, die diese auf ihr Erdenleben ausübten, denn die Wirkung war nachhaltig gewesen. Eine Mission in Unbekannte Räume läßt keine Reisende unverändert zurückkehren. Es ist eine Wirklichkeit, die allen Machterrungenschaften zugrundeliegt. Diejenigen von Euch, die eigene Raumfahrten hinter sich haben, und die ihre Dimensionen Außerhalb der Wahrnehmung erforschten, werden die Wirkung kennen, die von der Erforschung Unbekannter Räume ausgeht. Diejenigen von Euch, die das Logbuch dieser Reise gelesen haben, ohne sich darum zu bemühen, die offengelegten Machtquellen zu erreichen, muß ich darauf aufmerksam machen, daß Macht nicht ohne Veränderung gewonnen werden kann.

Die Veränderungen, die die Frauen erfahren hatten, waren viele. Am tiefgreifendsten waren die Veränderungen, die ihre Identität betrafen, den Kern ihres Glaubens, die Art, wie sie sich selbst als Frauen sahen und die Vorstellung, die sie davon hatten, was es bedeutete, eine erwachsene Frau zu sein. Diese Veränderungen beeinflußten wiederum alle ihre wichtigsten Beziehungen. Es waren die Veränderungen in ihren Beziehungen, über die die Frauen bei diesem letzten Treffen am meisten sprachen. Die fünf Frauen, die den größten Erfolg in der Errungenschaft ihrer Ziele hatten, erlebten auch die tiefgreifendsten Veränderungen in ihren wichtigsten Beziehungen, mit ihren Freundinnen, Freunden, Ehemännern, Geliebten, Arbeitskollegen(innen) und mit ihren Müttern. Ihr Leben veränderte sich wie ihr Glauben sich veränderte. Die drei, die am wenigsten bereit waren, Veränderungen in ihrem Leben und in ihren Beziehungen zu riskieren, hatten bei der Erreichung ihrer Ziele den geringsten Erfolg.

Die Reise war beendet. Wir tranken ein letztes Glas Wein zusammen, dann berührten die Frauen zum Abschied sanft meine Lippen. Es fiel uns schwer, Lebewohl zu sagen. Ich mußte in den Tagen danach oft an sie denken als ich ihre Tagebücher las, die Notizen durchsah, die ich mir von den wöchentlichen Sitzungen gemacht hatte und über unsere Raumfahrt schrieb. Ich spürte, wie ich mich, sogar bei unserem letzten Treffen, von ihnen entfernte, wie ich mich löste und in andere Räume begab. Ich fragte mich, was das Entfernen bedeuten könnte. Ich wußte, daß meine persönlichen Energien mit ihnen verbunden bleiben und sich über lange Zeitspannen auf sie konzentrieren mußten, damit ich den Reisebericht so schreiben konnte, daß sich der Entwicklungsprozess jeder Frau darin annähernd wiederholte. Die Antwort gelangte spät an einem Abend zu mir. Ich will sie Euch mitteilen, so wie es sich zugetragen hat.

DER ERZENGEL MICHAEL

Letzte Nacht besuchte mich der Erzengel Michael. Dreimal fragte er mich: „Was ist dein Begehren? Ich werde dir alles gewähren."

Zweimal erwiderte ich: „Es gibt nichts, was ich mir wünsche. Ich habe alles."

Geduldig, hartnäckig, fragte er nochmals: „Was ist dein Begehren?"

Dann erinnerte ich mich daran, was ich mir mehr als irgendetwas wünschte.

„Eine Heilende zu sein, das ist es, was ich mir wünsche. Die Schmerzgeplagten zu berühren, die Bekümmerten, die Angsterfüllten, ihren Körper und ihren Geist zu heilen, damit ihre Seele frei sein kann, die Musik der Erzengel zu hören. Mit einer einzigen Berührung zu heilen. Das ist es, was ich mehr als irgendetwas begehre."

„So soll es sein", versprach Michael und verschwand.

Als er verschwand, fand ich in meiner Hand einen kleinen Elephanten aus Elfenbein. Der winzige Elephant schien in einer Blume zu sitzen, denn er war zum Teil mit goldenen Blütenblättern beschichtet. Auf der Oberfläche des Goldes konnte ich zarte grüne Tupfen sehen.

Dann hörte ich von einer fernen Ebene eine Botschaft zu mir hinabströmen. „Es gibt einen zweiten Elephanten, der das Gegenstück zu dem ist, den du in der Hand hältst. Du mußt solange suchen, bis du ihn findest."

Als Michael in mein Leben eintrat, verschwand Margaret. Ich sann darüber nach, welche Bedeutung Michael der Erzengel hatte. Welches unbekannte Land hatte ich mit seinem Kommen betreten? Was liegt jenseits vom Land der Blaugeflügelten Libellen? Michael trat vor zwei Monaten in mein Leben. Ich habe seine Gegenwart gefühlt, aber sie war verhalten und fern gewesen. Ich fragte mich ob er darauf gewartet hatte, daß ich mein Schreiben beendete, um mir bei meiner Suche nach dem winzigen Elephanten aus Elfenbein den Weg weisen zu können.

LETZTE REISE

Ich war beinahe mit Schreiben fertig. Das Logbuch der Reise war abgeschlossen. Da befiel mich die Ahnung, daß dies meine letzte Reise sein würde. Als das Gefühl sich verstärkte, wußte ich, warum ich mich am letzten Abend, den die Frauen der Reise und ich gemeinsam verbrachten, von ihnen so getrennt gefühlt hatte. Ich wußte ebenfalls, warum ich so unter Streß stand, als ich diese letzten Kapitel schrieb. Tod. Sie schwebte dicht über mir. Ich konnte ihre Flügel über die Kühle meiner Wangen wehen fühlen. Tod. Ich hatte die Wahl getroffen, Sterben mit der Beendigung meines Schreibens zusammenfallen zu lassen. Gedanken, denen ich nicht zuzuhören gewagt hatte, als ich darum kämpfte, einer Reise Lebewohl zu sagen, die in diesen letzten Wochen beinahe meine gesamte Energie gefordert hatte. Warum hatte ich die Wahl getroffen zu sterben? Ich kenne die Antwort nicht. Sie wird zu mir kommen, wenn es für mich wichtig sein wird, sie zu wissen. Allein die Gedanken zu hören, die in mein Bewußtsein strömten, brachten mir das Leben und die Vitalität zurück. Ich hatte Tod gewählt. Ich konnte auch Leben wählen. Dann erinnerte ich mich an Michael. Seine Zurückhaltung in den vergangenen zwei Monaten sagte mir, daß er von meiner Todes-Wahl gewußt hatte, daß er gewußt hatte, daß ich sie über den Wunsch, den er mir gewährte, gestellt hatte. Er war zurückhaltend und fern geblieben und wußte, daß die Wahl von mir getroffen werden mußte. Wenn ich Leben wählte und die Mission, die er mir gewährte, dann würde er wieder zu mir kommen.

Sanft, aber bestimmt verlangte ich nach der Gegenwart der Todin.

„Du warst mir nahe in diesen wenigen, vergangenen Wochen. Ich habe deine Gegenwart gespürt. Es stimmt. Ich gab das Versprechen, mit dir zu fliegen, mich in Andere Räume zu begeben, in der Hülle eines Vollkommeneren Wesens; denn dieses hier war lange ungenutzt und untüchtig. Jetzt treffe ich eine andere Wahl. Ich will unter den Erdenwesen bleiben, die wie ich in unvollkommenen Körpern hausen. Mir ist die Fähigkeit zugesagt worden, meine Heilkraft weiterzuentwickeln."

Die Todin verschwand in weite Ferne, und Wärme hüllte mich wieder ein. Seltsamerweise finde ich mich leise weinend wieder. Ich weiß nicht, um wen ich weine, um mich, um Euch, von denen ich mich verabschiede oder um diejenigen, die ich unterwegs treffe und nicht bitten kann, mit mir zu reisen. Ich weiß, daß ich die Reise, auf die ich mich mit Michael begebe, allein unternehmen muß, von anderen Erdenwesen getrennt.

Ich verlasse Euch jetzt; denn in weiter Ferne höre ich die Musik der Erzengel. Es ist Zeit, meine Suche zu beginnen.

MACHT-TECHNIKEN

TAGEBUCH FÜHREN: EURE EIGENEN SCHATZKARTEN HERSTELLEN

Eine höhere Stufe von Bewußtsein

Tagebuch über Eure Gedanken zu führen hat den Zweck, den Glauben zu identifizieren, der Eure Wirklichkeit herstellt. Ihr seid was Ihr denkt. Das ist eines der wichtigsten Prinzipien der Wirklichkeit. Was Ihr denkt stellt Ihr her. Gedanken haben eine elektro-magnetische Qualität, und als solche ziehen sie Eure Erfahrungen an, schaffen die Ereignisse, die Eure Erfahrungen umgeben und stellen Eure Beziehungen zu anderen her. Gedanken fließen aus Euren Glaubenssystemen. Gedanken kommen zuerst, Gefühle und Erfahrungen folgen. Führt Ihr Tagebuch über Eure Gedanken, werdet Ihr fähig sein zu sehen, daß sie Muster bilden. Von den Mustern werdet Ihr die Glaubenssysteme ablesen können, die die Grundlage Eurer jetzigen Wirklichkeit sind, Eurer Gesundheit, Eures Wohlstands, Eurer Beziehungen, Eures Glücks. Sie formen alle die Ereignisse und Erfahrungen, die Euer Leben ausmachen. Allgemein läßt sich Glauben in zwei Gruppen einteilen, in den Kernglauben und das, was damit verbündet ist.

Der Kernglauben, das, das Ihr *im Innersten* glaubt, ist, was Ihr grundlegend von Euch und Euren Beziehungen mit anderen glaubt. Es formt Eure Identität. Der Kernglauben ist meistens so sehr ein Teil einer Person, daß er als selbstverständlich betrachtet und selten hinterfragt wird.

Der verbündete Glauben betrifft all die größeren und kleineren Vorstellungen, die Ihr von allen Dingen habt, wichtige oder scheinbar unwichtige. Zweck des verbündeten Glaubens ist es, das, woran Ihr im Innersten glaubt, vor Veränderung zu bewahren, Euch davor zu bewahren, Eure Identität und Euer Leben zu verändern.

Gedanken behalten

Euren Gedanken zuzuhören und sie aufzuschreiben hat den Zweck, in Eurem Leben Dinge zu verändern, die Euch zur Zeit Schwierigkeiten bereiten oder die Euch beunruhigen. Euren Gedanken zuzuhören, ist im Wesentlichen ein Prozess der Selbstüberprüfung, ein Prozess, durch den Ihr sehr vertraut mit Euch werdet. Es bedeutet, daß Ihr Euch besser kennt, als irgendjemand anders Euch kennt. Es heißt, daß Ihr Euch über den Ursprung und die innere Motivation all Eurer Gedanken, Eurer Worte, Eurer Bestrebungen und Eurer Handlungen bewußt werdet. Alle Eure inneren Motivationen sind bewußt und stehen Euch für eine Überprüfung zur Verfügung, wenn Ihr Euch selbst zuhören wollt. Sie sind nicht ,,unbewußt" oder ein ,,Teil des Unterbewußten". Weil Ihr unaufhörlich zu Euch selbst sprecht und Euch selbst Botschaften gebt, üben Eure Gedanken einen hypnotisierenden Effekt aus. Euren Gedanken zuzuhören, den Glauben zu identifizieren, den sie spiegeln und denjenigen zu verändern, mit dem Ihr unzufrieden seid, kann zu gewaltigen und dramatischen Veränderungen in Eurem Leben führen. Es ist im Wesentlichen ein Ent-Hypnotisierungs-Prozess, damit Ihr eine Denkart verändern könnt, die bei Eurer Geburt begann.

Es gibt eine absolute und unumstößliche Regel, die Veränderung, die Ihr wünscht zu schaffen. Ihr müßt Euch Eures Ziels und des Grundes, aus dem Ihr eine Veränderung wünscht, vollständig sicher sein. Ihr müßt vollkommen zielbewußt und unbeirrbar darin sein, daß Ihr es erreichen werdet. Die Veränderungen entstehen durch die Macht Eurer Gedanken, der Energie, die Ihr aussendet und die zu Euch in Form Eurer Erfahrungen zurückkommt. Irgendwelche Zweifel oder Zwiespältigkeiten werden die Macht Eurer Gedanken zunichte machen. Zwiespältige Gedanken haben keine Macht. Statt dessen schaffen sie Chaos und Verwirrung und machen Euch unglücklich.

Selbst-Überprüfung

Der Prozess der Selbst-Überprüfung wird das, was Ihr von Euch glaubt, von Eurem Leben, Eurer Identität und den Erfahrungen, die Euren Alltag gestalten, auf die Probe stellen. Es ist ein Befragen, ein Vorgang, bei dem Ihr Euch selbst ständig beobachtet. Es ist ein Prozess, der die erwünschten Veränderungen bestimmen wird. Seht Euch die folgenden Bereiche Eures Lebens gründlich an:

1. Eure Identität. Untersucht genau, was Ihr von Euch selbst denkt und wie Ihr Euch fühlt, als welche Person Ihr Euch in Eurem Innersten kennt. Was denkt Ihr über Euren Körper? Was denkt Ihr über Euch selbst als Frau? Wie identifiziert Ihr weiblich? Was denkt Ihr über die Rollen, die Ihr als Frau erfüllt — als Mutter, Ehefrau, Tante, Liebste, sexuelle Partnerin, als Tochter oder Nichte? Was denkt Ihr über Euch selbst in den Berufen, die Ihr ausübt? Wie identifiziert Ihr Dame, feminin und Frau?

2. Eure Beziehungen zu anderen. Untersucht alle Eure Beziehungen genau, ihre Wichtigkeit oder Unwichtigkeit und was sie zu dem macht, was sie sind.

3. Euer alltägliches Leben. Untersucht alle Ereignisse und Erfahrungen, große und kleine, die Euer gesamtes Leben ausmachen, gestern, heute und morgen.

Selbst-Überprüfung ist ein Prozess, in dem Ihr alles, was Ihr in der Vergangenheit gewählt habt, untersucht und die Verantwortung dafür übernehmt. Es ist ein Prozess, der Euch bewußt macht, wie Eure Gedanken Euer jetziges Leben herstellen und Eure zukünftigen Erfahrungen bestimmen. Je mehr Ihr Euch beobachtet, desto bewußter wird Euch werden, wie Ihr Eure Wirklichkeit durch Eure Gedanken herstellt, und umso schneller werdet Ihr die Erfüllung Eurer Ziele erreichen. Es ist ein schöpferischer, erleichternder und befreiender Prozess. Es wird nur schwierig und schmerzhaft sein, wenn Ihr glaubt, daß es schwierig und schmerzhaft ist. Wie alles, was Euch jemals geschehen ist, eine Wahl war, die Ihr wissentlich und mit Bewußtsein getroffen habt, wird die Wahl, Euren Gedanken nicht zuzuhören zu einem Prozess, in dem Ihr Euch vor Euch selbst versteckt, im Bewußtsein, daß Ihr wißt, was Ihr versteckt und Euch entscheidet, so zu handeln.

Hört allen Euren Gedanken zu. Schreibt sie auf. Macht Euch bewußt, warum Ihr manche Dinge gerne tut, warum Ihr andere Dinge nicht gerne tut. Hört Euren Gedanken zu und behaltet sie im Gedächtnis. Hört Euren Gedanken zu und erinnert Euch an sie, wenn Ihr Euch entscheidet, gerade diese eine Sache und keine andere zu tun. Sucht den Ursprung Eurer Gedanken und Eures Glaubens. Beginnt jeden Gedanken, den Ihr habt zu untersuchen. Er wird Euch die Antworten geben, die den Ursprung Eurer Krankheit oder Eurer Besorgnis offenlegen werden. Fragt Euch lieber „welcher Gedanke ließ mich diese bestimmte Handlung wählen?" als „warum tat oder sagte ich eine bestimmte Sache?"

Wenn Ihr Schmerzen verspürt oder krank werdet, macht Euch alle Gedanken bewußt, die vor Euren Empfindungen da waren und all die Gedanken, die Ihr gerade habt und die die Krankheit oder die Schmerzen verstärken. Fragt Euch selbst, warum Ihr es nötig habt, zu diesem bestimmten Zeitpunkt Schmerzen zu leiden oder krank zu sein. Was geschieht zu dieser Zeit außerdem in Eurem Leben? Fragt Euch selbst, was die Schmerzen oder die Krankheit für Euch tun. Welchen Nutzen zieht Ihr daraus? Wovon halten sie Euch in anderen Bereichen Eures Lebens ab? Welchen Schaden fügen sie Euch oder anderen zu?

Untersucht Eure Gedanken, wenn Ihr glücklich seid. Wenn Ihr deprimiert oder wütend seid, sucht nach den Gedanken, die zu diesen Gefühlen führten. Erinnert Euch daran, daß Gedanken zuerst kommen, Gefühle und Handlungen folgen Euren Gedanken. Wenn Ihr gesprächig aufgelegt seid, stellt fest, welche Gedanken hinter Eurer Gesprächigkeit stecken. Wenn Ihr Euch schweigsam fühlt, so stellt fest, welche Gedanken hinter Eurer Schweigsamkeit stecken. Wenn Ihr Euch von Menschen zurückgezogen empfindet, so stellt fest, welche Gedanken zu Eurer Zurückgezogenheit führten. Wann traten diese Gedanken zuerst auf und in Verbindung mit wem? Welche Gedanken habt Ihr, wenn Ihr eine Person mögt und wenn Ihr eine Person nicht mögt?

Seid über alles, was Ihr sagt, bewußt, stellt fest, ob es völlig aufrichtig ist, ob es für eine andere Person und folglich auch für Euch nachteilig ist. Negative und haßerfüllte Gedanken über andere schaffen negative Energie, ein negatives Karma*, das Eurem eigenen Wesen schadet. Positive Gedanken schaffen positive Energie, positive Erfahrungen und ein positives Karma.

---

* Karma: im Buddhismus das Handeln eines Menschen, das die Form seiner Wiedergeburten bestimmt, bzw. das gegenwärtige Schicksal, das durch früheres Handeln bedingt ist.

BIO-FEEDBACK

Die Bio-Feedback-Fähigkeit Eurer zehn Finger

Wenn Ihr Botschaften des Inneren Selbst mittels Eurer zehn Finger erhalten wollt, müßt Ihr zuerst die Kontrolle Eures objektiven Selbst ausschalten. Begebt Euch in einen ruhigen Zustand, in die Vorstufe der Hypnose, in einen Alpha-Zustand. Wenn Ihr einen Zustand der Gelassenheit erreicht habt, werdet Ihr die Botschaften Eures Inneren Selbst direkt durch die Reaktionen Eurer Finger vernehmen.

Obwohl das Wirkungsvermögen der Botschaften, die Ihr von Eurem Inneren Selbst durch die besondere Bio-Feedback Fähigkeit Eurer Finger erfragen könnt unbegrenzt ist, bleibt die Art der Beantwortung auf vier Reaktionen beschränkt.

1. Ja.
2. Nein.
3. Ich weiß die Antwort nicht. Diese Reaktion bedeutet, daß die Frage ans Innere Selbst unklar gestellt wurde. Beispielsweise ist die Frage „sollte ich mich auf den Weg machen?" eine unklare Frage. „Sollte" hat viele verschiedene Bedeutungen · und diese werden meistens als richtig oder falsch ausgelegt, so wie es den Überzeugungen oder Werten einer Person entspricht.
4. Ich will nicht antworten. Diese Reaktion bedeutet, daß Euer objektives Selbst aus verschiedenen Gründen nicht bereit ist, die Information aus dem Inneren Selbst zu akzeptieren. Es kann auch die Angst sein, daß damit Konsequenzen verbunden sind, die ganz drastische Veränderungen Eurer Lebensweise, die Ihr jetzt noch nicht vollziehen möchtet, mit sich bringen oder sie herausfordern.

Wenn es Euch zuerst schwerfällt, von Euren Fingern Bio-Feedback Reaktionen zu erhalten, könnt Ihr es vielleicht leichter zustandebringen, wenn Ihr gerade aus einem hypnotisch herbeigeführten Bewußtseinszustand auftaucht. Das ist die Vorstufe der Hypnose und ein Zustand, in dem Euer Inneres Selbst immer noch Einfluß auf Euer objektives Selbst ausübt. Wenn Ihr diesen Einfluß weiter wirken laßt, seid Ihr jetzt bereit, Bio-Feedback zu erlernen.

Setzt Euch bequem und entspannt in einen weichen Sessel. Legt Eure Arme auf die Sessellehnen oder in Euren Schoß und laßt Eure Hände locker entspannen.

Bittet jetzt Euer Inneres Selbst, daß einer Eurer zehn Finger eine „Ja"-Antwort ausdrückt. Langsam und irgendwie zögernd wird sich einer Eurer Finger unabsichtlich bewegen. Nehmt die leiseste Bewegung in Euren Fingern wahr. Eure Finger werden zuerst vielleicht eher kribbeln als sich zu einer Antwort anheben. Vielleicht werdet Ihr auch feststellen, daß es zuerst mehrere Minuten dauern kann, bis Ihr eine Antwort bekommt. Sobald Ihr mit dieser Art, Botschaften des Inneren Selbst zu erhalten, vertrauter werdet, werdet Ihr feststellen, daß Eure Finger rasch und bestimmt antworten werden.

Sobald Ihr eine Antwort bekommen habt, die den Finger bezeichnet, der eine „Ja"-Antwort ausdrückt, bittet das Innere Selbst, einen zweiten Finger zu bezeichnen, der eine „Nein"-Antwort ausdrücken wird. Nachdem Ihr die „Nein" Kennzeichnung bekommen habt, bittet Euer Inneres Selbst, einen dritten Finger zu bezeichnen, der die „ich-weiß-die-Antwort-nicht"-Reaktion (unklare Frage) ausdrücken wird und einen vierten Finger für die „Ich-will-nicht-antworten"-Reaktion (das objektive Selbst ist nicht bereit, die Antwort zu hören).

Wenn Ihr die vier möglichen Reaktionen bestimmt habt, seid Ihr bereit, das Innere Selbst nach allem zu fragen, was Euch beschäftigt.

Wenn Ihr beginnt, Bio-Feedback anzuwenden, wird es vielleicht hilfreich für Euch sein, die Fragen, die Ihr Eurem Inneren Selbst stellen wollt aufzuschreiben, damit Ihr klar bestimmen könnt, was Ihr wissen wollt. Wenn Ihr Eure Frage klar stellt, werdet Ihr unklare Antworten vermeiden.

Die Bio-Feedback Botschaften einer schwingenden Kristallkugel

Die Bio-Feedback Botschaften, die Ihr durch den Gebrauch einer Kristallkugel erhalten könnt sind mit denen, die Ihr durch Eure Finger bekommen könnt identisch. Nur die pendelartigen Reaktionen des schwingenden Kristalls sind verschieden.

Um die Botschaften Eures Inneren Selbst zu vernehmen, besorgt Euch als erstes eine Kristallkugel, die an einer goldenen Kette hängt, eine durchsichtige Kugel, die frei schwingt, ein Pendel. Jeder Gegenstand, der frei schwingt, wenn er an einer Kette oder einem Faden hängt, wird Euch direkte Botschaften Eures Inneren Selbst vermitteln.

Die Antworten, die Ihr bekommen werdet, sind dieselben, die Ihr durch Eure Finger erhalten habt. Ja. Nein. Ich weiß die Antwort nicht (unklare Frage). Ich will nicht antworten (das objektive Selbst ist nicht bereit, die Antwort zu hören). Um Botschaften zu bekommen ist es ebenfalls nötig, daß Ihr das objektive Selbst ausschaltet, den Einfluß des Inneren Selbst zulaßt, so wie es ist, wenn Ihr Bio-Feedback Antworten durch Eure Finger bekommt.

Sobald Euer Inneres Selbst seinen Einfluß ausübt, seid Ihr bereit, die Botschaften aus Eurem Innersten zu vernehmen.

Setzt Euch bequem an einen Tisch. Setzt Euren Ellbogen fest auf die Tischplatte und haltet die Kette Eurer Kristallkugel zwischen Daumen und Fingern, so daß die Kette frei schwingen kann, wie es unten dargestellt ist.

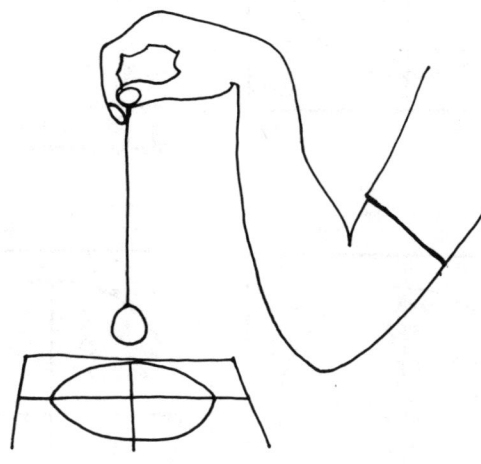

Das Wirkungsvermögen der Botschaften, die Ihr vom Inneren Selbst erfragen könnt ist unbegrenzt. Die Antworten, die Ihr erhaltet, werden Euch in vier verschiedenen Bewegungen vermittelt werden, so wie der Kristall als Reaktion auf die Anweisungen Eures Inneren Selbst schwingen wird. Die vier Bewegungen sind: im Uhrzeigersinn, im Gegenuhrzeigersinn, Hin und Her in Ost-West-Richtung und Auf und Ab in Nord-Süd-Richtung. Die Bewegungen werdem im Diagramm auf der folgenden Seite gezeigt.

Ihr seid jetzt bereit, die Botschaften aus Eurem Inneren Selbst

PENDEL-BEWEGUNGEN

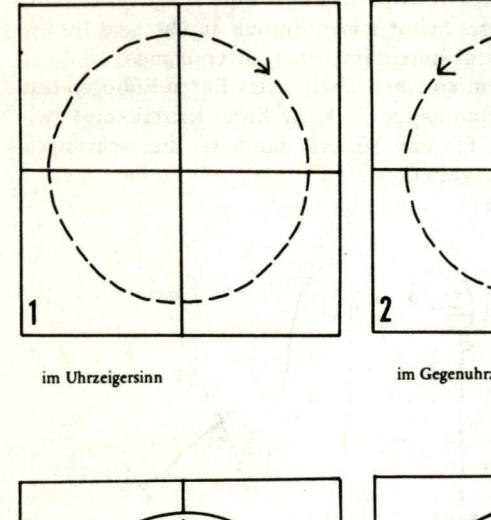

im Uhrzeigersinn

im Gegenuhrzeigersinn

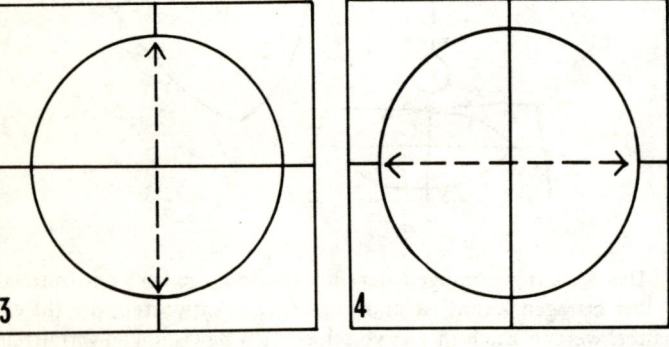

Nord-Süd

Ost-West

zu erhalten. Versucht nicht, Euch mit Eurem objektiven Selbst über die Bewegungen des Pendels hinwegzusetzen, denn das Innere Selbst kann seine Botschaften nur weitergeben, wenn es die Bewegungen Eures Armes und der Hand frei lenken kann.

Bittet jetzt Euer Inneres Selbst, eine der vier Bewegungen für eine „Ja"-Antwort auszuwählen. Langsam wird die Kristallkugel in einem bestimmten Muster zu schwingen anfangen, während sie eine der vier Bewegungen auswählt. Die Bewegung wird zuerst klein und verhalten sein, dann allmählich an Stärke und Ausmaß zunehmen. Wenn Ihr eine endgültige Antwort für „Ja" bekommen habt, bittet dann das Innere Selbst, eine der vier Bewegungen für „Nein" zu bestimmen. Dann bittet das Innere Selbst, eine Bewegung auszuwählen, die „Ich-weiß-die-Antwort-nicht" (unklare Frage) ausdrückt und schließlich eine Bewegung für „Ich-will-nicht-antworten" (das objektive Selbst ist nicht bereit, die Antwort zu hören).

Nachdem Ihr alle vier Bestimmungen erhalten habt, seid Ihr jetzt bereit, von Eurem Inneren Selbst jede Botschaft zu erfragen, die Ihr hören möchtet. Sie wird Euch durch die schwingenden, pendelartigen Bewegungen Eurer Kristallkugel vermittelt werden.

Manchmal wird die Kristallkugel keine „Ich-weiß-die-Antwort-nicht" Reaktion anzeigen. Sollte das bei Euch geschehen, so bedeutet es, daß Euer objektives Selbst bereit ist, jede Antwort von Eurem Inneren Selbst zu hören. Es bedeutet, daß Ihr eine wirklich entfaltete Persönlichkeit seid, daß Ihr Euch über Eure Gedanken, Euren Glauben und Eure inneren Beweggründe bewußt seid.

SELBST-HYPNOSE

Hypnose ist ein tiefer Entspannungszustand, der es Eurem objektiven Selbst ermöglicht, in die Tiefen eines veränderten Bewußtseinszustandes hinabzusteigen, und der Euer Inneres Selbst erlöst, damit es emporsteigen und Einfluß nehmen kann. Es ist wichtig zu wissen, daß Euer objektives Selbst Euer Wesen und alles, was Euch geschieht bewacht. Euer objektives, logisches, denkendes Selbst kann und wird Eurem Inneren Selbst jederzeit überlegen sein, sollte die Situation es verlangen. Es wird Euch, auf den leisesten Befehl von Euch, rasch und leicht aus der tiefsten Trance emporbringen. Ein hypnotischer Bewußtseinszustand ist ein sicherer Wesenszustand, so sicher wie leichter Schlaf.

Damit Euer objektives Selbst Euch bewachen kann, ist es wichtig, daß Ihr Euch bestimmte Suggestionen sagt, die Euch beschützen werden, während Ihr Euch in einem hypnotischen Zustand befindet. Sagt Euch folgende Suggestionen vor, nachdem Ihr Euch in einen hypnotischen Zustand begeben habt. Schreibt sie vorher auf ein Stück Papier, damit sie klar, präzise und spezifisch sein werden:

1. Es wird niemals möglich sein, daß ich hypnotisiert werde, außer wenn ich freiwillig meine Zustimmung gebe.

2. Es wird niemals möglich sein, daß ich von jemand anders als von mir hypnotisiert werde, außer wenn ich freiwillig einer andern Person zustimme.

3. Es wird niemals möglich sein, daß ich in einem hypnotischen Zustand übervorteilt, benutzt oder manipuliert werde.

4. Es wird niemals möglich sein, daß ich hypnotisiert werde, während ich Maschinen oder Apparate, beispielsweise ein Auto, bediene, was gefährlich für mich oder andere werden könnte.

5. Sollte während eines hypnotischen Zustandes eine Notsituation eintreten, die meine unmittelbare Aufmerksamkeit verlangt, werde ich augenblicklich hellwach, klar, erfrischt und wachsam und die Situation fähig und wirksam handhaben können.

6. Fügt jede beliebige Situation, von der Ihr das Gefühl habt, daß sie notwendig oder wichtig ist, um Euch in einem hypnotischen Zustand zu beschützen, hinzu. (Übernommen von Boyan, 1964). Nachdem Ihr die beschützenden Suggestionen aufgeschrieben habt, haltet sie in Eurer Hand fest. Jetzt seid Ihr bereit, in einen entspannten Zustand der Hypnose hineinzugehen.

Legt Euch auf eine weiche Liege. Sinkt tief in einen bequemen Sessel. Nehmt die Savasana ein, die Entspannungsposition aus dem Yoga. Jede dieser Positionen wird zur Erreichung des tiefen Entspannungszustandes einer Hypnose gleich wirksam sein. Laßt Euren Körper entspannt und bequem werden, die Arme locker an Eurer Seite hängen, Eure Beine und Füße entspannen und leicht auseinanderrollen.

Wenn Ihr Euch bequem fühlt, Euer Körper entspannt ist, richtet Eure Augen auf einen festen Punkt über Eurem Kopf. Wenn sie anfangen, schwer oder müde zu werden, so schließt sie sanft.

Macht jetzt drei oder vier langsame, tiefe Atemzüge, indem Ihr langsam, leicht und tief einatmet und ausatmet. Jeder tiefe Atemzug wird Euch mehr entspannen, wird jegliche Spannung aus dem Körper wegfließen lassen. Ihr seid jetzt bereit, mehr und mehr entspannt zu werden, in eine hypnotische Trance hineinzugehen.

Während Euer objektives Selbst ruhig wird, wird Euer Innerer Geist (spirit) aufsteigen und Eure Reise durch Räume führen, die durch Euer eigenes Tun heil und sicher sein werden. Eure Einreise in hypnotische Räume fängt mit einer völligen Entspannung des Körpers an. Zuerst nehmt Ihr die Spannungen in Eurem Körper wahr, dann löst Ihr sie und werdet dabei völlig entspannt.

Beginnt, indem Ihr Euch selbst suggeriert, daß Ihr Euch jetzt in Hypnose begebt, daß Ihr Euch mehr und mehr entspannt. Sagt Euch dann die folgenden Suggestionen:

Meine Augenlider werden schwerer und schwerer. Bald werden sie so schwer sein, daß sie sich schließen. Jetzt schließen sie sich. Während sie sich schließen, entspanne ich mich mehr und mehr.

Sagt Euch jetzt einen Schlüsselsatz, der Euch in einen hypnotischen Zustand bringen wird, beispielsweise „Entspanne dich jetzt" oder „Schlafe jetzt". Sagt Euch selbst, daß Euer Körper von jetzt an, jedesmal, wenn Ihr diesen Satz benutzt, sich völlig entspannen wird, und daß Ihr gleich in eine tiefe hypnotische Trance gehen werdet.

Ihr seid jetzt bereit, Euch mehr und mehr zu entspannen. Von den Zehen angefangen, werdet Ihr allmählich alle Eure Muskeln, Nerven und Organe Eures Körpers entspannen, indem Ihr Euch zu Eurem Gesicht und bis zum Gehirn, dem höchstentwickelten Organ Eures Wesens emporarbeitet.

Beginnt mit Euren Zehen. Spürt die Spannung in Euren Zehen, Euren Füßen, Euren Knöcheln. Laßt sie entspannen. Laßt alle Spannung aus Euren Füßen wegfließen.

Spürt die Spannung in Euren Waden, Euren Knien. Laßt sie entspannen. Entspannt alle Muskeln und Nerven in Euren Beinen. Fühlt alle Spannung wegfließen.

Spürt die Spannung in Euren Schenkeln, Euren Hüften. Laßt sie entspannen. Spürt Eure Beine tief in die Matratze sinken.

Spürt die Spannung in Eurem Unterleib, Eurem Gesäß, Eurem Bauch, Euren Eierstöcken, Euren Eileitern, Eurer Gebärmutter, Eurer Scheide, Eurer Blase, Euren Eingeweiden, allen Euren Nerven, allen Euren Muskeln, allen Euren Organen. Laßt sie entspannen. Laßt alle Spannung aus Eurem Körper wegfließen. Spürt Euren Körper tief in die Matratze sinken.

Spürt die Spannung in Eurem Oberkörper, Euren Lungen, Eurer Brust, Eurem Herzen, Eurem Magen, Eurer Leber, in allen Euren Organen, allen Euren Nerven, allen Euren Muskeln. Laßt sie entspannen. Fühlt die Spannung aus Eurem Körper wegfließen. Spürt Euren Körper tief in die Matratze sinken, mehr und mehr entspannen.

, Spürt die Spannung in Eurem Rücken, in der Wirbelsäule, in allen Euren Nerven, allen Euren Muskeln, allen Euren Organen. Laßt sie alle entspannen. Fühlt die Spannung aus der Wirbelsäule wegfließen, fühlt, wie Eure Nerven sich entspannen und Friede und Entspannung in Eurem Körper und Geist entstehen.

Spürt jetzt die Spannung in Euren Fingern, Euren Händen, Euren Handgelenken. Laßt sie entspannen. Spürt die Spannung in Euren Unterarmen, Euren Ellbogen. Laßt sie entspannen. Spürt die Spannung in Euren Schultern. Laßt sie entspannen. Fühlt alle Spannung aus Euren Armen und Schultern wegfließen.

Spürt die Spannung in Eurer Kehle, Eurem Nacken. Laßt sie entspannen. Spürt die Spannung in Eurer Schädeldecke, Eurer Stirne, Euren Schläfen. Laßt sie entspannen. Spürt Eure Augen schwer und ruhig werden. Spürt die Spannung in Euren Wangen, Eurer Zunge, Eurem Kinn, Euren Lippen. Laßt sie entspannen. Laßt alle Spannung wegfließen. Spürt die Spannung in Eurem Kopf, Eurem Gehirn. Laßt Euren Verstand entspannen und friedlich und ruhig werden.

Ihr seid jetzt tief entspannt. Ihr fühlt Euch ganz wohl, und Ihr seid bereit, in eine tiefere hypnotische Trance zu gehen.

Stellt Euch jetzt vor, daß Ihr in einen Fahrstuhl geht (oder auf eine Rolltreppe, oder daß Ihr am Beginn einer langen Flucht von Treppen steht). Sagt Euch selbst, daß Ihr Euch tiefer und tiefer und tiefer entspannt. Der Fahrstuhl wird Euch

tiefer

tiefer

tiefer

tragen, während Ihr langsam von zehn bis eins zählt, er wird Euch tiefer und tiefer und tiefer entspannen. Seht wie die Nummern an der Schalttafel im Fahrstuhl wechseln, während Ihr langsam von zehn bis eins zählt. Beginnt jetzt zu zählen.

Wenn Ihr bei eins angelangt seid, stellt Euch vor, wie Ihr einen zweiten Fahrstuhl betretet. Sagt Euch, daß dieser Fahrstuhl Euch noch

tiefer

und tiefer

und tiefer

tragen und entspannen wird, während Ihr langsam von zehn bis eins zählt. Beginnt jetzt zu zählen.

Wenn Ihr bei eins angelangt seid, stellt Euch vor, daß Ihr einen dritten Fahrstuhl betretet. Sagt Euch, daß dieser Fahrstuhl Euch in die tiefste hypnotische Trance bringen, Euch tiefer und tiefer und tiefer entspannen wird, Euch

tiefer

tiefer

tiefer

tragen wird, während Ihr langsam von zehn bis eins zählt. Beginnt jetzt zu zählen.

Wenn Ihr bei eins angelangt seid, sagt Euch selbst, daß Ihr Euch in tiefer hypnotischer Trance befindet. Ihr seid jetzt tief entspannt und bereit, auf eine ganz besondere Reise zu gehen. Bevor Ihr Eure Reise beginnt, lest die beschützenden Suggestionen, die Ihr in der Hand haltet. Sie werden für eine sichere Fahrt bürgen und Euch rasch in die Welt der Realität zurückbringen, sollte es notwendig werden.

Wenn Ihr bereit seid, den hypnotischen Zustand zu verlassen, sagt Euch selbst:

Ich komme jetzt langsam aus der Trance heraus. Eine allmähliche oder langsame Rückkehr in Euer übliches Bewußtsein wird Euch sanft von einer Wirklichkeit in eine andere befördern und für einen notwendigen Übergang für Euer Inneres Selbst sorgen, während Euer objektives Selbst wieder Oberhand gewinnen kann.

Die folgenden Hinweise werden Euer Gelingen unterstützen, wenn Ihr das erstemal in einen hypnotischen Zustand geht. Je stärker die Visualisierung ist, die Ihr anwendet, wenn Ihr in Trance und auf die Reisen geht, die Ihr in der Trance unternehmt, desto erfolgreicher werdet Ihr sein.

Wenn Ihr zuerst nicht bildlich sehen könnt, wie Ihr in einen Fahrstuhl steigt, so stellt Euch vor, daß Ihr in einen steigt. Wenn Ihr die Nummern auf der Schalttafel oder an der Wand des Fahrstuhls nicht wirklich sehen könnt, so stellt sie Euch vor. Mit zunehmender Übung wird aus einer vorgestellten Visualisierung eine bildliche Wirklichkeit.

Benutzt das Wort „Jetzt", wenn Ihr in Trance geht, während der einleitenden Stadien, und wenn Ihr bereit seid, aus der Trance herauszukommen. „Jetzt" bedeutet sofort, nicht irgendwann. Ihr werdet feststellen, daß Euer Zeitgefühl sich in Trance stark verändern kann. Was Euch wie eine Minute vorkommt, kann tatsächlich länger als eine Stunde dauern. Oder was Euch wie mehrere Stunden erscheint, kann in der tatsächlichen Zeit nur eine Minute oder zwei dauern.

Vermeidet das Wort „versuchen" oder „Versuch" bei der Einleitung zur Trance oder bei jeder Suggestion, die Ihr Euch selbst in Trance sagt. Das Wort „versuchen" beinhaltet ein Mißlingen oder zumindest ein fragliches Ergebnis. Formuliert alle Eure Suggestionen auf positive und direkte Art, indem Ihr spezifische Anweisungen und klar definierte Worte benutzt. Ihr werdet merken, daß Euer Inneres Selbst ein ganz wortgetreues Wesen ist.

Die Tiefe des hypnotischen Trancezustandes bestimmen

Die Tiefe eines Trancezustandes kann, je nach Interesse, auf verschiedene Weise gemessen werden und schließt unterschiedliche Werte aus Anästhesie und Hypnose mit ein. Die verläßlichsten Bestimmungen sind diejenigen nach Bio-Feedback, die die Tiefe eines Trancezustandes nach der Länge der Gehirnwellen definieren. Es gibt, nach Bio-Feedback, vier Bewußtseinszustände: Beta, Alpha, Theta und Delta. Ein Alpha-Zustand ist ein leichter Trancezustand, der Zustand des Tagträumens, in dem man sich während langer Aktivitätsspannen, die wenig Anregung von außen haben, wie beim Autofahren, oft spontan hineingibt. Der Theta-Zustand ist ein mittlerer Trancezustand. Der Delta-Zustand ist ein sehr tiefer hypnotischer Trancezustand, aus dem man nur wenig Informationen bei der Rückkehr in den normalen Bewußtseinszustand in Erinnerung behält. Der übliche oder „normale" Bewußtseinszustand ist der Beta-Zustand.

Wenn die aufwendigen Geräte eines Bio-Feedback-Laboratoriums nicht zur Verfügung stehen, könnt Ihr die Tiefe eines Trancezustandes messen, indem Ihr die Fingertechnik oder die Kristallkugel benutzt. Stellt Euch vor, daß die Gesamtheit der erreichbaren Tiefe eines Trancezustandes auf ein Metermaß übertragen wird. Eine Tiefe von 1 bis 33 cm entspricht einem Alpha-Zustand, 34 bis 66 cm dem Theta-Zustand und 67 bis 100 cm entsprechen dem Delta-Zustand.

Wenn Ihr aus der Trance zurückkommt, besonders wenn es ein mittlerer oder tiefer Zustand war, werdet Ihr merken, daß Ihr Euch immer noch in einer ganz leichten Trance befindet, es sei denn, Ihr habt Euch suggeriert, mit klarem Kopf und munter aufzuwachen. Das ist die Vorstufe der Hypnose, ein sanfter und entspannter Bewußtseinszustand. Noch während Ihr die Vorstufe der Hypnose erlebt, fragt Euer Inneres Selbst nach der Tiefe Eures Trancezustandes, indem Ihr die Fingertechnik oder die Kristallkugel benutzt, um eine Antwort zu bekommen. Fragt Euer Inneres Selbst folgendermaßen:

'Befand ich mich in einem Trancezustand von 1 bis 20 cm? Wenn die Antwort negativ ist, fahrt fort zu fragen, indem Ihr Abstände von ungefähr 20 cm angebt. Größere Abstände sind ungenauer, und kleinere kann Euer Inneres Selbst meist nicht wahrnehmen.

WEITERE UNTERSUCHUNGEN

Die folgenden Angaben werden Eure hypnotische Fähigkeit und Euer Verständnis darüber erweitern, wie Ihr Hypnose zu Heilzwecken anwenden könnt:

1. William J. Bryan, Jr., M.D., Protective Suggestions, The Journal of The American Institute Of Hypnosis, 1964, Los Angeles.
2. Arnold Furst, Post-Hypnotic Instructions, 1969, Wilshire Book Co., 12015 Sherman Road, No. Hollywood, Ca. 91605.
3. Leslie M. LeCron, Self Hypnotism: The Technique And Its Use In Daily Living, 1964, Prentice-Hall, Englewood Cliffs,

New Jersey. Deutsch: Selbsthypnose. Ihre Technik und An-
Wendung, Goldmann 1973.
4. Experimental Hypnosis, Leslie LeCron, Ed., 1948, Citadel
Press, Secaucus, New Jersey.

DEUTSCHSPRACHIGE LITERATURHINWEISE
Hexengeflüster 2, Frauenselbstverlag, Berlin 1976.
Clio, eine periodische Zeitschrift für Selbsthilfe, FFGZ, Kadetten-
weg 77, 1 Berlin 45.
Selbsthilfe-Mappe, FFGZ, Berlin.
Getting Clear, Verlag Frauenoffensive, 1977.
Mond Mond, Verlag Frauenoffensive, 1978.